T

FULBERT STEFFENSKY

Schwarzbrot-Spiritualität

RADIUS

Fulbert Steffensky, 1933 in Rehlingen/Saar geboren, Studium der katholischen und evangelischen Theologie, danach Praxis in Schule und Seelsorge. 1972 Promotion, anschließend Professur für Erziehungswissenschaft an der Fachhochschule Köln. Ab 1975 bis zu seiner Emeritierung Professor für Religionspädagogik am Fachbereich Erziehungswissenschaft der Universität Hamburg. Forschungsschwerpunkte sind die religiöse Erziehung in posttraditionalen und urbanen Gesellschaften sowie die kirchliche Sprache in Medien und anderen säkularen Räumen.

Von Fulbert Steffensky liegen im Radius-Verlag vor:

Fragmente der Hoffnung
Heimathöhle Religion. Ein Gastrecht für widersprüchliche Gedanken
Mut zur Endlichkeit. Sterben in einer Gesellschaft der Sieger
Orte des Glaubens. Die sieben Werke der Barmherzigkeit
Schöne Aussichten. Einlassungen auf biblische Texte
Schutt und Asche. Streifzüge durch Bibel und Gesangbuch
Schwarzbrot-Spiritualität
Wo der Glaube wohnen kann
Die Zehn Gebote. Anweisungen für das Land der Freiheit

Durchgesehene Neuausgabe 2026

ISBN 978-3-87173-325-3
Copyright © 2026 by RADIUS-Verlag GmbH
Alexanderstraße 162, 70180 Stuttgart. info@radius-verlag.de
Umschlag: André Baumeister
Auf holz- und säurefreiem Werkdruckpapier gedruckt
Gesamtherstellung: Clausen & Bosse, Leck
Printed in Germany

Vorwort
7

Die große Sehnsucht
9

Der Seele Raum geben
25

Gott loben, das Recht ehren, Gesicht zeigen
53

Die katholische und die evangelische Predigt
73

Heilige Welten
91

Christ sein, ohne die Juden zu schmähen
99

Der Mut zum Guten
111

Zorn und Mut und Tränen
121

Mobilität
131

Und siehe, es war sehr gut!
145

Vom Glück, gebraucht zu werden
163

Er herzte sie und legte ihnen die Hände auf
169

Einige Wünsche für die Schule meiner Enkel
187

Letzte Lieben
197

Ein Brief an die Enkelkinder
207

Nachtgedanken eines alten Menschen
215

Vorwort

Der Titel des Buches mag nicht der originellste sein. Er stammt aus einem gewissen Unwillen gegen die neue Magie des Wortes Spiritualität und gegen die Aufblähung des Spiritualitätsmarktes. Mir kommt es gelegentlich vor, als ersetzte das Wort selber schon die Inhalte, die damit gemeint sein könnten. Worte können Irrlichter sein, und ich habe den Eindruck, Spiritualität ist ein solches geworden. Es ist oft zu einem Versprechen geworden, das nicht eingelöst werden kann. Ich verstehe die Sehnsucht der Menschen, die nach einem solchen Wort greifen. Sie sind es müde, mit der banalen Oberfläche des Lebens zufrieden zu sein. Sie sind es müde, in der Kirche einer Rhetorik ohne Erkenntnis ausgeliefert zu sein. Sie sind es müde, in ausgeleuchteten Räumen zu leben, die kein Geheimnis mehr bergen. Sie sind es müde, Sinn durch Funktionieren zu ersetzen. So greifen sie zu dem neuen Wort, dessen Versprechen manchmal nur seine Neuheit ist. Aber es sind eigentlich die alten Fragen, die eine Antwort suchen: Wofür stehen wir in unserem Leben? Wie gelingt es den müden Herzen zu beten? Wie werden wir fähig, auf die Worte zu hören, die unsere Väter und Mütter getröstet haben? Wie entkommen wir dem Zwang, uns durch Funktionieren zu rechtfertigen? Wie bergen wir uns in die Räume, in die Sprache, in die Gesten, in die Ratschläge und in den Geist der Toten, ohne unseren eigenen Geist zu verraten? Und immer wieder die Hauptfrage: Wie geben wir weiter, was wir selber oft nur noch halb besitzen: den Glauben und die Hoffnung auf den Gott, der unser Leben auffängt? Eine Generation wird auch daran gemessen, was sie ihren Kindern und Enkeln hinterlässt – eine Welt voller Scherben oder eine Welt, in der sie atmen, das Wasser trinken und die Früchte der Erde ohne Furcht essen können; eine Welt, in der man weiß, was Recht und Unrecht ist und in der man den Namen Gottes kennt. Vieles ist verzeihlich. Unverzeihlich ist, wenn wir unseren Nachkommen nicht mehr hinterlassen als die Leere unseres eigenen Geistes und die Trümmer unseres gewaltsamen Umgangs mit der Welt. Ich lese eine wundervolle Geschichte im zweiten Buch der Könige (2,1-14). Der Prophet Elia hat sein Werk getan, er soll hinweggenommen werden von der Erde. Mit seinem liebsten Schüler Elisa kommt er an den Jordan, dessen Fluten hoch sind. Er schlägt mit seinem Mantel auf die Wellen, die Fluten weichen, und sie können »auf trocknem Boden« hindurch gehen. Elia fährt »im Wetter gen Himmel«. Aber er lässt seinen Prophetenmantel zurück. Elisa kehrt um, er kommt wieder an den hohen Jordan, schlägt mit dem Mantel, den er geerbt hat, auf den Fluss, und wiederum teilt sich dieser, dass er trocken ans andere Ufer kommt. Elisa ist nicht allein. Er hat den Mantel und den Geist des Propheten. Welche Mäntel hinterlassen wir unseren Nachkommen? Worin können sie sich bergen und womit können sie sich wärmen? Mensch ist man, solange man die Namen und die Geschichten der Toten kennt und solange man für das Leben und die Seele der Kinder sorgt.

Die Texte dieses Buches sind aus verschiedenen Anlässen entstanden, die meisten für Radiosendungen, Kirchentags- und Synodenvorträge.

Ich widme dieses Buch Li Hangartner, der Freundin im Unglück und im Glück.

Hamburg, im August 2005   *Fulbert Steffensky*

Die große Sehnsucht

SUCHE NACH SPIRITUELLER ERFAHRUNG

In Brechts Dreigroschenoper singt die Seeräuber-Jenny das Lied ihrer großen Erwartung:

> Meine Herren, heute sehen Sie mich Gläser abwaschen
> Und ich mache das Bett für jeden.
> Und Sie geben mir einen Penny und ich bedanke
> mich schnell
> Und Sie sehen meine Lumpen und dies lumpige Hotel
> Und Sie wissen nicht, mit wem sie reden.
> Aber eines Abends wird ein Geschrei sein am Hafen
> Und man fragt: Was ist das für ein Geschrei?
> Und man wird mich lächeln sehn bei meinen Gläsern
> Und man sagt: Was lächelt die dabei?
> > Und ein Schiff mit acht Segeln
> > Und mit fünfzig Kanonen
> > Wird liegen am Kai.

Nach der letzten Strophe singt die Seeräuber-Jenny:

> Und das Schiff mit acht Segeln
> Und mit fünfzig Kanonen
> Wird entschwinden mit mir.

Die Seeräuber-Jenny, die im lumpigen Hotel die Gläser abwischt und die dankbar sein muss für jeden schmutzigen Penny, hat einen Traum: Eines Tages wird sich das ändern. Jetzt weiß noch keiner, wer sie wirklich ist, und die Leute wissen noch nicht, mit wem sie wirklich reden. Eines Tages aber, wenn das Schiff mit acht Segeln kommt, werden alle es wissen, und dann wird sie mit dem Schiff entschwinden aus der lumpigen Welt der Demütigungen. In der Sehnsucht nach jener Zeit ist sie sich selber voraus. Schon lächelt sie in der Erwartung des Schiffs, während sie im Lumpenhotel noch Gläser spült und die Betten macht. Eines Tages wird es anders sein. Man wird ihren Namen kennen, und er ist nicht mehr verborgen unter dem Schutt der Gegenwart.

Einen Menschen macht nicht nur schön, was er jetzt schon kann und ist. Seine Sehnsucht und seine Wünsche machen ihn schön. Jennys Freiheit beginnt, indem sie von dem Schiff träumt, das sie aus der Welt der Verachtung entführt. Ihre Befreiung beginnt mit der Gewissheit, dass sie eine andere ist als die Sklavin, die den Herren die Betten macht und die dankbar sein muss für die Pennies, die sie ihr zuwerfen. Ihr Traum vom großen Schiff ist der Feind der faulen Gegenwart. Dieser Traum spricht der kargen Gegenwart das Recht ab, sich als endgültige Welt aufzuspielen.

Mensch ist man, solange man nach den Schiffen der Freiheit Ausschau hält und solange man sie ersehnt. Nur da ist nichts mehr zu erwarten, wo nichts mehr erwartet wird; wo Jenny die Gläser spült, die hingeworfenen Pennies einsammelt und von keinem Schiff mehr weiß, das kommen soll. Da ist die Hoffnung gestorben, wo Jenny sich für die hält, die alle kennen.

Die Sehnsucht lässt sich nicht mit Pennies abspeisen. Sie verlangt immer ein Ganzes, vielleicht sogar das Unmögliche, nicht weniger als das Schiff mit acht Segeln. Ich denke an die religiösen Texte, deren Würde in ihrer Unbescheidenheit liegen. Sie sagen nicht nur, was man sagen kann; sie erhoffen sich nicht nur, was man hoffen kann. Sie greifen aus – wie die Seeräuber-Jenny – bis weit ins Land des Gelingens. Bei dem Propheten Jesaja überschlagen sich die Bilder der Unmöglichkeit, die er dem Volk Israel in der Gefangenschaft an den Flüssen Babylons vormalt: Die Steppe wird blühen, die Blinden werden sehen, die Stummen werden sprechen, die Tauben werden hören, ewige Freude wird sein für alle. Er sehnt sich mit dem geknechteten Volk nach dem Land ohne Lebenswüsten. Er sehnt sich nach dem Land des Jauchzens, in dem die Menschen sich nicht mehr reißen, wie der Löwe seine Beute reißt. Er sehnt sich nach Utopia, nach dem Land, das es noch nicht gibt. Damit aber ist der Mensch mit der großen Sehnsucht überall an den Flüssen Babylons: am Rhein, an der Elbe, an der Weichsel, am Mississippi. Der Mensch der Sehnsucht ist ein unsicherer Kantonist, weil er in jedem Land zu große Wünsche hat; weil er überall die Stummen sucht, die reden gelernt haben, und die Lahmen, die tanzen gelernt haben. Und er findet sie noch in keinem Land. So ist jedes Land und jede Heimat auch ein Käfig. Er aber lässt sich nicht einfangen in die Sprache der Menschen, die dort wohnen, weil die Sprache seiner Sehnsucht weiter reicht. Und in jedem Land weint er die Tränen seines Heimwehs nach der Sprache der Stummen und nach dem Augenlicht der Blinden. Zuhause wird er sein im Niemandsland, in dem Land, in dem noch keiner war. Zuhause wird er erst sein im Land, das allen versprochen ist: in dem Land, aus dem die Seufzer geflohen sind. Jeder Mensch der Sehnsucht ist ein Ausländer – überall. Schön sind diese Menschen der Sehnsucht in ihrer Freiheit und in ihrer Skepsis den Heimaten gegenüber. Sie sind nicht eingefangen in eine Sprache, die sich als die einzig mögliche gibt, und sie kennen größere Lieder als die der Heimatkapellen.

Die Sehnsucht entsteht, wo der Mensch erkennt, dass er mehr braucht, als er hat. Es gibt noch eine andere Sehnsucht. Sie entsteht gerade dort, wo wir die Fülle des Lebens genießen. Auch die Schönheit des Lebens lehrt uns die Sehnsucht: die Musik, die Vollkommenheit der Begegnung zweier Menschen, ein Sonnenaufgang im Gebirge. Auch die Schönheit macht durstig und sagt, dass wir hier nicht ganz zuhause sind. Die vorläufigen

Dinge sind die Boten und die Vorspiele der unendlichen Schönheit. Vielleicht heißt glauben, ein Diesseitiger und ein Jenseitiger sein können; Gott lesen können in den Gestalten seiner Anwesenheit und ihn vermissen können, wo wir ihn nicht finden; ein Versöhnter sein können und sich nicht abfinden können mit der Trostlosigkeit der Welt; ein Bürger des Landes und ein vaterlandsloser Geselle sein können; eine Heimat zu haben und eine Heimat zu vermissen – Widersprüche, die uns humaner machen!

Der Schmerz und das Glück lehren uns weinen. Beide sagen uns, dass wir noch nicht da sind, wohin wir gehören. Der Mensch in seiner Sehnsucht ist ein Gottesbeweis, sagt Heinrich Böll. »Meine Seele klebt an dir«, heißt es in einem Psalm. Vielleicht ist alle Sehnsucht das vermummte Warten auf den Grund des Lebens. Es ist eine Sehnsucht, deren Hunger nicht gestillt werden kann durch Dinge, durch Besitz und Quantitäten. Zwei Wünsche sind in dieser Sehnsucht versteckt, der eine Wunsch: nach Ganzheit und Heil, nach einem unzerstückelten Leben; der andere Wunsch ist der nach Gott, nach Einigung mit dem Abgrund des Lebens und des Todes. In welchen Formen der Hunger nach Spiritualität auch auftaucht – zugrunde liegen diese beiden Momente: der Wunsch nach Ganzheit und der Wunsch nach Vereinigung.

Einige vermeidbare Umwege

Spiritualität ist ein vieldeutiger Begriff, er ist ein Suchbegriff, und oft suchen Menschen das Richtige auf falschen Wegen. Lassen Sie mich mit einer Abkühlung beginnen. Ich sehe Absichten und Interessen mit diesem Wort verbunden, die ich für falsch halte. So möchte ich zunächst etwas sagen *wider die Erfahrens- und Erlebniszwänge*, die Menschen gelegentlich mit diesem Wort verbinden. Der Wunsch nach Sensation und der Wunsch, sich selber zu fühlen, ist eine Grundabsicht, die man in neuen religiösen Szenen ständig trifft (und dies nicht nur außerhalb der Kirche!). Viele Menschen halten offensichtlich die Normalität nicht mehr aus; die ausgeleuchteten Räume, in denen alles seine Erklärung und seine vernünftige Begründung hat. Es ist, als ob sie gegen alle Vernunft die Schatten, die dunklen und gefährlichen Höhlen des Lebens suchten. Was uns da im hellen Licht der Aufklärung entgegenkommt, kann doch nicht alles sein. Es muss doch ein Geheimnis der Welt geben, und dieses muss doch sinnenhaft zu erfahren sein. Es muss doch mehr geben als die fade Aufgedecktheit und Erklärtheit des Lebens. So suchen sie Stellen, an denen das Fremde und Nicht-Erklärliche erscheint und wo sie mit ihm konfrontiert werden, es mag aus dem Himmel oder aus der Hölle kommen. Der Wunsch nach Sensation ist ein Wunsch von verdrehter Richtigkeit.

Als Beispiel eines solchen Erlebniszwanges nehme ich die so genannte Holotrope Therapie, die eng mit dem Namen Stanislav Grof verbunden ist, einem Arzt und Psychoanalytiker. Er hat an sich und anderen mit LSD experimentiert und beschreibt seine Stufenfolge visionärer Erlebnisse. Er beschreibt perinatale Erfahrungen, die ozeanische Geborgenheit im Mutterleib, die Geburt erlebt er als Kampf mit Ungeheuern, Drachen und Höllengestalten. Er beschreibt eine Phase sadistischer Erregung und sexueller Orgastik. Er beschreibt die Erfahrung früherer Inkarnationen, er trifft auf Gottheiten und verschmilzt mit ihnen. Es sind Formen der gewaltsamen Suche nach Transzendenz.

Es gibt Dinge, die man nicht erwerben kann durch Suchen, durch Selbststeigerung und durch Selbstintensivierung. Man kann sich nicht selbst beabsichtigen, ohne sich zu verfehlen. Wir brauchen unsere eigene Existenz nicht zu bestätigen und zu bezeugen durch unsere eigenen Erfahrungen. »Der Geist gibt Zeugnis unserem Geist«, dass wir Söhne und Töchter Gottes sind (Röm 8,16) und dass das Leben geborgen ist. Wir brauchen uns nicht selber zu bezeugen, eine der großen Lebensentlastungen. Wir brauchen uns nicht selber zu suchen; denn wir sind gefunden, ehe wir suchen. Das gibt unserem Leben Spiel und befreit uns von allen Zwängen der Selbstbeabsichtigung.

Die Erfahrungen, die Stanislav Grof beschreibt, klingen manchmal wie die Erfahrungen der Mystiker. Nur die Mystiker suchen keine Erfahrungen, sie suchen Gott. In allen spirituellen Kulturen hat man vor dieser Selbstaufsuche gewarnt. Die Erfahrung rechtfertigt nichts, das Ausbleiben der Erfahrung verdammt nichts. In der Gebetspraxis z. B. hat man immer geraten, die alltägliche Trockenheit des Gebetes zu achten und es keineswegs zu lassen, wenn man nicht begeistert, ergriffen, erfüllt und weggerissen ist. Du bist nicht der Macher deiner eigenen Ganzheit, hat man gesagt. Der Blick der Güte sieht über deine eigenen Erfahrungen hinweg, er sieht deine Existenz und deine Gebete ganz. Mit Römer 8 hat man gesagt: »Wir wissen nicht, was wir beten sollen, wie sich's gebührt, sondern der Geist vertritt uns mit unaussprechlichem Seufzen!« Nicht Entrissenheit gilt, sondern Anwesenheit.

Es gibt einen Unterschied zwischen beabsichtigter und geschenkter Erfahrung. Wir treffen die geschenkte Erfahrung in dem Lied von Paul Gerhardt »Geh' aus, mein Herz«. Die Mystiker sagen es ähnlich: Gang us dir us! Geh aus! Aber nicht in ferne und sensationelle Sphären. Sei ein gegenwärtiger Mensch, und du wirst den Gesang des Lebens vernehmen. Geh' aus, mein Herz, singt Paul Gerhardt. Höre das Lob des Lebens in der »Gärten Zier«, im Lied der Lerche und der Nachtigall, im Honig, im Weizen und im Wein! Stanislav Grof spricht von der »Illusion der Dinge«, die der erfährt, der kosmisches Bewusstsein erlangt hat.

Paul Gerhardt sieht im Glanz der Dinge den Vorschein Gottes.

Ach, denk ich, bist du hier so schön
und lässt Du's uns so lieblich gehn
auf dieser armen Erden;
was will doch wohl nach dieser Welt
dort in dem reichen Himmelszelt
und güldnen Schlosse werden!

Die vorläufigen Dinge sind die Boten und die Vorspiele der unendlichen Schönheit. Die unendliche Schönheit spielt sich schon ab im Weizen und im Weinstock; in der Glucke, die ihr Völklein ausführt, und in der edlen Honigspeise. Die Wahrnehmung der Güte des Lebens und der Schönheit weckt zugleich eine Sehnsucht, die nicht mehr durch die schönen Vorfindlichkeiten gestillt werden kann. Aber diese Sehnsucht ist keine Beleidigung der Dinge, sie entzündet sich an ihnen.

Ich äußere einen zweiten Einwand gegen ein Denken, das ich nicht selten bei der Suche nach einer neuen Spiritualität finde, mein Einwand gegen die Harmoniezwänge: In den neuen religiösen Lagen sind die Begriffe Tragik und Sünde unbekannt. Das Sein ist Harmonie und Ganzheit. Zwar gibt es dich selber und dunkle negative Mächte, die dich an deiner Ganzheit und der Allharmonie hindern. Aber du kannst sie überwinden durch deine eigene Positivität der Welt gegenüber. Positives Denken, positives Handeln brechen durch alle Barrieren. Das Unglück ist nur eine Maske der Harmonie. Aber einmal wird die Maske fallen, und nichts mehr wird deine Gipfelerfahrungen hindern. Du selber bist schuld, wenn du nicht zur Erfahrung von Harmonie und Ganzheit kommst.

Gott ist die ungeschuldete Güte. Die Erfahrung der ungeschuldeten Güte befähigt den Menschen dazu, sich als Fragment zu erkennen. Gott ist unsere Ganzheit, nicht wir selber.

Man kann sich unter den gegenwärtigen Harmonie-diktaten die Verzweiflung des alten Liedes kaum noch vorstellen:

Aus tiefer Not schrei ich zu dir,
Herr Gott, erhör mein Rufen.
Dein gnädig' Ohren kehr zu mir
und meiner Bitt' sie öffne.
Denn so du willst das sehen an,
was Sünd und Unrecht ist getan,
wer kann, Herr, vor dir bleiben?

Welche Kraft gehört dazu, sich selber als Schuldigen zu erkennen! Welcher Stolz gehört dazu, sich als Subjekt zu erkennen, das schuldig werden und sich und andere in Abgründe stürzen kann! Nur wenige halten es aus, der Zerstörung ins Gesicht zu schauen, die sie anrichten. Man muss wohl wirklich an die Grundgüte des Lebens glauben, um nicht in Panik vor sich selber zu fliehen.

Es könnte sein, dass mit dem Harmoniediktat die Zer-störungen und das Leiden unsichtbar werden. Es könnte sein, dass wir eine menschliche Grundfähigkeit verler-nen: das Vermissen. Das Vermissen des Augenlichts der Blinden; das Vermissen der Sprache und der Lieder für die stumm Gemachten; das Vermissen des aufrechten Ganges der zu Boden Gedrückten. Wenn man durch unsere Städte geht und das große Gelächter der Reklame wahrnimmt, jener Selbstdarstellung einer Gesellschaft, weiß man, wie gefährlich es da ist, wo man nichts mehr vermisst. Gefährlich ist eine Gesellschaft, die will, dass man ihr Beifall zollt, und die skeptisch ist gegen die Untröstlichkeit; jene Unbestechlichkeit, die auf den Hunger der Kinder hinweist; auf die Qual der Gefolter-ten und auf die Schande des ungerecht verteilten Reichtums. Nein, es ist nicht alles Harmonie! Das ist wohl mein Haupteinwand gegen die neuen religiösen Lagen: Der Harmoniezwang und die Selbsterfüllungszwänge können zur Aufkündigung der Solidarität mit denen führen, die die ersten Adressaten des Evangeliums sind: die Armen und die Geschändeten auf dieser Erde.

Spiritualität als gebildete Aufmerksamkeit
Was aber ist dann Spiritualität? Es ist *geformte Aufmerksamkeit*. Zunächst: Spiritualität ist Aufmerksamkeit. Ich möchte auf eine Legende von Elisabeth von Thüringen zurückgreifen, die uns diese Aufmerksamkeit erschließen kann. Auf ihrem Weg nach Eisenach sah Elisabeth mitten in einem Unwetter ein Kind auf einem Holzstoß sitzen, das in Lumpen gekleidet war und aus dessen Kopf zwei Augen sie anblickten, als ob die Not der ganzen Welt aus ihnen spräche. Sie neigte sich zu dem Kind und fragte: »Kind, wo ist deine Mutter?« Die Legende fährt fort: Da wuchs an dieser Stelle ein Kreuz empor, an dem mit ausgespannten Armen Christus hing, der sie mit den Augen des Kindes ansah. Was ist eine spirituelle Erfahrung? Es ist die Erfahrung der Augen Christi in den Augen des Kindes. Es ist die Erfahrung der Nacktheit Christi im nackten Bettler, den Martinus trifft; die Erfahrung des hungernden Christus im Hunger unserer Geschwister. Wer in Gott eintaucht, taucht neben den Armen wieder auf, sagt der französische Bischof Gaillot. Es gibt keine Gotteserkenntnis an der Barmherzigkeit vorbei.

Spiritualität ist nicht nur Aufmerksamkeit für das Unglück, sie ist auch die Wahrnehmung Gottes und seines Spiels im Glück der Menschen, in der Schönheit der Natur und im Gelingen des Lebens. Ich möchte mit einem Satz von Bonaventura einen Geist zitieren, der eher im Katholizismus als im Protestantismus seine Heimat hat: »Alles Geschaffene ist Schatten, ist Echo, ist Bild,

Spur, Ebenbild und Aufführung.« (Omnes creaturae sunt umbrae, resonantiae et picturae, sunt vestigia et simulacra et spectacula.) Nichts also ist nur, was es ist. Es hat Anteil an der Heiligkeit Gottes, weil es sein Echo und seine Spur ist. Die Heiligkeit des Lebens will unsere Ehrfurcht und Ergriffenheit. Vielleicht bewahrt uns nur diese Auffassung vom Leben und von den Dingen davor, dass wir sie benutzen, als hätten sie kein Geheimnis und als ständen sie uns nur zur Verfügung. Als Echo Gottes sind sie für sich da, und sie sind für Gott da. Vielleicht hat die Entzauberung der Welt dazu geführt, dass wir in grenzenlos imperialer Geste uns alles unterwerfen. Wer kein Tabu kennt und die Heiligkeit der Dinge nicht sieht, wird zu ihrem Zerstörer. Der Satz von der Heiligkeit der Dinge hat also durchaus eine politische Bedeutung. Sie hindert uns daran, die reinen Verfüger und die ungebremsten Herrn zu sein. Könnte es sein, dass, wo Gott der einzig Unverfügbare ist, alles andere bedenkenlos zur Verfügung steht?

Was also ist eine spirituelle Erfahrung? Sie ist keine Selbsterfahrung, sie ist eher Selbstvergessenheit. Elisabeth nimmt sich nicht selbst wahr, sie liest die Augen Christi in den Augen des Kindes. Wenn Paul Gerhardt das Lob des Lebens singt in seinem Lied »Geh aus, mein Herz«; wenn er der Gärten Zier besingt, Narzissus und Tulipan; wenn er die Lerche und die Nachtigall, den Wein und den Honig besingt, dann nimmt er sich nicht selbst wahr. Er liest die Spuren Gottes in seiner Schöpfung. Spiritualität ist die Erfahrung der Einheit des Lebens. Der Schmerz der Menschen ist nicht mehr nur, was er ist; die gebildete Aufmerksamkeit liest den Schmerz Gottes im Schmerz der Menschen. Das Glück ist nicht mehr nur, was es ist. Es sind die Spuren Gottes, die in ihm deutlich werden.

Elisabeth ist wie Paul Gerhardt, wenn er seinen Preis der Schöpfung singt, nicht auf Erfahrung aus, aber sie erfahren. Sie sind nicht erlebnisorientiert, aber sie erleben – die Augen Christi in den Augen des Kindes; die Spuren Gottes in der Schönheit des Lebens. Es kann wohl nur der ein spiritueller Mensch werden, der die lebenserleichternde Kunst gelernt hat, sich zu lassen, sich zu vergessen und sich selber nicht zu beabsichtigen. Wer also beabsichtigt, ein spiritueller Mensch zu werden, möglichst sofort, der wird eher ein Komiker. Er hat sich einen Drahtverhau auf den Weg gelegt, die Selbstbeabsichtigung. Spiritualität ist eine Lesekunst. Es ist die Fähigkeit, das zweite Gesicht der Dinge wahrzunehmen: die Augen Christi in den Augen des Kindes; das Augenzwinkern Gottes im Glanz der Dinge. Nicht Entrissenheit, sondern Anwesenheit und Aufmerksamkeit ist ihre Eigenart. Sie ist keine ungestörte Entweltlichung und Einübung in Leidenschaftslosigkeit. Sie ist lumpig und erotisch, weil sie auf die Straße geht und sieht, was dem Leben geschenkt ist und was ihm angetan wird.

Es gibt also einen Vorhof der ausdrücklich religiösen Spiritualität, es ist die Aufmerksamkeit im alltäglichen Leben. Bin ich fähig, wahrzunehmen und zu empfinden? Wie lese ich die Schmerzen der Menschen und wie lasse ich mich von ihnen berühren? Wie gehe ich mit den Dingen des alltäglichen Lebens um? Bin ich fähig, sie als Gaben zu ehren, oder bin ich ausschließlich Benutzer und Verfüger der Welt? Ehre ich das Wasser, die Stille, die Nacht, die Tiere, die Luft zum Atmen, oder wähne ich alles für mich und meinen Nutzen zur Verfügung?

Gesetze der Bildung der Aufmerksamkeit
Spiritualität ist *gebildete* Aufmerksamkeit. Der Mensch besteht nicht nur aus seiner eigenen Innerlichkeit und aus seinen guten Absichten. Der Mensch ist nicht nur Seele und Geist, er ist alltäglicher Leib. Er hat nicht einen Leib, er ist Leib. Die Innerlichkeit, die nur sich selber kennt, wird bald ermatten. Wie macht man sich deutlich

und langfristig in seinen Absichten? Wie betreibt man das Handwerk der Spiritualität? Ja, Spiritualität ist Handwerk, sie besteht nicht aus der Genialität von religiösen Sonderbegabungen. Man kann das Handwerk lernen, wie man kochen und nähen lernen kann. Aber jedes Handwerk kennt Regeln, und man hat nur Erfolg, wenn man sich an die Regeln hält. Ich möchte einige dieser Regeln nennen am Herzstück aller Spiritualität, am Gebet. Regeln und Methoden reinigen uns von der Zufälligkeit des Augenblicks und machen uns langfristig. So möchte ich einige bescheidene Regeln nennen, die uns zur religiösen Aufmerksamkeit verhelfen können. Ich erkläre die Regeln am Gebet, weil es das Herzstück jeder Spiritualität ist.

1. Entschließe dich zu einem bescheidenen Vorhaben auf dem Weg zum Gebet! Es gibt das Problem der Selbstentmutigung durch zu große Vorhaben. Ein solcher bescheidener Schritt könnte sein, am Morgen oder am Abend einen Psalm in Ruhe zu beten; sich einige Minuten für eine Lesung freizuhalten; den Losungen in einigen Minuten seine Aufmerksamkeit zu widmen. Wenn dies nicht möglich ist, liegt es nicht an der Hektik und der Überlast unseres Berufes, sondern daran, dass wir falsch leben.

2. Gib deinem Vorhaben eine feste Zeit! Bete nicht nur, wenn es dir danach zumute ist, sondern wenn es Zeit dazu ist. Regelmäßig beachtete Zeiten sind Rhythmen, Rhythmen sind gegliederte Zeiten. Erst gegliederte Zeiten sind erträgliche Zeiten. Lineare und nicht gegliederte Zeiten sind öde und schwer erträglich.

3. Gib deinem Vorhaben einen festen Ort! Orte sprechen und bauen an unserer Innerlichkeit.

4. Sei streng mit dir selber! Mache deine Gestimmtheit und deine augenblicklichen Bedürfnisse nicht zum Maßstab deines Handelns! Stimmungen und Augenblicksbedürfnisse sind zwielichtig. Die Beachtung von Zeiten, Orten und Methoden reinigt das Herz.

5. Rechne nicht damit, dass dein Vorhaben ein Seelenbad ist! Es ist Arbeit – labor! –, manchmal schön und erfüllend, oft langweilig und trocken. Das Gefühl innerer Erfülltheit rechtfertigt die Sache nicht, das Gefühl innerer Leere verurteilt sie nicht. Meditieren, Beten, Lesen sind Bildungsvorgänge. Bildung ist ein langfristiges Unternehmen.

6. Sei nicht auf Erfüllung aus, sei vielmehr dankbar für geglückte Halbheit! Es gibt Ganzheitszwänge, die unsere Handlungen lähmen und uns entmutigen.

7. Beten und Meditieren sind kein Nachdenken. Es sind Stellen hoher Passivität. Man sieht die Bilder eines Psalms oder eines Bibelverses und lässt sie behutsam bei sich verweilen. Meditieren und Beten heißt frei werden vom Jagen, Beabsichtigen und Fassen. Man will nichts außer kommen lassen, was kommen will. Man ist Gastgeber der Bilder. Setze den Texten und Bildern nichts entgegen! Überliefere dich ihrer Kraft und lass dich von ihnen ziehen! Sich nicht wehren und nicht besitzen wollen ist die hohe Kunst eines meditativen Verhaltens.

8. Fang bei deinem Versuch nicht irgendwie an, sondern baue dir eine kleine, sich wiederholende Liturgie. Beginne z. B. mit einer Formel (»Herr, öffne meine Lippen!«), mit einer Geste (der Bekreuzigung der Lippen), lass einen oder mehrere Psalmen folgen! Lies einen Bibelabschnitt! Halte eine Stille Zeit ein! Schließe mit dem Vaterunser oder einer Schlussformel. Psalmen und Lesungen

sollen vor deiner Meditation feststehen. Fange also nicht an zu suchen während deiner Übung!

9. Lerne Formeln und kurze Sätze aus dem Gebets- und Bildschatz der Tradition auswendig (Psalmverse, Bibelverse...)! Wiederholte Formeln wiegen dich in den Geist der Bilder. Sie verhelfen uns zur Passivität. Sie sind außerdem die Notsprache, wenn einem das Leben die Sprache verschlägt. Sie sind wie ein Balken, an den man sich nach einem Schiffbruch klammert. Wir verantworten ihren Inhalt nicht, denn wir sprechen sie mit der Zunge der Toten und lebenden Geschwister.

10. Wenn du zu Zeiten nicht beten kannst, lass es! Aber halte den Platz frei für das Gebet, d.h. tue nicht irgend etwas anderes, sondern verhalte dich auf andere Weise still! Lies, setze dich einfach ruhig hin! Verlerne deinen Ort und deine Zeit nicht!

11. Sei nicht gewaltsam mit dir selbst! Zwinge dich nicht zur Gesammeltheit! Wie fast alle Unternehmungen ist auch diese kleine brüchig, es soll uns der Humor über dem Misslingen nicht verloren gehen. Auch das Misslingen ist unsere Schwester und nicht unser Todfeind.

12. Birg deinen Versuch in den Satz von Römer 8: Der Geist hilft unserer Schwachheit auf. Denn wir wissen nicht, wie wir beten sollen, wie sich's gebührt; sondern der Geist tritt für uns ein mit unaussprechlichem Seufzen. Wir bezeugen uns nicht selber. Der Geist gibt Zeugnis unserem Geist. Wir sind besetzt von einer Stimme, die mehr Sprache hat als wir selber, oder um es mit einem Satz aus dem letzten Vortrag von Dorothee Sölle zu sagen: »Wir beginnen den Weg zum Glück nicht als Suchende, sondern als schon Gefundene.« Das ist die köstliche Formulierung dessen, was wir Gnade nennen.

Ist das alles, mögen Sie fragen? Warum braucht man das große Wort Spiritualität für eine so bescheidene Sache? Haben das nicht auch unsere Väter und Mütter gewusst, wenn sie am Morgen und Abend gebetet haben, wenn sie die Losungen gelesen haben, wenn sie sonntags in den Gottesdienst gingen, wenn sie ihre Kinder tauften und ihre Toten beerdigten? Ja, sie haben es gewusst. Aber uns ist vieles von ihrem Wissen verloren gegangen, und wir müssen das einfache Alphabet der Frömmigkeit mühsam lernen. Es ist tröstlich zu wissen, dass wir nicht alles neu erfinden müssen. Es ist auch schön zu wissen, dass das eigene Haus Schätze der Weisheit birgt und dass wir nicht völlig angewiesen sind auf die Spiritualitätskonzeptionen aus anderen religiösen Gegenden. Es ist schön, wenn man über den eigenen Tellerrand schauen kann und die Schätze der anderen nicht verachten und sich selber als einzigartig erklären muss. Komisch aber wirkt man, wenn man nur in den Vorgärten der Fremden grast und der eigenen Tradition nichts zutraut. Wenn man weiß, was die eigenen Schätze sind, dann kann man sich in Freiheit und Gelassenheit den fremden zuwenden.

Der Seele Raum geben
KIRCHEN ALS ORTE DER BESINNUNG UND ERMUTIGUNG

Vor einiger Zeit behandelte das Wochenendjournal des Deutschlandfunks den Streit um den Wiederaufbau der Leipziger Paulinerkirche. Menschen erinnern sich an die Sprengung der Kirche im Jahr 1960. Sie erinnern sich, wie man sich an das Sterben eines Menschen oder gar an das Sterben Christi erinnert:

> Als die Sprengung dann erfolgte, hörte man einen scharfen hellen Knall, und für Bruchteile einer Sekunde blieb die Kirche zunächst stehen. Die Zeit war sicher sehr kurz, aber sie reichte bei mir für den triumphierenden Gedanken: die Sprengung ist misslungen. Und kaum war das zuende gedacht, fing die Kirche an...zu beben, wie im Schmerz, wie im Todeskampf, da gibt es diese berühmte Rosette, und die wurde plötzlich oval und verzerrte sich, riss in der Mitte durch.
> Eine Frau: Wie eine Kreuzigung, denn es dauerte so sieben Tage, und das war dann vollbracht.
> Ein Mann: Mir kamen die Worte in den Sinn: Neigte das Haupt und verschied... Dann hat man die Kirche abgetragen, weggeschafft, so schnell wie möglich, in eine alte Kiesgrube und hat verhindert, dass Leipziger sich bedienten mit Teilen der Trümmer. Um jede Erinnerung auszulöschen, schütteten sie anderen Schutt über den Schutt der Kirche, legten Mutterboden darauf, pflanzten Büsche, zogen einen Zaun, machten ein Tor mit einem Schloss und setzten Wächter davor...
> Eine andere Stimme: Damals haben wir Hinterbliebenen wirklich geweint. Dort hatten wir alle das Gefühl, wir haben einen nahen Angehörigen verloren. Wir

haben uns manchmal gefragt, ob es überhaupt berechtigt ist, derart zu trauern.

Eine andere Stimme erinnert an die friedliche Revolution von 1989, wo die Menschen sich zum Protest genau an der Stelle versammelt hatten, an der die Kirche gestanden hatte: Da dachte ich, das ist die geistige Auferstehung der Kirche, denn dass die Revolution friedlich war, lag ja auch zu einem nicht geringen Teil daran, dass die Leute vorher in den Kirchen waren, um zu beten.

Die Kirche stirbt wie ein Mensch, die Kirche stirbt wie Christus: Kreuzigung, Todeskampf, der johanneische Tod: Es ist vollbracht, er neigte sein Haupt und verschied, die Wächter vor dem Grab der Kirche, und schließlich die geistige Auferstehung in der Stunde der betenden Revolution. Wie kommt es, dass Menschen so empfinden angesichts eines Bauwerks? Wie kommt es, dass sie den Tod Christi in dem Sturz eines Baues lesen? Es liegt an der Vieldeutigkeit des Begriffes Kirche. Was ist Kirche? Ein Sakralbau, das erwählte Volk Gottes, der Leib Christi? Die Bilder fließen ineinander, eines konnotiert das andere, und wenn wir das Wort Kirche sagen, sind wir nie ganz eindeutig. Von dieser Mehrdeutigkeit profitiert das Bauwerk. Ein Kirchbau ist nie nur, was er ist. Nie sind die anderen Bilder von ihm wegzudenken: das Volk Gottes, das in der Erinnerung an Christus miteinander in Frieden und Gerechtigkeit das Mahl teilt (1 Kor. 11); der Leib Christi, der sich darstellt in der Gemeinschaft seiner Glieder (1 Kor. 12).

Darum haben die Menschen bei der Vernichtung der Paulinerkirche anders geklagt als über den Einsturz irgendeines Versammlungshauses. Das ist die Gnade einer jeden Kirche, dass sie immer mehr, schöner, würdiger ist, als sie ist; für jede von ihnen liegt schon ein opus operatum vor, ein schon für sie erworbener Reichtum: der Reichtum jener anderen Bilder von Kirche. Darum bestürzt es uns, wenn wir eine Kirche verfallen sehen. Darum hat Franz von Assisi gelitten, wenn er San Damiano und andere Kirchen schmutzig und einsturzgefährdet sah.

Der Kirchbau lebt von dem Reichtum jener anderen Kirche, die das Volk Gottes ist. Die Kirchen leiden auch als Bauten am Verrat jenes Volkes. Ob wir Kirchen bauen können, ob diese Bauten einleuchtende und verstehbare Zeichen des Geistes Christi sind, hängt davon ab, ob jenes Volk Gottes ein lesbares Zeichen jenes Geistes ist. Es ist also nicht nur eine ästhetische Frage, ob uns Bauten gelingen, es ist eine Frage des Geistes, der uns treibt. Wer sind wir als Kirche? Kirche – das ist das Volk des Geistes Gottes, Kirche ist der Leib Christi, Kirche ist Heiligkeit und Verrat zugleich. Unsere Kirchenräume sind in einem Zeugen der Heiligkeit des Geistes und sie sind Zeugen des Verrats. Viele unserer Bauten sind nicht zur Ehre Gottes gebaut. Sie sind manchmal Selbstdarstellungen der Macht. Es gibt Kirchen von brutaler Stimmigkeit, die nicht Zeugen der Schönheit Gottes sind, sondern Zeugen des geraubten Gutes der Armen. Die Grabmäler, die Triumphbögen, die Gemälde, die Formen und Maße zitieren Geist und Ungeist. Wir haben Kirchen, die nicht Gott verherrlichen, sondern in denen sich Kaiser, Könige, Päpste, Fürsten, Gilden, Geschlechter selbst verherrlicht haben. Wenn religiöse Gemeinschaften müde geworden sind, auf Gott zu harren, dann machen sie sich Gebilde, Götzen, die ihnen selber entsprechen. Sie verwechseln Gott mit dem ihm Ähnlichen, und diese Verwechslung ist meistens erst in den nächsten Generationen zu durchschauen. Auch das heißt Kirche sein und eine Tradition haben: verwickelt zu sein in die Güte und in den Verrat der Toten. Wir tragen den Tod der Toten in uns wie auch ihr Leben. Wir müssen den Toten vergeben, wie auch Gott uns, der lebenden Kirche vergeben muss.

Wozu brauchen wir die Entäußerung des Glaubens in Räume und an Orte, in Zeiten und Rhythmen, in Begehungen, in Formen und Formeln? In seinem faszinierenden und bewegenden Buch beschreibt Leon Wieseltier die Geschichte des Kaddisch. Nachdem er die Bräuche der zwangsgetauften Juden in Spanien beschrieben hatte, die vorschreiben, dass man den Angehörigen des Toten Trauben, hartgekochte Eier und einen Krug Wasser schickte, schließt er seinen Bericht mit dem Satz: »In ihrer Speise lag ihr Glaube. Wenn sie ihre Eier kosteten, kosteten sie ihre Metaphysik.« (L. Wieseltier: Kaddisch, München 2000, S. 311)

Bürgerlich-protestantische Traditionen verlegen alles Wesentliche des Menschen in sein Inneres, in sein Herz, in sein Gewissen, in seine Seele. Alles Äußere steht unter dem Verdacht, Äußerlichkeit zu sein, Unwesentliches oder gar Abfall und Verderben. Jede äußere Religiosität steht unter dem Verdacht, Verrat an der Innerlichkeit zu sein. Dagegen der Satz von Wieseltier: »In ihrer Speise lag ihr Glaube. Wenn sie ihre Eier kosteten, kosteten sie ihre Metaphysik.« Der Mensch erbaut sich nicht nur von innen nach außen. Er wird auch von außen nach innen gebaut. Der Geist kommt nicht mit sich selber aus, und er lässt sich nicht in die Innerlichkeit verbannen. Was nicht nach außen dringt; was nicht Form, Aufführung, Geste, Inszenierung, Haus und Figur wird, bleibt blass und ist vom Untergang bedroht. Der Geist, der seinen Ort nicht findet, ist wie eine Musik, die Partitur bleibt und nicht aufgeführt wird. »Jede neue Religion, die Bestand haben will – und sei es auch nur ein Jahrzehnt über ihr erstes revolutionäres Aufflammen hinaus –, muss den Schritt von der inneren zur äußeren Religiosität tun.« (M. Douglas: Reinheit und Gefährdung. Eine Studie zu Vorstellungen von Verunreinigung und Tabu, Berlin 1985, S. 81) Dass ihr Geist eine Stätte findet, dass er »statthaft« wird

(G. van der Leeuw), ist die Bedingung der langfristigen Existenz.

Natürlich möchte ich Herz und Gewissen nicht diskreditieren als die Stätten menschlicher Entscheidung. Aber nicht nur was von innen kommt, verunreinigt den Menschen oder erbaut ihn; auch was von außen kommt, erbaut oder trübt ihn. Der Mensch spielt sich nicht nur in seinem Inneren ab. Er ist auch Leib, und seine Seele tritt als Form, Figur und Geste nach außen. Sie spielt sich außen ab. Äußerlichkeit werfen idealistische Protestanten oft den Katholiken vor, und sie verkennen, dass das Äußere die gestaltete Seele ist. Wir glauben, beten und hoffen nicht nur mit unseren Herzen. Wiederum Wieseltier: »In ihrer Speise lag ihr Glaube. Wenn sie ihre Eier kosteten, kosteten sie ihre Metaphysik.« Wir glauben, indem wir uns bezeichnen. Wir glauben, indem wir einen Ort aufsuchen, der verschieden ist von allen anderen Orten. Wir lesen den Glauben vom gestalteten Raum in unser Herz hinein – vom Altar, von den Bögen, von den bezeichneten Schwellen, von den Fenstern, vom Kreuz und von der Ikonostase. Wir lesen unseren Glauben von den fremden Formeln der Psalmen, des Glaubensbekenntnisses und der Lieder Paul Gerhardts in uns hinein. Wir brauchen uns nicht in der Kargheit unserer eigenen inneren Existenz zu erschöpfen.

Leon Wieseltier, der sein religiöses Judentum lange aufgegeben und es wieder gelernt hatte an der Erforschung des Kaddisch, der Formel für die Toten, erzählt von der Erfahrung und den Niederlagen seines Betens:

Meine Gebete wurden im wachsenden Maße zu verzweifelten Anstrengungen der Subjektivität, nichts anderes, und ich konnte nicht glauben, dass die Intensität meiner Gefühle für die Wahrheit dessen, was ich sagte, auch nur die geringste Bedeutung hatte. Den Beweis der Wahrheit zu erbringen stand nicht in meiner Macht. Mehr noch, kein Beweis, den ich erbracht hätte, wäre ein Beweis gewesen. Der Beweis musste von außen kommen. Ich war der Innerlichkeit überdrüssig. Ich sehnte mich nach der Äußerlichkeit, ihrer Gewissheit und Erhabenheit. Und so kam es, dass mein Gebet für mich schließlich zu einer Äußerungsform wurde, die mich trostlos und erniedrigt zurückließ, und ich gab es auf. Und jetzt bete ich morgens, nachmittags und abends. Die wunderbaren, vertrauten, kraftlosen Worte gehen mir leicht von der Zunge. Was mache ich? (Wieseltier S. 34)

»Ich war der Innerlichkeit überdrüssig!« Ein gefährlicher und wahrer Satz. Es geht nicht darum, sich selber wieder los zu werden, das eigene Gewissen, die eigene Sprache und das eigene Herz wieder zu verlieren an bannende Orte, Zeiten, Institutionen und heilige Mechanismen. Es geht nicht darum, weniger zu werden, als man ist. Es geht darum, mehr zu werden, als man von sich aus sein kann. Und so sucht man sich Verbündete für die Seele: die »Äußerlichkeiten« der Räume, der Rhythmen, der Bauten, der Formeln, der Gesten und Rituale. Es ist eine Flucht in die Fremde, die uns mehr werden lässt, als wir sind, nicht weniger. Man baut sich von außen nach innen. Ich nenne ein Beispiel für einen bezeichneten Ort, der an unserer Innerlichkeit baut. In der Nähe unseres Institutes in Hamburg stand die alte Synagoge. Sie wurde 1938 zerstört und dem Erdboden gleich gemacht. Als ich nach Hamburg kam, war dieser Ort ein Parkplatz, und ich wusste nicht, was an dieser Stelle Menschen gelitten und gehofft hatten. Vor etwa 20 Jahren wurde der Grundriss der Synagoge als Mosaik in den Boden eingelassen. Ich ging während meiner Dienstzeit fast täglich hier vorbei, und fast täglich redete dieser Ort zu mir. Er baute an meiner Innerlichkeit und an meinem Gedächtnis. Ich war nicht mehr allein angewiesen auf die Kraft meines Herzens. Die bezeichnete Stelle baute an meinem Herzen.

Der Raum baut an meiner Seele. Die Äußerlichkeit baut an meiner Innerlichkeit. Das ist die Erkenntnis eines älter gewordenen Glaubens. Jeder junge Glaube zweifelt mit prophetischer Geste an diesem Satz. Jeder Anfang und jede Bekehrung erzeugt einen antiritualistischen Impuls. Alle Anfänge stürmen die alten Bilder, Einrichtungen und Inszenierungen. Alle Anfänge sind bilderstürmerisch, und in ihnen sagt man jenen Satz des jungen Mannes aus Nazareth: Nicht was zum Munde hineingeht, verunreinigt den Menschen, sondern was aus dem Munde herauskommt, macht den Menschen unrein. (Mt 15,11) Nicht die Äußerlichkeiten entscheiden über den Menschen, sondern sein Herz. Und so fegt der junge Glaube im Sturm der Bilder alle Aufbauten hinweg. Er sagt: »Gott, der die Welt gemacht hat und alles, was darin ist, er, der Herr des Himmels und der Erde, wohnt nicht in Tempeln, die mit Händen gemacht sind.« (Apg 7,48) Die Welt ist sein, sagt dieser junge Glaube. Eine besondere Stätte, eine besondere Zeit oder ein besonderes Haus ihm zuzusprechen bedeutet die Leugnung seiner Universalität und der Heiligkeit aller Zeiten und Orte. Alles ist unmittelbar zu Gott, und er ist nicht einzuschränken auf die heiligen Besonderheiten. Das Allgemeine ist heilig, und wir brauchen keine aus dem Allgemeinen herausgeschnittenen heiligen Zeiten, Personen, Räume, Geste und Instrumente.

Zum letzten Mal haben wir den prophetischen Aufstand gegen das heilige Besondere 1968 erlebt. Die 68er waren die wahren Protestanten, die Zeugen der Ethik und der Innerlichkeit. Sie riefen: Wohnungen statt Kirchen! Sie riefen: kein Geld für repräsentative Kirchtürme! Sie riefen: Ein Stall für den Gottesdienst! Sie hielten die Aufteilung der Welt in sakrale und profane Welt für einen zu überwindenden gnostischen Pessimismus. Der

Glaube selber desakralisiert, sagte damals Harvey Cox: »Die jüdisch-christliche Tradition hat den sakralen Raum aufs schärfste in Frage gestellt, von der Nomadengeschichte Israels angefangen, während des Exils, der Zerstörung des Tempels bis hin zu jenem Gespräch zwischen Jesus und der Frau, das wir als Motto unserem Artikel voranstellten.« (in: H.-E. Bahr, Hg.): Kirchen in nachsakraler Zeit, Hamburg 1968, S. 97) Cox spielt an auf das Gespräch Jesu mit der Samariterin, in dem er sagt: Es kommt die Zeit, dass ihr weder auf diesem Berg Garizim noch in Jerusalem den Vater anbeten werdet. Die wahrhaften Anbeter beten an im Geist und in der Wahrheit. (Joh 4,19-22)

Ich zitiere jene Theologen nicht, um sie zu schmähen, sondern weil sie recht haben. Ihre Skepsis gegen die herausgeschnittenen Sakralitäten ist unerlässlich. Und vielleicht wird es bald wieder nötig, gegen die neue esoterische Substantialisierung von Orten, Quellen, Bergen, Bäumen, Vollmondnächten, Steinen, Kräutern und Zeiten an die Skepsis und an den Bildersturm der 68er zu erinnern. Aber es gibt nicht nur deren Wahrheit. Es gibt auch die Wahrheit jenes älteren Glaubens, der die Orte, Räume, Zeiten sich als Zeugen sucht. Auf jeden Fall soll man nicht die eine Wahrheit mit der anderen erschlagen. Das sollen die Propheten wissen und ihr Widerpart, die müde und alt gewordenen Priester in den Kirchen, die in Räumen leben und die die Räume brauchen. Die Priester bauen Kirchen, die Propheten setzen sie in Brand.

Wozu brauche ich den heiligen Raum? *Im heiligen Raum muss ich nicht eloquent sein.* Der heilige Raum ist der Raum, in dem die Toten meine Zeugen sind. Hier wurde ihr Lebensanfang unter die große Geste der Taufe gestellt, hier haben sie geschworen, hier haben sie den Bruch ihrer Schwüre bereut, hier haben sie ihr Glück gefeiert und ihre Niederlagen beweint, hier wurden die letzten Gebete über sie gesprochen. Jeder Kirchenraum ist dunkel von der Patina der Seufzer, der Gebete, der Zweifel, der Hoffnung der Toten. Eine Tradition haben heißt, an die Stelle der Toten treten, nicht nur um ihre Aufgaben zu übernehmen, sondern um Anteil zu gewinnen am Glauben und an der Hoffnung dieser Toten. Wir bauen uns von außen nach innen, und wir müssen nicht einmal die vollkommenen Meister unseres Glaubens sein. Eine Kirche ist nicht schon dann eine Kirche, wenn sie fertiggestellt und eingeweiht ist. Eine Kirche wird eine Kirche mit jedem Kind, das darin getauft ist; mit jedem Gebet, das darin gesprochen wird, und mit jedem Toten, der darin beweint wird. Sie ist kein Kraftort, aber sie wird ein Kraftort, indem Menschen sie heiligen mit ihren Tränen und mit ihrem Jubel. Ich muss im heiligen Raum nicht eloquent sein. Ich muss mir nicht in Dauerreflexion und Dauerberedung sagen, wer ich bin; was der Sinn und das Ziel des Lebens und des Sterbens ist. Der Raum redet zu mir und erzählt mir die Geschichte und die Hoffnung meiner toten und lebenden Geschwister. Und so baut er an meinen Wünschen und an meinen Lebensvisionen. Es ist kein ästhetisches Urteil, wenn ich sage, dass alte Kirchen mir lieber sind als die neuen. Alte Kirchen haben mehr Vergangenheit, sie erzählen mehr.

Wozu brauche ich eine Kirche? *Der heilige Raum arrangiert meine Gebete.* Ich will ein einfaches Beispiel erzählen. Wir hatten die Angewohnheit, unseren Enkeln Märchen auf der dritten Treppenstufe in unserem Haus zu erzählen. Es war kein besonderer Kraftort, aber das Aufsuchen dieser Stelle arrangierte uns für die Erzählung phantastischer Geschichten. Der Ort brachte uns in eine Rolle: dort sind wir die Geschichtenerzähler oder die Geschichtenhörer. Der Kirchenraum arrangiert uns und bringt uns in eine Rolle: dort sind wir die Beter, die Hörer; wir sind die Singenden und die Nachdenklichen. Wir sind es anders als zuhause im Wohnzimmer oder im Arbeitszimmer. Räume bauen an unserer Innerlichkeit. Darum sprechen wir dort anders, verhalten uns anders, werden ruhiger oder auch unruhiger durch die Ruhe der Räume. Räume erbauen uns, wenn wir uns erbauen lassen. Ich habe es immer als Problem empfunden, dass die Stimme des Kirchenraumes unhörbar gemacht wird durch lautes Gerede vor dem Gottesdienst. Damit lässt man nicht zu, dass der Raum einen erbaut. Das Gelärme zerstört die Fremdheit des Raumes, die ein köstliches Gut ist.

Die heiligen Räume haben heute ihr Problem mit uns. Wir lieben die Fremde nicht! In narzisstischen Lagen versuchen Menschen, alles sich selber gleich zu machen und sich alles anzueignen. Sie wollen sich dauernd selber vorkommen, sie wollen die Wärme und die Unmittelbarkeit einer sich selbst feiernden Gruppe. Und so soll es auch im Gottesdienst und in der Kirche gemütlich sein wie zuhause im Wohnzimmer. Je individueller und je formloser die einzelnen und die Gruppen vorkommen, um so authentischer scheint der Gottesdienst zu sein. Die Selbstfeier der Gemeinde wird zur Gottesdienstabsicht. Dieser Selbstfeier werden die Texte, die Formen und manchmal auch die Räume unterworfen. Die Gemeinde will unmittelbar zu sich selber sein, und so verliert der Gottesdienst seine Fremdheit, seine Andersheit. Das Verhalten der Menschen wird ununterscheidbar vom Verhalten zuhause, im Wirtshaus oder auf einer Party. Die Sakralität der Handlung und des Raumes wird nicht aufgehoben wie oben beschrieben durch das prophetische Wissen um die Heiligkeit aller Orte, sie wird zerstört durch die Banalität narzisstischer Allgegenwart. Die alten Räume stellen sich in ihrer Fremdheit zum Glück solchen Versuchen noch in den Weg, damit wird die Komik solcher Selbstinszenierungen wenigstens durchschaubar. Ich hoffe, die Kirchen behalten ihre

Fremde, und das narzisstische Selbstinteresse findet keinen Niederschlag in Kirchbaukonzepten.

Wozu brauche ich eine Kirche? *Der heilige Raum ist der fremde Raum, nur in der Fremde kann ich mich erkennen.* Der Raum erbaut mich, insofern er anders ist als die Räume, in denen ich wohne, arbeite und esse. Ich kann mich nicht erkennen; ich kann mir selbst nicht gegenübertreten, wenn ich nur in Räumen und Atmosphären lebe, die durch mich selbst geprägt sind, die mir allzu sehr gleichen und die mich wiederholen. Die Räume, die mich spiegeln – das Wohnzimmer, das Arbeitszimmer – gleichen mir zu sehr. Der fremde Raum ruft mir zu: Halt! Unterbrich dich! Befreie dich von deinen Wiederholungen. Er bietet mir eine Andersheit, die mich heilt, gerade weil sie mich nicht wiederholt, sondern mich von mir wegführt. Kirchen heilen, insofern sie nicht sind wie wir selber. Ich war vor kurzem in einer modernen Kirche, die mich etwa so sehr berührte wie der Seminarraum, in dem ich meine Veranstaltungen abhalte. Er war arenaartig angelegt, auf jeder Stufe fanden sich ausreichend Sitzkissen für die Bequemlichkeit der Besucher. Der Altar war als solcher nicht zu erkennen. Man konnte ihn als kleinen Tisch oder als Lesepult betrachten. Der Raum war hell und bis zum Gähnen geheimnislos. Er enthielt einige geschmackvolle Plakate. Er wies in nichts über sich selbst hinaus. Es war ein erwartbarer Raum. Er hat mich nicht gebildet, weil er mir nicht entgegentrat, weil er mir nicht Einhalt gebot. Er hat mich nicht still gemacht, und es wäre unnatürlich gewesen, in diesem Raum mit meinem Nachbarn nicht zu plaudern. Es war ein Parlatorium, in dem es natürlich war zu parlieren und der einen Parliergottesdienst mit einer Parlierpredigt arrangierte. Ich vermute, dass die Fremdheit eines Raumes vor allem durch seine Langsamkeit hergestellt wird. Eine Kirche wird also gerade nicht ein Exzitations- und Erlebnisraum sein, sondern ein karger Raum, ein präziser Raum; ein Raum, der mit geringen Mitteln arbeitet, ein Raum der Disziplin, ein Raum, der sich wehrt gegen die Superlative, von denen wir täglich umgeben sind.

Das eine Gegenteil dieser produktiven Fremdheit ist Gemütlichkeit, das andere Exzitation. Exzitation gibt es nicht nur als modische, es kann sie auch als herkömmliche geben. Ich denke an gewisse Barockkirchen, die in einer religiösen Dauerexzitation bestehen. Ich habe in solchen Räumen immer das Gefühl, ich müsste dort wenigstens ein unanständiges Grafitto anbringen, damit das religiöse Fortissimo unterbrochen wird. Man kann nicht lange auf den höchsten Ebenen verweilen, ohne banal zu werden. Die Übersymbolisierung war schon immer ein Problem religiöser Formen und religiöser Sprache. In solcher Übersymbolisierung nimmt ein Zeichen dem anderen die Sprache und bringt es zum Verstummen.

Stil braucht Ruhe und Langsamkeit. »Stil braucht Muße«, sagt Peter Brook von der Theaterarbeit. (P. Brook: Der leere Raum, Berlin 1994, S. 95) Etwas weglassen können gehört zur hohen Kunst der religiösen Sprache, der Predigt, des Gottesdienstes und der Räume, in denen er stattfindet. Eine der Grundregeln für die Theaterarbeit von Peter Brook heißt: Frage dich, was du nicht tun oder sagen musst! Stil braucht Muße, Stil braucht Kargheit. Was würden unsere Räume, unsere Gottesdienste und die Predigten gewinnen, wenn diese Regel gälte!

Eine Kirche ist ein Raum des Hörens. Über weite Strecken im Gottesdienst hören wir zu. Wir hören die Orgel, wir hören die Geschichten, wir hören die Predigt. Ein guter Raum verhilft zu einer anderen Weise des Hörens, als wir es aus einem Vortragssaal gewohnt sind. Das Hören ist meditativer. Man will nichts von den Bildern, Texten und Musiken, die man hört. Man will kommen lassen, was kommen will. Man ist Gastgeber der Bilder und der Texte. Man will sie nicht besitzen, nicht erjagen.

Man will die Gebete und das Glaubensbekenntnis nicht füllen mit der eigenen Existentialität. Man lässt sich von ihnen in den Glauben von vielen ziehen. Sich nicht wehren und nichts beabsichtigen ist die hohe Kunst eines meditativen Verhaltens. Diese Haltung aber hat es in der Welt der Macher nicht leicht. Die macherischen Fähigkeiten sind in unserem Kulturkreis ins Immense gewachsen, und die pathischen Begabungen verkümmern. Wir fühlen uns allein als Macher gerechtfertigt, und unser Selbstverständnis bricht zusammen, wo wir als Macher an unsere Grenzen stoßen. Kann man in einer solchen Kultur auf etwas anderes hoffen als auf die eigene Stärke? Kann man sich hergeben? Kann man sich entlassen in das große Geheimnis der Welt? Wo wir auf diese imperiale Weise mit uns selber, mit der Natur, mit den Tieren umgehen, da verlieren wir unsere passiven Stärken: die Geduld, die Langsamkeit, die Stillefähigkeit, die Aufnahmefähigkeit, das Hören, das Warten, das Lassen, die Gelassenheit, die Ehrfurcht und die Demut. Wir verlieren die Kunst der Endlichkeit und der Bedürftigkeit.

Der Raum, der die passiven Stärken des Menschen ehrt und stärkt, darf nicht völlig zentralisiert sein. Er müsste den Menschen konzentrieren und schweifen lassen. Er darf nicht bannen wie der Kölner Dom in seiner vollkommenen Ausgerichtetheit, er darf nicht kokettieren und verführen wie die Birnau. Er darf nicht von fader linearer und funktionalistischer Klarheit sein, wie manche neue Kirchen. Als wir noch in Köln wohnten, sind wir ebenso viel in katholische wie in protestantische Gottesdienste gegangen. Unsere Kinder waren die katholischen reich geschmückten Kirchen gewöhnt. Bei einem Urlaub kamen wir in Holland in eine strenge und kahle calvinistische Kirche. Unsere damals dreijährige Tochter sah sich um und stellte kategorisch fest: Is' kein Gott drin! Ich möchte die katholische und die protestantische Begabung würdigen; die katholische Vorliebe für die Augenschönheiten und die protestantische für die Ohrenschönheiten und für die Skepsis gegen die Augenschönheiten. Der Glaube entwirft Bilder, und er birgt sich in die Bilder der Toten. Ein bildloser Glaube ist ein trostloser Glaube. In allen Grundsituationen seines Lebens kommt der Mensch nicht mit der puren Sagbarkeit aus. Die Sprache selber drängt in die Bilder. In der Bedrohung des Lebens reden wir von der anderen Stadt, in der alle Tränen abgewischt sind und in der der Tod nicht mehr sein wird noch Leid noch Geschrei. Wir reden vom Land, in dem die alten Gesetze nicht mehr gelten und in dem alles neu ist; so neu, dass die Blinden sehen, die Stummen ihren Gesang gefunden haben und die Lahmen ihren Tanz. Die Sprache verliert ihre Begrenzung und fängt an zu fliegen. Diese Bilder sind Flüge der Hoffnung. Sie sind keine Photos und sie halten nichts fest. Die Sprache kommt nicht mehr mit sich selber aus. Wie eine Welle die andere bricht und überholt, so überpurzeln sich die Bilder. Das Bild selber bricht das Bild und wird bilderstürmerisch. Bilder lehren uns wünschen, und je unbescheidener sie sind, um so mehr entheimaten sie uns aus der faulen Gegenwart. Bilder lehren uns die Sehnsucht nach dem Land des Jauchzens und nach einem unkommprommitierten Leben. Und so wird der Mensch mit seiner gebildeten Sehnsucht zu einem unsicheren Kantonist in seiner eigenen Gegenwart. Er fühlt sich überall, wo die Blinden noch nicht sehen und die Lahmen noch nicht springen, an den Flüssen Babylons, auch am Rhein, an der Elbe und am Mississippi. Wer in seinen Träumen gebildet ist, ist ein Ausländer – überall.

Die Bilder der Fülle entlarven die Bilder vom falschen Leben. Unsere Gesellschaft hat die Sprache verloren, aber Bilder, die die Wirklichkeit irrealisieren, hat sie in reichem Maß. »Das Bild lehrt lügen!« heißt es beim Propheten Habakuk. Wem fällt dieser Satz nicht ein bei der Theatralisierung des Politischen vor Wahlen? Wem fällt das nicht ein bei den Parteitagen aller Parteien, vielleicht mit Ausnahme der PDS, der die Westgekonntheit noch nicht so geläufig ist. Auch Gebäude machen die Macht selbstverständlich. Ich denke an den Petersdom mit seiner glänzenden imperialen Geste, an den Platz mit den Kolonnaden von Bernini, die jedem jederzeit sagen, wie klein und nichtig man ist. Man braucht die Unfehlbarkeit des Papstes kaum noch in einer Lehre zu lehren. Die Inszenierung in den Gebäuden lehrt sie eher und kräftiger als jede Lehre.

»Das Bild lehrt lügen!« Die Bildlügen sind oft aus dem Besten unserer eigenen Tradition gebaut, aus Werten wie Glaube, Würde, Liebe, Vertrauen, Freiheit, Unverwechselbarkeit. Die Bilder und die schönen Inszenierungen versprechen und segnen. Die Inszenierungen versprechen Heil und sie segnen ab. Sie machen umstrittene und zwiespältige Sachverhalte zu unumstrittenen und guten. Diese Theatralisierungen segnen und legitimieren. Keine Macht kommt ohne die Segnung der Bilder aus. Eine Macht, die sich nicht legitimiert, bleibt nicht lange bestehen.

Macht euch kein Bildnis!
Hebe deine Augen nicht auf zum Himmel, dass du die Sonne siehst und den Mond und die Sterne!
Lass dich nicht verführen, sie anzubeten und ihnen zu dienen!

Der Glaube an Gott lehrt das Misstrauen gegen die Götzen und ihre Bilder. Es könnte sich ein Menschentyp herausbilden, der nicht mehr auf Argumente hören kann und der nur noch durch Bilder und Inszenierungen zu gewinnen und zu überzeugen ist. Wir haben in den letzten Jahren gesagt, dass wir von der Bildhaftigkeit, der inszenatorischen Fähigkeit des Katholizismus lernen müssten. Der Mund wurde vielen Protestanten wässrig, wenn sie an deren Weihrauch, Glöckchengeklingle, Weihwasser und Messgewänder dachten. Ich vermute, wir brauchen heute noch mehr das Charisma der Kargheit und das Misstrauen gegen die Augenschönheiten, die uns die reformierte Tradition lehrt.

Ich habe bisher vor allem die Kirche als Ort des Gottesdienstes bedacht, ich habe also vor allem ihren Innenraum gewürdigt. Aber die Kirche ist sichtbar in der säkularen Stadt. Ein Mittel, einer Idee die Legitimität abzusprechen, ist, ihr die Sichtbarkeit zu verbieten. So ist es geschehen mit einigen reformierten Kirchen in lutherischen Städten, etwa in Lübeck. Sie durften zwar gebaut werden, aber sie durften sich nicht von Wohnhäusern unterscheiden. Zunächst ist es für die Kirche selber lebenswichtig, sich darzustellen und ein öffentliches Gesicht zu bekommen. Man wird auch, indem man sich vor anderen zeigt, ich werde der, als der ich mich bezeuge. Man ist der, als der man gesehen und wahrgenommen wird, und man kann sich nicht in seinen Absichten, Wünschen, Optionen verbergen, ohne dass diese nicht selber verblassen. Wahrheit braucht Öffentlichkeit, und die Präsenz des Geistes braucht Repräsentation. Es gibt viele Fälle der voreiligen Selbstverbergung in unserer Kirche, nicht nur in ihren Gebäuden, auch in ihrer Rede, im Konfirmandenunterricht, im Religionsunterricht und an anderen Stellen ihrer öffentlichen Rede. Vielleicht ist uns der Stolz abhanden gekommen, und die Gewissheit, dass wir Lebensschätze zu verwalten haben. Wenn man sich nicht zeigt, weiß man nicht, wer man ist. Die Rücknahme der Sichtbarkeit war Konzept bei einigen neuen Kirchbauten. Ich war vor einiger Zeit in Luzern, und ich suchte die katholische, von Walter Förderer erbaute Kirche. Sie ist ein Betonbau wie die Banken, die Einkaufszentren und die Wohnblöcke um sie herum. Als ich sie endlich gefunden hatte, war mir nicht klar, wo in diesem Komplex das Jugendzentrum, der Kirchraum und die Wohnung des Pfarrers waren. Alles hätte alles sein können. Nicht-Unterscheidung war Konzept dieses Baus. Deutlichkeit separiert, ist die These von Förderer. Der Kirchbau darf keine Schwelle sein, die überwunden werden muss. Die Kirche darf kein »Konfessionsbau« sein. Was aber, wenn aus der moralischen Topographie einer Stadt die Kirchen verschwinden? Was, wenn nur noch die Banken, die Museen und Bahnhöfe signifikante Gebäude sind; also Gebäude, die auf etwas hinweisen und die eine Lehre enthalten? Je säkularer, ungedeuteter, unbestimmter die Stadt ist, um so deutlicher sollen die Kirchen sein. Die Kirchtürme sollen das Stadtbild nicht beherrschen wie die Rivalitätstürme einiger Hansestädte. Die Kirchen sollen zur Verfügung stehen mit ihren Gebäuden, mit ihrer Sprache, mit ihren alten Gesten für die Zeiten, in denen Menschen sie brauchen; für die Zeiten wie die des 11. September oder des Anfangs des Golfkriegs; für die Zeiten der Lebenseröffnung und des Lebensbeschlusses. Selbstverständlich können wir nicht mehr von der Christlichkeit einer Gesellschaft ausgehen. Menschen glauben vielmehr auf Zeit: in den Zeiten des Glücks, des Unglücks, der Lebensniederlagen und der Höhepunkte des Lebens. Die Kirche ist auch eine Sprachverleihanstalt, eine Gestenverleihanstalt, eine Räumeverleihanstalt. Sie verleiht die Masken des Glaubens auf Zeit. Daran ist nichts Ehrenrühriges. Die Gastlichkeit der Kirche besteht darin, dass sie deutlich sie selber ist; nicht darin, dass sie sich verundeutlicht und versucht, wie alles andere zu sein. Je deutlicher eine Kirche ist, innerlich und äußerlich, um so mehr kann sie undeutliche Gäste ertragen. Was, wenn keiner mehr die fremde Sprache der Hoffnung hütet? Was, wenn keiner mehr die Gebete kennt, die Poesie unserer Wünsche? Was, wenn nichts mehr die Alltäglichkeit und die Gewöhnlichkeit unterbricht? Was, wenn unsere Städte in der Sagbarkeit ersticken; wenn nie und an keiner Stelle mehr an den Namen Gottes erinnert wird? Was, wenn Menschen ihre Lebenshoffnungen nicht mehr an alte Geschichten knüpfen können und die Visionen der Toten keine Stelle mehr haben? Damit aber die Kirche zur Verfügung stehen kann, muss sie deutlich und sichtbar sein, deutlich innen und deutlich nach außen. Mir sind alle Konzepte von Niederschwelligkeit in der Sprache, in den Gesten, in den Bauten verdächtig. Die säkulare Gegenwart braucht nicht die Anpassung der Kirchen, sondern ihre Fremdheit, ihre Besonderheit und ihre Klarheit. Die eigene Kenntlichkeit ist die Kirche einer unkenntlichen Gesellschaft schuldig. Kenntlich kann die Gesellschaft nur werden, wenn sie auf Kenntlichkeiten stößt. Kenntlich können junge Menschen nur werden, wenn sie auf erkennbare Menschen und auf kenntliche Institutionen stoßen. »In die Welt gehen heißt wie die Welt werden«, hat Werner Simpfendörfer vor 40 Jahren in seinen Thesen zum Kirchenbau gesagt und damit die Profanität der Räume eingeklagt. (in: Bahr, S. 106) Er hatte damals recht gegen die klerikale Abgeschlossenheit und gegen die Uninteressiertheit der Kirchen an der Welt. Aber wir leben in anderen Lagen. Menschen ersticken nicht mehr an Überdeutlichkeiten, sie hungern nach Erkennbarkeit und nach Gesichtern.

Eine öffentliche Kirche ist eine geöffnete Kirche, zunächst im Sinne des Wortes. Wenn es wahr ist, dass der Raum unsere Gebete und unsere Ruhe arrangiert, dann muss er auch zugänglich sein. Eine öffentliche Kirche ist eine sich selber erklärende und zeigende Kirche. Ich denke hier vor allem dankbar an die neuen Konzepte und Praktiken der Kirchenpädagogik. Es ist ein Stück Mission. Christen erklären anderen, welche Schätze sie haben und was sie lieben. Mission heißt, zeigen, was man liebt. Was man liebt, das zeigt man, und man hält es nicht in einem geheimen Winkel.

Die Kirche soll nicht nur im öffentlichen Stadtbild erkennbar sein, sie soll die Öffentlichkeit der Stadt in sich selber aufnehmen und sie verwandeln – die Leiden einer Stadt, die großen Fragen einer Stadt, den Diskurs einer Stadt, das Gewissen einer Stadt. Wir haben in Leipzig an der Nicolaikirche und an anderen ein wundervolles Beispiel. Hier haben sich Menschen versammelt, die Kirche war nicht mehr nur Gottesdienstkirche, sie war ein Ort der Klärung, der Entscheidung und des Erbarmens. Die Kirche wurde geheiligt, indem sie den Nöten der Menschen einen Raum und Sprache und Lieder gegeben hat. Auch die Gottesdienste gewinnen neues Feuer, wo sie genährt werden von der Glut der alltäglichen Sorgen. Was hieße das, wenn die Kirche ein Ort des öffentlichen Diskurses der Wichtigkeit eines Gemeinwesens würde? Was hieße es für die Art, wie man miteinander redet, wenn dies in einer Kirche geschieht? Eine Kirche verengt, wenn sie nur Ort des Gottesdienstes ist, und das sonntags von 10 bis 11 Uhr. Die Kirche gehört sich nicht selber, sie gehört den Leiden und den großen Fragen des Gemeinwesens. Kirche in der Stadt heißt Kirche für die Stadt. So sehr die Stadt in die Kirche geladen werden soll, so bleibt doch der Kirchenraum ein Raum der Würde. Der Raum verliert seine Stimme, wenn man sich darin benimmt wie in allen anderen Räumen auch. Ich habe vor kurzem erlebt, wie in einem Konzert in einer Kirche auch Bier und Würstchen angeboten wurden, es war ein wahrhaft niederschwelliger Raum geworden. Unser Stolz müsste es uns verbieten, uns mit unseren Räumen bis zur eigenen Unkenntlichkeit anzubiedern. Wir sind unseren Kirchen Ehrfurcht schuldig.

Es wird natürlich Kirchen verschiedener religiöser Dichte und Expressivität geben. Kirchen und Gemeindezentren in Neubaugebieten werden nicht mehr die fremde Würde der Katharinenkirche in Hamburg oder des Bamberger Domes haben. Sie werden einfacher und schlichter sein und dabei nicht ohne Würde. Vielleicht verwirklichen sie ein anderes Grundkonzept des Symbols Haus. Die alten Kirchen sind Weltenhäuser: sie sind langfristig und für Jahrhunderte gebaut, sie sind stabil, sie sind bergende Höhlen, sie sind Schöpfungshäuser. Aber es gibt ein anderes Symbol – das Zelt. Es bietet Schutz im Augenblick, es wird rasch aufgeschlagen und rasch abgerissen, es ist einfacher und ärmer, es ist das Symbol des wandernden Volkes und damit dem Geist des Christentums mindestens ebenso entsprechend wie die großen Hauskirchen. Darum hat die Ladenkirche in Berlin nicht weniger ihr inneres Recht als der Dom jener Stadt. Der Zeltgedanke erlaubt auch das Experimentieren mit Kirchen, z. B. die eine eher als Jugendkirche zu benutzen, die andere als ökumenischen Raum, die andere eher als Meditationskirche. Kirchen sollen uns ja nicht bannen, sie sind Räume der Freiheit, und darum können sie Räume des Experiments sein. Wenn wir uns verlaufen und irren bei unseren Experimenten, können wir uns ja korrigieren. Wo man sich nicht irren kann, da ist man auch nicht wahrheitsfähig.

Eine offene Kirche ist eine Kirche, die verwandten Geistern Obdach bietet. Ich denke hier vor allem an die neue Begegnung von Kunst und Kirche. Ich denke an die Gnadenkirche in Hamburg, an die Marktkirche in Hannover, an die Marienkirche in Lübeck, die sich öffnen für bildende Kunst, für Lesungen und für Musik. Gibt es eine Nähe von Kunst und der Sprache des Glaubens? Kann Kunst an diesem Ort heimisch werden? Wird der Ort zur Fremde durch die Kunst? Kunst und Glaube lehren uns weinen. In beiden ist, wenn sie sich selbst nicht verraten, eine aufrührerische Vorstellung vom Leben. In beiden wird der Geschlagene dargestellt als einer, der nicht geschlagen werden soll. Beide sind am stärksten, wo sie in der Revolte leben gegen die Korruptionen der Gegenwart. Ich will die Kunst nicht religiös machen, davor haben Künstler ja fürchterliche Angst. Aber beide riechen die Luft von einem anderen Stern, wo einer nicht Opfer des anderen werden soll. Beide wissen, was Transzendenz ist: der Überstieg über diese Gegenwart, die für viele unerträglich ist. Und so ist in beiden die Musik vom ganzen Leben – sie sind Vorspiel. Die Sprache der Kunst weiß, dass keiner stumm gemacht, keiner geblendet und keiner geschlagen werden soll. Mehr weiß sie nicht, ihre Würde ist die Untröstlichkeit. Der Glaube sagt einen Satz mehr, auch wenn ihm die Zunge dabei manchmal am Gaumen klebt: Er sagt, dass die Wüste einmal blühen wird; dass die Augen der Blinden und die Ohren der Tauben aufgetan werden sollen. Seine Pflicht ist es, die Unsäglichkeiten zu singen. Er kann sich nicht mit Feststellungen begnügen, sonst gäbe er die Solidarität mit den Toten auf.

Der Glaube und die Künste lehren loben, sie kennen diese große Grundfähigkeit des Herzens. Sie besingen das Leben. Sie sagen: »Geh' aus, mein Herz, und suche Freud.« Sie sehen Narzissus und Tulipan, sie hören die hochbegabte Nachtigall und sie kosten die edle Honigspeise und des Weinstocks starken Saft. Das genügt der Kunst. Der Glaube singt eine Strophe des alten Liedes mehr. Er singt: »Ach, denk ich, bist du hier so schön und lässt du's uns so lieblich gehn auf dieser armen Erden: was will doch wohl nach dieser Welt dort in dem reichen Himmelszelt und güldnen Schlosse werden.« Der Glaube kennt das zweite Gesicht der Dinge und ihren eigentlichen Namen.

Wo Kirche und Kunst sind, die sie sein sollen, lehren sie uns loben und sie lehren uns weinen. Darum ist es nicht fremd, dass Kirchen auch Herbergen dieser nahen Geschwister sind und dass gelegentlich in den Kirchen andere Lieder gesungen werden, als sie im Gesangbuch stehen. Im großen Gesangbuch des Lebens stehen die Lieder von Paul Gerhardt und die Schreie des Psalmen nahe neben John Cage, Heinrich Böll und Pablo Picasso. Sie haben eine gemeinsame Mutter: die Sehnsucht nach dem Leben. Darum kann ich in einem tiefen Sinn billigen, dass die Kirche Gäste beherbergt, die ihr nahe sind und die verschieden von ihr sind. Eine Kirche ist ein kenntlicher Ort, der herausgeschnitten ist aus der Gleichförmigkeit und der Gleichtönigkeit gewöhnlicher Orte. Seine Steine sprechen eine andere Sprache als die Sprache der Zwecke und Geschäfte. Auch wenn hier andere Stimmen singen als die einer christlichen Gemeinde, bleibt die Kirche ein Raum der Ruhe, der Stille und der Innerlichkeit. Was auch immer mit einer Kirche geschieht, so wünsche ich doch, dass dieser Raum kenntlich bleibt und seine Eigentümlichkeit behält. Zonen ohne Eigentümlichkeiten und ohne Sprachen haben wir genug in unseren monotonen Landschaften. So wünsche ich, dass diese Räume bleiben, was sie sind: die große Fremdsprache im Meer der Geläufigkeiten. Erst als solche machen sie aufmerksam, unterbrechen und erinnern.

Eine offene Kirche ist ein »Ort des Erbarmens«, wie eine Erklärung aus Hamburg Altona die Kirche nennt. Ich denke an den besonderen Fall der Asylgewährung in einer Kirche. Solche Fälle und Konflikte haben sich in der letzten Zeit gehäuft und werden sich häufen. Sich zeigen heißt für Christen ja nicht nur, dass sie Kirchtürme bauen und dass ihre Gebäude deutlich sind. Der Geist Christi will ja nicht nur durch Gebäude und in Worten bezeugt werden, das Zeugnis will Fleisch werden in unserem Erbarmen und in unserer Entschiedenheit, mit der wir die Kirchen zur Verfügung stellen für Menschen, die zu Unrecht aus unserem Land entfernt und in die Ungewissheit gestoßen werden. Der Gottesfriede, im Mittelalter die Treuga Dei, ist eine der großen menschheitlichen Traditionen: zu bestimmten Zeiten oder an bestimmten Orten sind die Verfolgten nicht belangbar. Wenn sich auch nicht alle Gemeinden dazu entschließen können, in solchen Konfliktfällen Obdach und Asyl in den Kirchen zu geben, so sollten sie und sollte die Kirche als ganze wissen, welche Aufgabe der Stellvertretung die Gruppen und Kirchen auf sich nehmen, die Kirchenasyl gewähren. Sie sollten wissen, dass eigentlich das Asyl Normalität sein sollte und nicht Ausnahme.

Ich habe bisher das Dorf nicht erwähnt und immer nur von der Kirche in der Stadt gesprochen. Ich meine alles, was ich gesagt habe, auch für die Kirche im Dorf. Von Stadt spreche ich deswegen, weil die Dörfer selber immer mehr städtischen Charakter haben. Hohe Individualisierung, Verlust von Öffentlichkeit, Verlust von Kenntlichkeit, Traditionsbrüche, Verlust von nachbarschaftlichen Solidaritäten, Zeitweiligkeit, Wechsel und Raschheit, Trennung von Arbeitsbereich und Wohnbereich, hohe Mobilität, Informationsfülle und Weisheitsarmut sind Merkmale der städtischen wie der dörflichen Subjekte. Dörfer sind vermutlich nicht religiöser als die Städte. Im Gegenteil, ich habe den Eindruck, dass in hohen säkularen Stadtzentren eine neue religiöse Aufmerksamkeit entsteht, die in den Dorfkulturen noch nicht zu erkennen ist. Trotz des Schwundes von Religiosität wird die Dorfkirche wohl anders im Selbstbild auch der säkularen Dörfler vorhanden sein, als es etwa eine Kirche im Stadtteil Hamburg Altona oder in einem Stadtteil in Leipzig ist, wenn es nicht gerade der Michel in Hamburg oder der Dom in Köln ist. Die Kirche ist in den Dörfern sichtbarer, schon allein weil sie in der Architektur eines Dorfes oft zentral ist. Sie »gehört« sozusagen ins Dorf, selbst wenn man über ihre innere Notwendigkeit wenig zu sagen weiß. Das zeigen übrigens die Konflikte, die entstehen, wenn eine Kirche geschlossen werden soll. Auch Kirchenferne erheben ihren Protest.

Einen besonderen Wunsch setze ich an das Ende meiner Überlegungen: Ich wünsche, dass unsere Kirchen Räume des Schweigens sind; ich wünsche, dass unsere Kirche ein Raum des Schweigens ist. Wir haben das Schweigen verlernt. Wir haben es verlernt in unseren Gottesdiensten, in unseren Versammlungen und in unseren Räumen. Natürlich bin ich nicht gegen die Rede oder gegen das Wort. Aber ich bin gegen die Rede ohne das Schweigen. Schweigen heißt nicht nur still sein und nicht reden. Das Schweigen hilft dem Wort, wahrhaftig zu werden. Das Schweigen wird gestört durch den Explikationszwang. Es ist der Zwang, alles zu erklären, was in unseren Gottesdiensten geschieht. Die Formen und Gesten verlieren ihre Kontur und ihre Klarheit, wenn sie durch ständige Rede eingeseift werden. Das Schweigen wird gestört durch Additionszwänge. Wir sind freier geworden in der liturgischen Gestaltung unserer Gottesdienste. Das ist gut so, alles soll möglich sein, aber nichts soll zufällig und beliebig sein. Die Häufung darf nicht liturgisches Prinzip werden. Ich erinnere mich an einen Aschermittwochsgottesdienst, der an seiner eigenen Fülle erstickt ist: ein großes Kreuz wurde feierlich hereingetragen, der katholische Karfreitagsbrauch, das Kreuz küssend zu verehren wurde aufgegriffen, man konnte seine Sünden auf ein Papier schreiben und an das Kreuz nageln, das Kreuz wurde verhüllt und wieder enthüllt, und so entstand ein banales liturgisches Geplapper. Unsere religiöse Phantasie kann auch an der Ausführlichkeit ersticken. Kargheit, Langsamkeit und Leere regen die meditative Phantasie an. Häufung trocknet sie aus. Die Häufung von Gesten, Worten oder Formen verhindert ihre Verdichtung. Geplapper und Intensität schließen sich aus. Eine Kirche sollte auch ein »leerer Raum« sein – ich verwende einen Begriff aus der Theaterarbeit von Peter Brook. Ein Gottesdienst sollte ein karger Raum sein. Erst dieser macht die Sprache möglich. Man kann einwenden: ist das anzustreben, wenn eine ganze Kultur zu einer Plapperkultur geworden ist? Man denke nur an den so oft geistlosen Umgang mit der Sprache in den Telemedien. Wem ist der »leere Raum« noch zuzumuten, wenn alle doch sonst in übervollen Exzitationsräumen leben? Wir müssen aber bedenken, dass unsere Kirchen nicht nur kulturelle Räume sind. Sie sind auch antikulturelle Räume. Sie sind auch Gegenräume gegen eine Kultur maßloser Banalität.

Ich habe noch einen anderen Grund, das Schweigen und die Kargheit unserer Räume und ihrer Gottesdienste einzufordern. Kirchen sind auch Orte der Anbetung. Anbetung hat als höchsten Ausdruck das Schweigen.

Gott ist gegenwärtig, lasset uns anbeten
und in Ehrfurcht vor ihn treten.
Gott ist in der Mitte, alles in uns schweige
Und sich innigst vor ihm beuge. (G. Tersteegen)

Anbetung ist ein Fremdwort geworden in unserer Theologie und in unserer Frömmigkeitspraxis. Ich vermute, dass die Skrupellosigkeit, mit der wir mit der außermenschlichen Natur umgehen – mit dem Wasser, der Atemluft unserer Kinder und Enkel, mit den Bäumen und mit den Tieren –, etwas zu tun hat mit dem Verlust des Wortes Anbetung und mit der Sache, die damit gemeint ist. Je mehr wir Gott verlieren, um so mehr werden wir uns selber Objekte der Anbetung. Sind unsere Kirchen Räume der Anbetung? Atmen unsere Gottesdienste den Geist der Anbetung? Anbetung soll kein Kastrationsbegriff werden, durch den alles andere in der Kirche verboten oder gedämpft wird. Ich will, dass unsere Kirchenräume Räume der Freiheit, der Revolte, des Witzes, der Schönheit werden, aber eben auch Räume der Anbetung.

Die Kirche als Ort der Besinnung und Ermutigung! Lasst uns stolz sein auf unsere Kirchen und auf unsere Kirche. Lasst uns überlegen, was wir an dieser Kirche haben! Wir haben unsere Gottesdienste. Wir hören die Geschichten von der Freiheit und der Bergung des Lebens. Wir singen. Wo gibt es das, dass Menschen miteinander singen, ohne dass sie geübte Sänger sind? Wir teilen miteinander die Poesie unserer Gebete. Wir spielen im Abendmahl das große Spiel der Zuneigung Gottes zu den Menschen. Die Kirche ist nicht nur gefangen in sich selber. Ich denke an eine einfache kleine Selbstverständlichkeit, die Eine-Welt-Läden, die wir überall in unseren Kirchen finden. Schön, einen Horizont zu haben, der weiter geht als Flensburg und München! Das nimmt der Kirche die provinzielle Enge, und das lässt sie in mehr beheimatet sein als in der Dumpfheit des eigenen Ortes. Wir haben nicht nur unsere eigene Biographie, wir haben die Geschichten unserer Toten, einer Hildegard von Bingen und eines Franz von Assisi, eines Dietrich Bonhoeffer und eines Martin Luther King. Wir haben Texte, die uns nicht in der Gefangenschaft unseres eigenen Horizonts lassen.

Lobe ich damit die Kirche zuviel? Ist das Recht nicht eher Programm als Realität in unserer Kirche? Traurig genug, wenn es so ist! Aber es ist wenigstens Programm. Wenigstens das ist es in unseren Kirchen, und das ist nicht selbstverständlich. Nicht oft sind irgendwo Trost, Gerechtigkeit, Vergebung, Aufruhr gegen die Korruption Programm. Programm ist in unserer gegenwärtigen Gesellschaft nicht der Trost der Unterlegenen, sondern der Abbau der Sozialhilfe. Programm ist nicht die eine Welt, in der es eine gerechte Verteilung der Güter gäbe. Programm ist die Globalisierung des Unrechts und die Aussaugung der Völker. Die Kirche ist der Ort der verfemten Begriffe und der ausgestoßenen Wörter: Gerechtigkeit, Mitleid, Barmherzigkeit, Trost, Schutz des verfolgten Lebens, Sturz der Tyrannen. Und endlich ist die Kirche der Ort, an dem der Name Gottes genannt wird. Wohin sonst sollen wir gehen, wenn wir sie verlassen?

Gott loben, das Recht ehren, Gesicht zeigen

DAS WESEN UND DIE ZENTRALEN AUFGABEN DER KIRCHE

Die Vorbereitung dieses Vortrags ist mir schwer gefallen, vielleicht deswegen, weil ich den existentiellen Horizont unserer real existierenden Kirchen nur noch schwer als den Horizont der Bibel erkennen kann. An ihm aber muss ich mich orientieren, wenn ich auch die reale Lage der Kirche nicht aus dem Auge lassen kann. In der Apostelgeschichte heißt es: »Alle die gläubig geworden waren, waren beieinander und hatten alle Dinge gemeinsam.« (2,44) Ob es je so war, wissen wir nicht. Aber es ist eine verpflichtende Grundidee. Wie ist es bei uns mit dieser grundlegenden nota ecclesiae? Normiert der Horizont der Gleichheit, der Geschwisterlichkeit und der Gerechtigkeit unsere Kirchen oder haben wir ihn nur noch als Erzählung? Was heißt es, eine Erzählung zu haben, die so wenig normativ wird und das Leben einer Gruppe beeinflusst?

Das Neue Testament denkt von unten. Es denkt von den Kranken her, die des Arztes bedürfen. Es denkt von den Armen her, die des Rechtes bedürfen. Woher denken unsere Kirchen? Wer sind ihre Adressaten? Ist es eine bürgerlich-kleinbürgerliche Schicht, oder sind es die Armen einer Gemeinde, einer Stadt, einer Landes? Wie ist es mit dieser grundlegenden nota ecclesiae?

Kann in unserer Kirche gedacht werden, dass die Ersten die Letzten sein werden und die Letzten die Ersten? »Wer groß sein will unter euch, der soll aller Sklave sein.« (Mk 10,43f.) Kann gewünscht werden, was *Gerd Theißen* den Statusverzicht im Neuen Testament nennt?[1] Kann das sein in einer Volkskirche?

---

[1] *Gerd Theißen*, Die Religion der ersten Christen. Eine Theorie des Urchristentums, München ²2001, 120-122.

Eine Volkskirche ist eine heutige Kirche. Sie hat Ideen, wie man sie hat und wie sie in der Luft liegen. Sie hat Strukturen, wie man sie hat und wie sie gebräuchlich sind. Sie hat Gehaltsdifferenzen, wie man sie bei anderen Institutionen auch findet. Sie reagiert, wie eine große Institution anderer Art und anderer Interessen reagiert. Sie geht mit den Konflikten um wie die anderen.

Charisma und Leitungsämter sind in dieser Großinstitution auseinandergefallen wie in anderen Institutionen auch. Kirchenleitungen sind langsame Institutionen. Sie haben sich darauf spezialisiert, die Einheit und Störungsfreiheit dieses Gebildes zu besorgen. So kommen sie ständig in Konflikt mit den charismatischen Gebilden in der Kirche: mit den Gruppen, mit den Werken, mit charismatischen Einzelnen.

Ich sage dies nicht kritisch oder moralisch. Ich sage es eher verzweifelt. Ich will die Volkskirche, mit ihrer Öffentlichkeit, mit ihrem Einfluss auf Staat und Gesellschaft, mit ihrer Sichtbarkeit, mit ihren Bauten, mit ihrem Religionsunterricht, mit den Fakultäten, mit der Möglichkeit der öffentlichen Rede in den elektronischen Medien und in den Printmedien. Ich plädiere nicht für eine Flucht in die Innerlichkeit, nicht für eine Flucht vor der Verantwortung in die Unbeflecktheit. Aber die Gefahr ist, dass wir in der Heutigkeit ersticken; dass wir sagen, was die anderen sagen und denken, was die anderen denken. Die Gefahr ist, dass die Kirche ihre Fremdheit und ihre kontrapräsentische Kraft (Theißen) verliert. Die Gefahr ist, dass die Kirche sich selbst geläufig wird und dass sie die blinde Geläufigkeit einer Gesellschaft nicht unterbricht.

Ich komme nicht darum herum, die Kirche als Volkskirche zu begreifen, und zugleich sind wir verpflichtet, von der Bibel her zu bestimmen, was Kirche ist und was sie soll. Das ist der Widerspruch und das ist die Schwierigkeit unseres Unternehmens. Die Kirche kann, wenn sie Kirche bleiben will, ihre Ursprungsidee, ihre Gründungsidee nicht verraten. Hoffentlich scheint sie wenigstens noch blass durch das, was wir denken, was wir tun, wie wir mit unseren Konflikten umgehen, was wir zu unseren vorrangigen Optionen und Arbeiten machen. Die Kirche kann nicht ihr eigenes gegenwärtiges Sosein zum Maßstab ihrer Existenz machen; sie kann nicht den Geist der Zeit und der Zivilgesellschaft zum Maßstab ihrer Arbeit machen. Sie ist alten Ideen verpflichtet, sie ist unzeitgemäß, sie hat Dokumente und Urkunden, die nicht alles befehlen, alles erlauben und mit allem einverstanden sind. Sie ist eine Institution mit Texten. Normiert uns unsere normative Vergangenheit?

Es genügt nicht, was ich bisher über die Kirche gesagt habe. Ich habe sie beschrieben als Produkt ihrer selbst: Sie ist so rein, wie sie rein ist; sie ist so eindeutig, wie sie eindeutig ist; sie ist so christlich, wie sie christlich ist. Dies ist wahr und es genügt nicht. Wir müssten verzweifeln, wenn wir nur die wären, die wir sind. Wir müssten an unserer Kirche verzweifeln, wenn sie nur die wäre, die sie ist. Wir sind nicht die Garanten unserer selbst. Wir leben, weil wir bezeugt sind. »Der Geist gibt Zeugnis unserem Geist, dass wir Gottes Kinder sind.« (Röm 8,16) Wir gelingen nicht aus eigener Kraft. Wir sind, weil wir angesehen sind mit dem Blick der Güte. Wir bewohnen uns nicht nur selbst, denn »der Geist dessen, der Jesus von den Toten auferweckt hat« (Röm 8,11), wohnt in uns. Und so müssen wir uns nicht nur selber gebären und uns an uns selber wärmen. Wir haben einen Namen, ehe wir uns namhaft gemacht haben. Das gilt nicht nur für uns als Einzelne. Es gilt für die Kirche. Und so ist die Kirche sich nicht nur aufgegeben, sie ist sich selber vorgegeben. Die Hoffnung, dass die Kirche sich nicht in sich selbst erschöpfen muss, wird in vielen Bildern gespielt. Sie ist die Gemeinschaft der Heiligen, sie ist der mystische Leib Christi, sie ist die heilige Kirche.

Diese schwer zu verstehenden Bilder rennen gegen die trostlosen Offensichtlichkeiten. Wir leben in einem Haus, in dem wir zuallererst sein können, die wir sind. Wir leben in einem Haus, in dem wir uns nicht ständig beweisen müssen. Wir leben in einem Haus, in dem wir aufhören können, uns durch uns selbst zu rechtfertigen. Wir leben in der »einen heiligen, allgemeinen und apostolischen Kirche«. Dies nimmt nichts vom Schmerz des Versagens der Kirche, und man kann sich nicht angesichts der äußeren Kirche auf der inneren ausruhen. Aber trösten kann uns der Glaube, dass wir auch als Kirche sind, weil wir angesehen sind, nicht weil wir ansehnlich sind. Der Glaube daran könnte der Grund einer großen Heiterkeit sein all unseren eigenen Versuchen gegenüber. Wenn wir wissen, dass wir schon wohnen, ehe wir unser eigenes Haus gebaut haben, dann sind wir auch in dieser Situation weniger panisch oder depressiv. Die Pforten der Hölle werden die Kirche nicht überwinden. Ich widerrufe also nichts von den Zweifeln, die ich gegen die Volkskirche geäußert habe. Aber ich will mich zwiespältig machen mit dem Gedanken an diese andere Kirche, an die durch das Versprechen Gottes schon gelungene.

Der Gedanke an die andere Kirche, die der Gott der Gnade nicht verlässt, macht uns gelassener bei unseren Überlegungen und bei den Veränderungen, die wir vornehmen müssen. Die Kirche wird sich verändern, aber sie wird nicht untergehen. So können wir ohne Panik, ohne Lamentieren über unsere eigenen Fehler und Mängel darüber nachdenken, was zu tun ist. Wir haben keine Zeit für die Zerknirschung, der wir uns im kirchlichen Raum so gerne hingeben. Wir haben keine Zeit für Selbstmitleid und Weinerlichkeit, wir haben etwas zu tun. Vielleicht brauchen wir jetzt am meisten Heiterkeit und Stolz auf die Arbeit, die uns zugemutet ist, gegen die Trauergeister, die uns gefangenhalten und lähmen.

Mit einigem selbstkritischen Humor können wir uns sagen, dass wir immer noch eine der reichsten Kirchen dieser Welt sind. Es ist zwar kein Trost, aber es relativiert unsere eigenen Ängste, wenn wir sehen, dass alle anderen Großinstitutionen ebenfalls in ihren Selbstverständlichkeiten erschüttert sind; dass sie ebenfalls an ökonomischen Zwängen und an den Strapazen der Moderne leiden.

Für alle Arbeit, die in dieser Kirche geschieht, möchte ich nun ein erstes Kriterium aufstellen: Kommt sie aus dem Gespräch mit den Grundabsichten dieser Tradition? Führt sie dieses Gespräch weiter unter heutigen Bedingungen? Ich möchte dies fragen für die Arbeit und die Verfassung der Gemeinden, für die diakonische Arbeit der Kirche, für ihre Bildungsarbeit, für ihre Sprache in der Öffentlichkeit, für die Studentengemeinden und für die Kindergärten, für die Universitäten: Ist die Arbeit der Kirche unterscheidbar von dem, was andere tun, indem sie gezeichnet und bestimmt ist vom Grundgespräch mit dieser Tradition? Es gibt vieles, was die Kirche tut, was ohne Zweifel sinnvoll ist, was aber nicht mehr unterscheidbar ist von dem, was andere tun. Wenn man weiß, wer man ist, dann weiß man nicht nur, was man tun soll; man lernt auch, was man nicht tun soll und nicht zu tun braucht. Der Kurs »Instinkternährung und Paddeln«, den ich in einem kirchlichen Erwachsenenbildungsprogramm finde, sollte nicht unbedingt finanziell unterstützt werden.

Könnte es sein, dass wir Angst vor unseren eigenen Inhalten und Traditionen haben und darum so gerne in die Fremde fliehen? Wenn ich mir die Themen der Akademien, der Studentengemeinden und die Curricula des Religionsunterrichts ansehe, dann sind sie oft als religiöse Institutionen nicht zu erkennen. *Michael Welker* berichtet, wie er den reichhaltigen Katalog einer süddeutschen Evangelischen Akademie studiert hat und dabei auf eine einzige inhaltlich-theologische Veranstaltung gestoßen ist: »Engel in der Adventszeit«. Er schreibt: »Weite Teile des Protestantismus haben sich, so scheint es, nicht nur an den religiösen Bildungsverfall bis hin zum religiösen Analphabetismus gewöhnt, sie haben diese Entwicklung durch systematische Selbstentleerung und Selbstbanalisierung selbst stetig und nachhaltig verstärkt.«[2]

Eine Kirche ist ja nicht das pure Haus Gottes unter den Menschen, es ist auch die Ansammlung von religiösem Totengebein. Es wird viel getan, was seine Selbstverständlichkeit dadurch gewonnen hat, dass es immer schon getan wurde. Es gibt viele Einrichtungen, die sich selbst legitimieren und eine andere Legitimation nicht haben als die ihrer bloßen Existenz. Kirche bleibt nur Kirche, wenn sie fähig ist, sich selbst zu exilieren; wenn sie die Fähigkeit des Auszugs aus überflüssigem und totem Gehäuse behalten hat; wenn sie einstimmt in die dauernde Bewegung der Selbstreinigung und Selbstverarmung. »Was brauchen wir nicht?« ist also nicht nur eine Frage, die die materielle Not gebietet. Sie gehört zur Wachheit und Spiritualität einer Gruppe. »Überflüssige Dinge machen das Leben überflüssig!« hat *Pasolini* einmal vom individuellen Leben gesagt. Es gilt auch für die Kirche. Überflüssige Einrichtungen, überflüssiges Getriebe, überflüssiges Gepränge machen die Kirche blind. Im Gestrüpp einer ungeprüften Vielfalt könnte die Kirche ihre Prioritäten und ihre eigentlichen Optionen verlieren.

In dem Kloster, in dem ich lange gelebt hatte, erloschen am letzten Tag eines Jahres alle Ämter außer dem des Abtes, also das Amt des Priors, des Ökonoms, des

---

2 *Michael Welker*, Der Protestantismus in Kultur und Krise der Moderne, in: *Eckehard Vietinghoff/Hans May* (Hg.), Protestantismus im 21. Jahrhundert. Zum Verhältnis von Protestantismus und Kultur, Hannover 2000, 170f

Novizenmeisters. Alle hatten darüber nachzudenken, wie sie ihr Amt verwaltet hatten; ob das Amt zu verändern sei; ob es überhaupt notwendig sei. Wie lebendig könnten Institutionen sein, deren Träger fähig wären, sich selber zu reflektieren als möglicherweise überflüssig; als möglicherweise veränderungsbedürftig.

Ich vermute, dass dies uns Protestanten schwerfällt, weil wir in bürgerlich-protestantischem Individualismus in einem geringeren Maße die Fähigkeit haben, vom Ganzen und seinen Bedürfnissen her zu denken. Es besteht die Gefahr, dass jeder Papst auf seinem eigenen Terrain ist und dass er eifersüchtig darüber wacht, dass ihm davon nichts genommen wird; dass es jeweils als das Wichtigste und Unentbehrlichste angesehen wird. Der Begriff Kirche ist im Protestantismus unterentwickelt. Es bedarf einer spirituellen Kraft, gerade in Krisen nicht in panischen Egoismus zu verfallen. Man muss beides sagen: Krisen reinigen und Krisen sind schlechte Lehrmeister. Sie fördern nicht gerade den weiten Blick und die Großmut der Menschen, eher ihre Angst und ihr störrisches Festhalten an den bestehenden Lagen. Wir haben hier keine bleibende Gestalt, auch keine bleibende Kirchengestalt. Die Beweglichkeit, die Vorläufigkeit, die Existenz auf Zeit, die Wandelbarkeit müssten, ehe sie Signatur des spätmodernen Subjekts sind, schon längst Eigenart der Christen sein.[3]

Ich will in drei einfachen Sätzen die zentralen Aufgaben einer Kirche beschreiben: Sie soll Gott loben, sie soll der Gerechtigkeit dienen, sie soll ein Zeichen unter den Völkern sein.

---

[3] Darauf hat *Jörn Halbe* in einem schönen Aufsatz hingewiesen: Die dünne Haut der Zelte. Gemeinde als transitorischer Ort – nicht nur in Diensten und Werken, erschienen in: WzM 55/2003, 92-104.

I. Kirche soll Gott loben

Von der frühen Gemeinde heißt es: »Sie waren täglich
einmütig beieinander im Tempel und brachen das Brot
hier und dort in den Häusern...und lobten Gott.« (Apg
2,46) Die erste Aufgabe der Kirche sind die Gottesdienste, ist das Gebet, ist die spirituelle Befähigung ihrer Mit-
glieder und ihrer Amtsträger zum Gebet und zum Lob
Gottes. Für den Primat dieser Aufgabe nenne ich zuerst
einen äußeren Grund: Die Kirche wird ihre anderen Aufgaben, die Arbeit an der Gerechtigkeit und deutliches
Zeichen unter den Völkern zu sein, nur erfüllen können,
wenn sie sich gebildet hat in der Kenntnis der eigenen
Tradition; wenn sie das Recht lieben gelernt hat, wenn
sie sich stark und in ihren Absichten langfristig gemacht
hat im Gebet und wenn sie sich der Güte des Lebens
vergewissert hat im Lob Gottes. Nun sieht es aus, als
habe ich Gebet und Gotteslob funktionalisiert im Dienste der moralischen Aufrüstung einer Kirche. Das Gebet,
die Gottesdienste, das Lob Gottes sind um ihrer selber
willen da. Sie verfolgen keine Absichten. Ihre köstliche
Zwecklosigkeit ist vielleicht das Schönste an ihnen. Vielleicht sind sie auch wegen ihrer Zwecklosigkeit als pri-
märe Aufgaben der Kirche so schwer zu verteidigen.
Alles, was Zwecke hat, leuchtet ein; was keine Zwecke
hat, hat es schwer.

Beten und Gottesdienst feiern können nur Menschen
mit gebildeten Herzen. Wir haben ausgezeichnete Stellen intellektueller Bildung, wir haben Orte, an denen
das Gespräch mit den Wissenschaften gesucht wird über
die intellektuellen und existentiellen Hauptfragen der
Gegenwart. Wir haben die Akademien, die theologischen Fakultäten und andere Einrichtungen der Erwachsenenbildung. Aber wir haben keine Klöster, wir haben
wenig Orte spiritueller Traditionen. Dass Protestanten
gelegentlich Kloster spielen wie in Loccum oder in Ame-

lungsborn ist noch kein Ersatz für Klöster. Der Geist aber braucht einen Ort. Meine Frage: Könnten die Orte intellektueller Bildung nicht mehr, als sie es jetzt sind, Orte religiöser Bildung werden? Ich nehme als Beispiel die Universität. Es werden Lehren, Theorien, Methoden gelehrt. Wenn Praxis gelehrt wird, dann die Praxis der Vermittlung, selten aber die der religiösen Selbstgestaltung. Angehende Pfarrer und Pfarrerinnen lernen zu wenig spirituellen Benimm. Sie lernen etwas über das Wesen des Gebetes, sie lernen keine Formen des Betens. Sie lernen keine Methoden spiritueller Selbstgestaltung. Der Korrespondent der universitären Theologie ist die Wissenschaft, nicht die Kirche. Darum ist sie auch oft so langweilig und optionsfrei. Unsere angehenden Pfarrer und Pfarrerinnen bräuchten einen Spiritual oder eine Spiritualin, einen Menschen, der sie in ihrer Studienzeit begleitete; der sie kennte; der sie einführte in geistliches Leben. Sie bräuchten Menschen, die sie nicht nur verstehen lehrten, was sie später selber lehren, sondern die sie lieben lehren, was sie lehren sollen. Ein Lehrer ist einer, der zeigt, was er liebt. Wie aber kann man Lehrer sein, wenn man nicht gelernt hat, etwas schön zu finden und zu lieben! Diese Liebe ist nicht nur eine Herzenssache, sie ist auch eine Sache der Methode. Wo führt uns jemand ein in das Wissen darum, was eine Form ist; was ein Rhythmus ist; was die Beichte, die Losungen, die Exerzitien, das tägliche Gebet sind? Zum ersten Mal stoßen junge Menschen im Predigerseminar auf eine andere Praxis, das aber ist spät.

Aus diesem Grund wünsche ich auch, dass wir nicht an der Fortbildung der Pfarrer und Pfarrerinnen sparen. Es ist eigentlich haarsträubend, dass Menschen in diesem Beruf 10, 20 oder 30 Jahre predigen, lehren, andere beraten, ohne sich selbst kontrollieren zu lassen oder sich weiterbilden zu müssen. Es gibt sicher eine neue und begrüßenswerte Kultur von Supervision, Gemeindeberatung und neuerdings Beratung in der Frage der Personalentwicklung. Aber das ersetzt nicht die andere Kultur der Revision des geistlichen Lebens und des theologischen Horizonts. Ich wünsche, dass Pfarrer und Pfarrerinnen nicht nur in den ersten Amtsjahren zur Fortbildung verpflichtet werden. Wie können sie sonst erträglich bleiben für ihre Gemeinden, wie kann man sich sonst vor der Selbstaufgabe und vor Zynismus in diesem schönen und schweren Beruf retten? Die Pfarrer und Pfarrerinnen, also die personalen Instanzen, werden um so wichtiger, als Traditionen, Herkömmlichkeiten und selbstverständliche Lehren verblassen. Personale Instanzen werden da wichtig, wo es kaum noch einen Kanon der Lehre und des Verhaltens gibt. Man kann das an dem einfachen Beispiel der Gottesdienste sehen. Sie waren noch nie so klerikal wie heute, und evangelische Gottesdienste sind weit klerikaler als die katholischen. Man kann es schon daran sehen, wie viel ein Pfarrer im Gottesdienst redet. Früher waren er und die Gemeinde einer Tradition und rituellen Vorlagen unterworfen. Seit wir davon freier geworden sind, ist die Gemeinde ganz anders dem Pfarrer und seinen Phantasien ausgeliefert. Seit es kaum noch einen Lehrkanon für den Religions- und Konfirmandenunterricht gibt, sind die Kinder ganz anders den Entscheidungen, der spirituellen Kompetenz, dem Mut und den Ängsten eines Pfarrers oder einer Pfarrerin ausgeliefert. Wer lehrt die Lehrer, und wo lernen sie?

Es sind viele, die die spirituelle Leere erkennen und die einen problematischen Ausweg versuchen, den ich die Flucht in die Fremde nenne. Ich habe gerade in einem süddeutschen Kirchenbezirk die Einrichtung einer Stelle für spirituelle Bildung begleitet. Dann wurde daraus doch nichts anderes als eine Stelle für Zen, Yoga und fernöstliche Spiritualität. Unsere eigenen Traditionen wurden verschwiegen. Ich achte diese andere Form der

Spiritualität, aber es ist nicht unsere. Wenn ich Programme für den Religionsunterricht, für Konfirmandenunterricht und der Erwachsenenbildung anschaue, dann habe ich den Eindruck, dass uns die Kenntnis unserer eigenen Traditionen fehlt und dass uns der Stolz auf sie abhanden gekommen ist. Man kann nicht jeder sein, gleichzeitig Protestant, Katholik, Buddhist und Muslim. Ich habe den Eindruck, dass gelegentlich das schöne Wort Dialog nur noch der Deckname für die Angst vor dem Eigenen ist.

II. Kirche soll der Gerechtigkeit dienen

Die zweite zentrale Aufgabe hängt mit der ersten, Gott zu loben, zusammen. Unsere Spiritualität ist nicht eine des luftleeren Raumes. Sie ist nicht eine Frage religiöser Techniken, die unabhängig wäre davon, wofür ein Mensch steht, welche Optionen er hat. Beten kann man, wenn man weiß, wofür man beten soll. Die Spiritualität der Kirche ist zuallererst ihre Aufmerksamkeit auf die Gesichter der Menschen; auf ihre Leiden und auf ihr Glück. Spiritualität ist die Erkenntnis der Augen Christi in den Augen des hungernden Kindes, der gequälten Frauen, der Menschen, die aus allen Sicherungen herausgefallen sind. Diese Spiritualität lehrt also Fragen stellen: Wer leidet? Warum leidet er? Wer macht Leiden? Das Christentum ist nicht die religiöse Wattierung eines bürgerlichen Lebens, zu dem es so oft geworden ist. Gerechtigkeit, Erbarmen und Gotteserkenntnis sind untrennbar miteinander verbunden. Ich denke an das wundervolle 58. Kapitel aus Jesaja. Dem Hungrigen das Brot brechen und den Nackten bekleiden, das ist zugleich die Erhörung unserer Gebete: »Du wirst rufen, und der Herr wird dir antworten. Wenn du schreist, wird er dir sagen: Siehe, hier bin ich.« (V. 9) Wenn niemand in unserer Mitte unterjocht ist, dann wird das unsere eigene Lebensdunkelheit vertreiben, »und das Dunkel wird sein wie der helle Mittag« (V. 10). Der französische Bischof *Jacques Gaillot*, der vom Vatikan von seinem Bistum entfernt wurde, sagte in einem Interview:

»Ich glaube, das Evangelium steht einfach dafür, dass es uns leidempfindlich macht, also Auge und Ohr zu sein für die Leidenden. […] Ich halte das für einen der größten kritischen Zustände in den Kirchen, dass sie da nicht sensibel genug sind. Aber vielleicht müssen wir aus dieser Polarität auch lernen, da sind die einen fromm und bedienen sich, und die anderen sind sozial engagiert und dienen. Und ich wünsche mir eigentlich, dass beides zusammen sich fügt, weil ich glaube, dass man langfristig nur dienen kann, wenn man das aus der Kraft Gottes tut. Und wer in Gott eintaucht, taucht neben den Armen auf.«[4]

»Wer in Gott eintaucht, taucht neben den Armen auf.« Das ist die Mahnung an die Gemeinden. Es gibt in dem Gaillot-Text eine zweite Mahnung: »Ich glaube, dass man langfristig nur dienen kann, wenn man das aus der Kraft Gottes tut.« Das ist die Mahnung an die Diakonie in unserer Kirche und an ihre nicht unbedenklichen Trennungsabsichten. *Friedrich Schophaus*, der Leiter von Bethel, beschreibt 1998 die Lage der Diakonie: »Die Diakonie, die unabhängig von der Kirche ist […], braucht ›Kirche‹ nicht. Sie kann alles selbst […] verhandeln. Ein Zeichen dafür ist der Drang diakonischer Werke zur Selbständigkeit als ›e.V.‹.«[5] Werden die Gesetze der Ökonomie triumphieren bei der Ausgliederung der diakonischen Arbeit aus den Strukturen der Kirche? Wird sich

---

[4] Publik-Forum Dossier, »Wer Menschen demütigt, spuckt in das Antlitz Gottes«, 1998, 4.

[5] *Friedrich Schophaus*, Wozu braucht die Diakonie die Kirche?, in: Diakonisches Werk der Evangelischen Kirche Westfalen (Hg.), Dokumentation: Westfälische Konferenz theologischer MitarbeiterInnen 1998, Diakonie Forum 16, 1998, 26.

der Geist des Evangeliums erhalten in unseren diakonischen Einrichtungen oder verblasst er im ökonomischen Räderwerk? *Jörn Halbe* stellt die Frage, ob Kirche und Diakonie es schaffen, »sich so zu organisieren, dass sie beiden gerecht werden können: dem Geist des Evangeliums und den Gesetzen der Ökonomie – aber geleitet vom ersten«.[6] Die Frage nach der Beziehung zur Kirche und zum Geist ihrer Tradition ist auch den diakonischen Bildungs- und Ausbildungsstätten zu stellen. Wird an diesen Geist erinnert? Wird er bewahrt, oder wird eine ängstliche Kirchenferne gepflegt?

Der Gedanke und die Realität der Diakonie haben einen Ort und eine Gruppe in den sozialdiakonischen Einrichtungen und bei den Menschen, die dort arbeiten. Ich möchte etwas sagen zum Verhältnis der Kirche zu ihren Gruppen und der Gruppen zur Kirche. Ich wünsche von einer Gruppe und einer Gemeinschaft, dass sie Gemeinschaft in der Kirche ist. Die Kirche braucht die Gruppen, denn die Gruppen sind die eigentlichen Träger existentieller und gelebter Wahrheit in der Kirche. Fast jede Gruppe, die klare Ziele, Interessen und Optionen hat, hat es nicht leicht. Die Gefahr der Großkirche ist, dass sie in der Sorge, es allen recht zu machen, den Armen und den Reichen, den Jungen und den Alten, dem Militär und der Friedensbewegung, den Gewerkschaften und den Industrieverbänden, ihre inneren Optionen und ihre Entschiedenheit verliert. Sie kann vor übermäßigem Liberalismus konturenscheu werden. Für wen steht die Großkirche eigentlich? Wo ergreift sie Partei, und wo tanzt sie voll wohlwollender Neutralität auf allen Hochzeiten und auf keiner? Die Großkirche ist immer in der Gefahr der tödlichen Lauheit, vor der das Evangelium warnt. Wie kommt die Wahrheit in die Kirche zustande? Wir haben keinen Papst, der sie uns ein-

---

[6] *Jörn Halbe*, Neue Rechtsformen für die Diakonie?, in: WzM 52/2000, 13-25.

fach sagt. Wir haben kein Buch, in dem sie für jedermann klar abzulesen wäre, auch nicht die Bibel. Wie also kommt Wahrheit in der Kirche zustande, wenn man sie nicht dem Papst, der Bibel oder der Tradition von den Lippen lesen kann? Sie kommt zustande durch die Charismen der Gruppen, die oft in der Kirche hart aufeinanderstoßen; oft durch deren Auseinandersetzung und Streit. Menschen lernen im Konflikt, sie lernen am »Widerstand fremder Erfahrungen« (*Ernst Lange*). Lange unterscheidet zwei Grundstrategien kirchlichen Handelns, die »Vorwärtsstrategien« und die »Bestandswahrungsstrategien«. Die kirchlichen Leitungsgremien verfolgen in der Regel Bestandswahrungsstrategien, sie sind strukturell konservativ und harmonieorientiert, und ihr Charisma ist das Pochen auf Konsens und Einheit. Dagegen ist nichts zu sagen, wenn die Kirchenleitungen die Beschränktheit ihres eigenen Charismas erkennen; wenn sie sich nicht für die Hauptquelle aller Wahrheit halten und wenn sie auf die vorwärts drängenden Geschwister mit der anderen Stimme hören.

Die Gruppen und Gemeinschaften in der Kirche sind die eigentlichen Protestanten. Oft profilieren sie sich und die Kirche selber durch Trennung vom allgemeinen Konsens. Ihr klares Profil ist das Charisma für die Gesamtkirche und für die übrigen Gruppen. Ihr klares Profil polarisiert, und so werden die Wahrheiten in den verschiedenen Nestern der Kirche vergleichbar. Die Wahrheit ist ein Gespräch, und im Gespräch der Gruppen miteinander und mit der Tradition wird sie gefunden. Sie bleibt lebendig in der Reibung der Gruppen aneinander und an der Großkirche. Das Charisma der diakonischen Werke ist die Option für die, die die Zeichen der Heilung brauchen. Die Gruppe der Diakonenschaft etwa hat nicht in ausgewogener Neutralität für alles ein Auge zu haben, für die Armen und die Reichen in gleicher Weise da zu sein; für die Kranken und die

Gesunden. Gruppen müssen einseitig sein, sonst bringen sie ihre Wahrheit in der Kirche nicht zu Gehör. Sie sind nicht Anwalt des Ganzen, sondern Anwalt der einzelnen hilfsbedürftigen und aus dem gesellschaftlichen Rahmen herausfallenden Menschen. Je humaner eine Gesellschaft und eine Kirche ist, um so mehr muss sie die Antagonismen wollen und dulden; um so mehr muss sie die Verschiedenheit und die Widersprüchlichkeiten der Aufgaben und der Instanzen in ihr ertragen. Die Kirche darf nicht dauernd von der Harmonie des Ganzen her denken, in der der Einzelne als Opfer zu leicht unsichtbar wird. Im Evangelium haben wir einen guten Zeugen für diese Einseitigkeit, nämlich Jesus, der gesagt hat, dass die Kranken des Arztes bedürfen, nicht die Gesunden.

Zur diakonischen Aufgabe der Kirche und zu ihrer Aufgabe, das Recht zu ehren, gehört ihre politische Wachheit. Wir haben dazu neue und gute Voraussetzungen. Es stirbt mehr und mehr die staatsreligiöse Form der Kirche. Die Gesellschaft wird noch säkularer, und Staat und Gesellschaft werden ihre Bindung an die Kirche noch weiter lockern. Wir brauchen nur an die Auseinandersetzungen um die symbolischen Ordnungen der Gesellschaft zu denken. Der Kruzifixstreit in Bayern und die Auseinandersetzung um die religiöse Eidesformel der Politiker sind Beispiele dafür. Einen Streit über die Anwesenheit und den Segen der Kirche wie den bei der Einweihung des Münchener Großflughafens wird es bald nicht mehr geben, weil Staat und Gesellschaft weniger erpicht sind auf ihren Segen. Die Kirche wird freier. Freier damit, ihre Stimme zu erheben, das Recht einzuklagen und das Unrecht zu benennen. Die Kirche könnte damit ihrer volkskirchlichen Uneindeutigkeit entkommen. Themen des konziliaren Prozesses, *Gerechtigkeit, Frieden und Bewahrung der Schöpfung*, könnten zu wirklich wichtigen Themen werden, und sie wären nicht mühsam geduldet. Die Säulen unserer Tradition sind die Erinnerung an die Gnade und die Erinnerung an die Gerechtigkeit. Die Erinnerung an die Gnade allein ohne die Arbeit am Recht lässt den Menschen kindisch und klein bleiben. Die Arbeit an der Gerechtigkeit ohne die Erinnerung an die Gnade lässt uns verzweifeln. Wenn die Kirche Stimme des Rechts wird, dann werden wir die falschen Fragen verlernen und die richtigen lernen. Wir werden uns nicht mehr um falsche Konflikte kümmern und die wichtigen beachten lernen. Bei den falschen Konflikten denke ich zum Beispiel an die Phantomschmerzen, die die Kirchen um die Frage des gemeinsamen Abendmahls haben. (Ich gebe zu: in diesem Fall vor allem die römische Kirchenleitung.) Sich um das Recht zu kümmern heißt für die Christen auch, erwachsen zu werden; sich selber ernst zu nehmen; zu wissen, dass uns die Würde zugemutet ist, mit Gott das Leben zu wärmen; Mitarbeiter Gottes zu sein und nicht nur nackte Spatzenjunge, die den Schnabel aufsperren und nichts anderes erwarten als die göttliche Fütterung.

III. Die Kirche soll ein Zeichen unter den Völkern sein

Es geht mir nicht um die inhaltsfreie Selbstdarstellung einer Kirche, die mit allen Mitteln in aller Mund sein will. Es geht mir nicht darum, dass Pfarrer an Kirchtürmen rauf- und runterklettern. Es geht mir um die inhaltliche Deutlichkeit einer traditionsfreien und undeutlichen Gesellschaft gegenüber. Es geht mir um Mission. Das neue Testament will eine missionarische Kirche. Der Auftritt der Kirche in der heutigen säkularen Öffentlichkeit ist Mission. Die öffentliche Rede der Kirche geht an Menschen, deren Muttersprache das Christentum nicht mehr ist. Ebenso ist es im Religionsunterricht, bei den Kasualien und auch weithin beim Konfirmandenunterricht. Viele unserer kirchlichen Wörter sind verdorben, vielleicht auch dieses Wort Mission. Es hat keinen Sinn, die Wörter zu verschweigen, wir müssen sie reinigen. Was ist Mission? Es ist die gewaltlose, ressentimentlose und absichtslose Werbung für die Schönheit eines Lebenskonzepts. Diese Werbung ist ressentimentlos, indem wir ohne Bekümmerung akzeptieren, dass Menschen andere Lebenswege einschlagen als die des Christentums. Für uns als Christen hat dieses Christentum eine biographische Einmaligkeit. Aber es gibt andere Wege des Geistes und andere Dialekte der Hoffnung. Mission kann man wollen, wenn man auf seine eigene Einmaligkeit verzichtet, so sehr das unseren Narzissmus kränken mag.

Die Werbung ist absichtslos. Sie geschieht nicht mit der Absicht, jemanden zur eigenen Glaubensweise zu bekehren, wohl mit der Absicht, dass auch der Fremde schön finde, was wir lieben und woran wir glauben. Wenn ich etwas liebe und wenn ich an etwas glaube, dann liegt es im Wesen dieser Liebe, dass sie öffentlich zeigt, was sie liebt. Eine sich verbergende Liebe ist auf Dauer keine Liebe. Man gibt sich selber ein Gesicht, man identifiziert sich selber und erfährt, wer man ist, indem man zeigt, wer man ist und woran man glaubt. Wir werden Kirche, indem wir uns als Kirche zeigen. Besonders junge Menschen brauchen nichts dringender als dies: dass Menschen sich ihnen zeigen; dass ihr Gesicht und ihre Lebenskonturen erkennbar werden. Lehren heißt zeigen, was man liebt. Menschen werden wahrscheinlich nicht lieben, was wir lieben. Aber sie lernen, dass man überhaupt etwas lieben und für etwas stehen kann. Wir machen Jugendlichen das Angebot, sich zu identifizieren und sich kenntlich zu machen – vor sich selber und vor anderen, indem wir uns als Kenntliche zeigen. Wenn sie auf kenntliche Menschen und erkennbare Institutionen stoßen, dann können sie vielleicht auf die zwanghaften

Selbstidentifizierungen verzichten, die etwa in der Ausübung von Gewalt besteht. Gewalt und gewaltförmige Symbolik waren immer schon die Mittel von Identitätszwängen.

Die Hoffnung ergibt sich nicht argumentativ. Aus dem reinen Argument ergibt sich viel naheliegender, wie man an vielen Stellen sieht, die Aussichtslosigkeit. Die Hoffnung braucht Lieder, Bilder, Erzählungen. Die Kirche soll also denen, die in ihren Vorhöfen lagern, nicht mit einer großmütigen, aber inhaltslosen Geste entgegenkommen. Sie soll ihre Schätze zeigen. Sie soll stellvertretend für jene Nicht- oder Halbchristen glauben. Vielleicht glauben diese ja, indem sie dem Glauben der anderen zusehen und zuhören. Ein Glaube in den Vorhöfen der Hoffnung. Wer wollte ihn verachten?

Ich erwarte von der Arbeit der Kirche im öffentlich-missionarischen Raum in einer Zeit verlöschender Träume, dass sie eine Art Erinnerungswerkstatt ist; eine Bildungsveranstaltung, in der an den inneren Mustern von Menschen gebaut wird, an ihren Wünschen und an ihrem Gewissen. Tradition verstehe ich als eine Überlieferung der Bilder der Lebensrettung, die Menschen miteinander teilen. Dass das Leben kostbar ist; dass Gott es liebt; dass einmal alle Tränen abgewischt werden sollen; dass die Armen die ersten Adressaten des Evangeliums sind, das sagt, das singt, das spielt uns diese Tradition in vielen Geschichten, Liedern und Bildern vor. Es ist nicht das Wichtigste, dass Menschen durch die öffentliche Sprache der Kirche unbedingt zu ihren Mitgliedern werden. Wichtig ist, dass Menschen in ihren Träumen und in ihrem Gewissen gebildet werden. Es ist nicht das Wichtigste, dass Menschen unter allen Umständen unseren Dialekt des Glaubens sprechen. Wichtig aber ist, dass sie die Hoffnung und das Recht lieben lernen. Die Erinnerung an die Träume schuldet die Kirche einer traumlosen Gesellschaft.

Um der Gesellschaft willen muss die Kirche Einfluss wollen. Ich halte nichts von der Rede, dass die Kirche jetzt einmal zurücktreten solle und in selbstlosem Dienst alles mögliche wollen und zeigen soll, nur sich selber nicht. Als wenn die Macht der Kirche das Problem der Gesellschaft wäre! Ihr Problem ist vielmehr das Verblassen einer Institution mit ihren Geschichten und Liedern vom Recht und von der Bergung des Lebens.

Unsere Kirche wird sich äußerlich und innerlich verändern. Wir werden vieles sterben sehen, und dies wird die Möglichkeit neuer Intensität und eines neuen Lebens sein. Die Kirche ist ärmer geworden, und sie wird noch ärmer werden. Es stirbt die eurozentrische Form der Kirche, der Theologie und des Christentums – die Kirche wird damit reicher und vielfältiger. Sterben wird das konfessionalistisch verengte Christentum – die Kirche wird erwachsener. Sterben wird das hierokratische und klerikale Christentum – die Kirche wird demokratischer. Es stirbt das paternale Christentum – die Kirche wird gütiger.

Vieles an der alten Gestalt der Kirche wird sterben. Selbst wenn wir Neues erwarten, sind der Abschied und das Sterben schwer. Vielleicht verlieren wir, um zu gewinnen. Aber zunächst verlieren wir, und man kann uns die Trauer über den Verlust nicht verbieten. Die Trauer macht uns bewusst, was wir hatten und was wir brauchen. Trauer braucht Zeit. Selbst unsere Ratlosigkeit braucht ihre Zeit, Unklarheit und Ungewissheit brauchen Zeit. Es besteht die Gefahr, dass wir, nur um unserer Resignation und Trauer zu entkommen, irgend etwas tun; irgendwelche Dinge treiben, an denen sich herumbasteln lässt. So wünsche ich uns Langsamkeit bei wesentlichen Entscheidungen. Jedenfalls sollen sie nicht getroffen werden, damit wir unserer Trauer entrinnen. Ich sage nichts gegen Organisationsberatung. Aber ich kann mich bei einigen Landeskirchen des Verdachts nicht enthalten, dass sie die Kirchen besinnungslos (im Sinne des Wortes) machen und dass die Kirchen sich verbrauchen in den kleinen Möglichkeiten, die ihr da geboten werden. In Bayern z.B. merkt man das allmählich, und es erhebt sich ein massiver Protest dagegen. Wir brauchen einen geistlichen Umgang mit dieser Situation, nicht nur einen pragmatischen.

Nein, es stehen der Kirche nicht nur Schreckenszeiten bevor. Was wir erleben, sind die Geburtsschmerzen einer gereinigten Kirche. Aber auch der Geburtsschmerz ist ein Schmerz. Ich schließe mit Johannes 16: »Eine Frau, wenn sie gebiert, hat Schmerzen, denn ihre Stunde ist gekommen. Wenn sie aber das Kind geboren hat, denkt sie nicht mehr an die Angst um der Freude willen, dass ein Mensch zur Welt gekommen ist.«

Die katholische und die evangelische Predigt

EINE BIOGRAPHISCHE SKIZZE

Wenn wir unsere Frömmigkeitslandschaften betrachten, die katholische und die evangelische, dann liegt uns die Gebärde des normativen Vergleichs nahe. Wir denken komparativ in »besser« oder »schlechter«. Wir rechnen zu wenig mit Frömmigkeitssitten; mit religiösen Landschaften, die ihre Eigen-Art im Sinne des Wortes haben. So neigen die Protestanten dazu zu sagen, dass die Predigtkultur der Katholiken wenig entwickelt ist bzw. war. Sie haben Recht. Die Katholiken missbilligen die Abendmahlskultur der Protestanten. Sie haben Recht. Aber wir müssen uns abgewöhnen, eine religiöse McDonald-Kultur zu erwarten, in der alles bei allen gleich ist. Es gibt unterschiedliche Frömmigkeitsstile, die nicht gegeneinander auszuspielen sind. Es gibt die Dialekte der Konfessionen, man kann sie auch die Charismen der Konfessionen nennen, in denen das Abendmahl und die Predigt zu Recht unterschiedlich aufgefasst und praktiziert werden. Jedes Charisma aber ist eine Stärke und hat seine Grenze und seine Komik. Es gibt die Stärke der katholischen sakramentalen Tradition, und es gibt die Komik der Predigttradition. Es gibt die Stärke der evangelischen Predigttradition, und es gibt die Komik seiner Sakramentenpraxis. Dazu gibt es übrigens auch die Komik in der Stärke, wenn ich an die evangelische Worthaftigkeit und die katholische Sakramentenmassivität denke.

Ich beschreibe eine Form des Katholizismus, in dem man sich selbst selbstverständlich ist, anders als der von Protestanten umgebene Katholizismus, in dem man gezwungen ist, sich seiner selbst bewusst zu sein, weil man eine kognitive Minderheit in einer fremden Mehrheit ist.

Ich nenne eine erste biographische Station: die Predigterfahrung: meine katholische Kindheit. Ein Dorf mit 3.000 Einwohnern, bis auf zwei Familien alle katholisch, ein Ort karger Sprache. Die Sprache war in einem hohen Maße ritualisiert. Es war festgelegt, wie die Eltern mit den Kindern und diese mit den Eltern gesprochen haben. Die Sprache war argumentenarm und positional, sie war wenig expliziert. Wiederholung war das Hauptmuster, wenn die Menschen zusammenkamen, die Wiederholung der Inhalte und die Wiederholung in den Sprachformen. Man hatte kaum eine unmittelbare und originale Sprache für Beziehungen, nicht für die Religion, nicht für die Liebe. Man gab keine Erklärung für das, was man von den Kindern verlangte. Das heißt unter keinen Umständen, dass die Menschen weniger geliebt hätten, härter zu ihren Kindern oder weniger religiös waren. Aber das Argument und die explizierte Sprache zählten wenig. Man war nicht Souverän in der Sprache. Diese war geformt von der Grammatik des Allgemeinen und der Tradition. Man hatte wenig Vertrauen darauf, das Leben mit dem Mittel der Sprache zu erobern. Es gibt verschiedene Sprachinteressen; etwa das Interesse am Fortschritt des Gedankens, das Interesse des Zusammenhaltes und der Verdichtung der Gruppe mit dem Mittel des Erzählens. Die Priester und die Lehrer solcher sozialen Orte waren meistens Akademiker der ersten Generation, d. h. sie wurden in der gleichen Sprachpraxis und Sprachauffassung sozialisiert wie ihre Gemeinden. Dazu kommt, dass die theologische Sprache, die sie gelernt hatten (und die ich noch gelernt habe) in einem hohen Maß ritualisiert war. Sprachimitation war auch hier das Ideal, nicht theologische Originalität. Dies sage ich zunächst deskriptiv. Ich weiß, dass man es mit »origineller« Theologie so schwer haben kann wie mit theologischen Imitaten. Den Pfarrer hätte man nie Prediger genannt, er war Priester und Sakramentenverwalter. Man ging zu ihm kaum mit persönlichen Problemen. Man hatte überhaupt wenig Hoffnung darauf, dass Probleme gelöst werden könnten. Man hat das Lebensschicksal ertragen. Es herrschte ein Klima des Lebensfatalismus. Weltfatalismus hat immer Sprachfatalismus zur Folge. Für spezielle Predigten, z. B. bei Volksmissionen oder für Fastenpredigten, waren Ordensleute zuständig, etwa Dominikaner oder Franziskaner. Dies alles zusammengenommen ist keine günstige Voraussetzung für eine normal gute Predigt nach unseren Maßstäben (wobei man auch diese Maßstäbe selber noch einmal befragen kann). Für vieles, was ich als konfessionell verrechne, könnte man auch andere Kategorien finden, etwa den Unterschied von Stadt und Land, von bürgerlicher und kleinbürgerlicher Lebensattitüde.

Wie sah also die Praxis aus? Für die Predigt gab es für uns nur einen Maßstab: ob sie kurz oder lang war. Gut oder schlecht war identisch mit kurz oder lang. Zu Zeiten der Schulferien waren auch Predigtferien, und sie sind es in meinem Dorf bis heute. Wenn ein Gastpriester die Messe liest, sind die Leute bis heute empört, wenn er es wagt, in den Schulferien zu predigen. Viele Männer standen bei der Messe hinten, um während der Predigt draußen eine Zigarette zu rauchen. Die Predigt in der Messe zu versäumen war eine lässliche Sünde. Eine Todsünde war es erst, nach der Opferung zu kommen. Ermüdend war der Hirtenbrief, der meistens am Anfang der Fastenzeit gelesen wurde. Er hatte meistens die Länge von drei Predigten. Im Hochamt an den Sonntagen, also in der feierlichsten Messe, wurde nicht gepredigt, wie übrigens auch in meiner Jugend keine Kommunion dort ausgeteilt wurde. Die Predigten vermittelten wenig religiöses Wissen, eher religiöse Moralen. Die Heiligen und ihre Tugenden waren die Hauptinhalte dieser Predigten. Über Evangelien wurde selten gepredigt, seltener noch über die Briefe des Neuen Testaments. Die Leute kannten sie wenig, weil Epistel und Evangelium auf Latein verlesen wurden. Es gab eine zweite Liturgie in der Liturgie. Während der Priester »nosterte«, wie wir sagten, also seine lateinischen Texte las, beteten die Leute den Rosenkranz oder irgendwelche Mariengebete, meistens von Frauen laut vorgebetet. Die wärmsten Predigten, allerdings auch die am meisten verkitschten, waren die Marienpredigten wie die Maiandachten, die beinahe die am meisten geliebten Gottesdienste waren, besonders bei Männern. Eine gewisse Ausnahme bildeten die Fastenpredigten, die Standespredigten in ihrem Kontext (für Jünglinge, Jungfrauen, Männer, Frauen). Hier hat man sich gelegentlich mit Problemen der »modernen« Welt auseinandergesetzt, meistens sehr ressentimenthaft. Schauerlich beliebt waren die Höllenpredigten bei Volksmissionen: sie waren immer am Abend, die Kirche war nur schwach erleuchtet, die düstere Stimme der Franziskaner, und endlich der lange erwartete Faustschlag auf der Kanzel, der die Endgültigkeit der Höllenqualen symbolisierte. Ich erinnere mich bis heute der Beispiele, die die Ewigkeit der Hölle veranschaulichten. Wie lange ist in der Höllenewigkeit eine Sekunde? Es ist ein mächtiger Berg aus Granit da. Alle tausend Jahre kommt ein Vogel und wetzt sich an ihm den Schnabel. Wenn der Berg abgewetzt ist, ist noch keine Sekunde der Ewigkeit vergangen. Solche Predigten changierten immer zwischen Schauerlichkeit und Lächerlichkeit. Sie verursachten nur eine begrenzte Angst. Angst hatte man bei Verletzungen des vorgeschriebenen Rituals, etwa wenn man trotz des Nüchternheitsgebots vor der Kommunion beim Zähneputzen Wasser geschluckt hatte. Verinnerlicht waren eher die Rituale als die Glaubensüberzeugungen und die Lehren. Man stelle sich einen evangelischen Gottesdienst ohne Predigt vor. Was würde außer dem Pfarrer predigen?

Kaum etwas. In dieser katholischen Kindheit waren die ausdrücklichen Predigten in der Tat kaum von Bedeutung. Aber es redete vieles anderes in diesen Gottesdiensten. Stimme hatten die Gesten: Stimme hatte das Weihwasser, mit dem man sich am Eingang bekreuzigte. Stimme hatte, dass man vor der Messe noch eine Kerze vor der Muttergottes aufstellte. Stimme hatten die Heiligenbilder, die Rosenkränze, die Blumen, die man zu Mariähimmelfahrt sich segnen ließ. Die katholischen Gottesdienste waren immer bebilderte Landschaften. Sie predigten Trost, Ergebung und Hoffnung. Inszenierungen haben eine viel stärkere und eindrücklichere Lehre und Überzeugungskraft als die gesprochene Sprache. Es predigen die Buntheit der Gottesdienste, der Weihrauch, die Gewänder der Priester, der Hirtenstab und die Mitren der Bischöfe. Dies allerdings sind Predigten, gegen die man sich nicht wehren kann. Die Unfehlbarkeit des Papstes wird nicht so sehr durch eine Lehre gelehrt als durch Aufführungen. Wenn der Papst früher auf der sedia gestatoria von römischen Adligen, die Pfauenfedern vorantrugen, in den Petersdom getragen wurde, dann war das eine viel eindrücklichere Verkündigung seiner Unfehlbarkeit als das Dogma. Die Inszenierungen murmeln den Menschen zu: glaube, glaube! Sie murmeln Gutes und Bedenkliches. Gegen Inszenierungen kann man sich wenig wehren. Der Glaube war wenig sagbar. Er hing in der Inszenierung und war weniger im Gewissen und im Bewusstsein verankert.

Ich überlege die Predigtauffassung und Praxis, die ich bei den Benediktinern erfahren habe, wo ich 13 Jahre gelebt habe. Als ich 1956 dort eintrat, gab es in den Gottesdiensten keine Predigt. Nur an den Hochfesten hielt der Abt eine kurze Ansprache. Die Selbstverständlichkeit der Predigt in den Volksmessen gab es erst nach dem Konzil. Noch später entschloss man sich, die Predigt auch in die eigentliche Hochliturgie zu integrieren.

Es ist interessant, dass die liturgische Reform der 20er Jahre, die ja weithin von Maria Laach ausging, noch kaum Interesse an der Predigt hatte. Es war eine liturgische Reform, kaum eine homiletische. Erst etwa ab 1965 wurden kurze Ansprachen oder Homilien zugelassen. Meistens wurden sie von jüngeren Patres gehalten. Die älteren blieben skeptisch.

Während meines Studiums hatte ich einen sehr guten Dogmatiker, der eine theologische Begründung der Predigt versuchte. Die Homiletik war Unterweisung in ein Handwerk, nicht besonders gut, nicht besonders schlecht. Sie bestand meistens aus praktischen Verhaltensregeln, z. B. der Regel: fasse bei deiner Predigt immer einen Menschen ins Auge und predige allein für ihn. (Der Mensch, den ich bei meiner ersten Predigt in einer Wallfahrtskirche ins Auge fasste, biss nach einiger Zeit in eine Wurst, wobei diese Regel sich für mich sehr relativierte.) Die alte katholische Predigt war eher eine meditative und assoziative Umkreisung eines Themas. Was gesagt wurde, war vorhersehbar, es rechtfertigte sich weniger durch den Fortschritt des Gedankens.

Es kam in den 60er Jahren, also vor der Studentenbewegung, zu den großen Unselbstverständlichkeiten in Kirche und Gesellschaft. Die erste Welle der liturgischen Reform halte ich im Ansatz noch für eine konservative Reform. Ad fontes! war der Ruf jener Reform. So umstritten diese Reform auch innerkirchlich war, so war es doch eine Reform nach hinten mit historischen Interessen. Man fragte nach der Liturgie der Ursprünge. Darum grub man in unendlicher Mühe nach den alten Figuren der Liturgie, nach Beerdigungsriten, nach den alten Ordines und orientierte die Veränderungen an ihnen. Imitation des gelungenen Alten und seine Wiederherstellung waren die Triebfedern. Die alte römische Liturgie wurde Maßstab der Erneuerung. Das heißt nicht, dass dies kein Fortschritt war. Denn oft war der Ursprung einfach besser als die späteren Varianten. Mit dem Aufbruch des Konzils und mit den großen gesellschaftlichen Veränderungen der 60er Jahre, mit fortschreitender Säkularisierung und dem Bruch der Traditionen stand der Vorrang des Prinzips der Imitation zur Debatte. Als Symbol jener Zeit steht die Forderung und schließlich die Erlaubnis der Muttersprache. Die Theologie in all ihren Zweigen wurde mehr und mehr muttersprachlich, Autonomie der Subjekte und die Bewusstheit der Vollzüge und Argumente wurden langsam selbstverständlich. Das aber war der Ruin vieler Geläufigkeiten. Diversität und die Selbstverständlichkeit originären theologischen Denkens entstanden. Ich kann mich erinnern, dass zu meiner Studienzeit noch zur Debatte stand, ob die Neuscholastik die kanonische Theologie war, eine Theologie mit Offenbarungscharakter, oder ob es andere theologische Ansätze geben könne. Man kann seitdem eigentlich nicht mehr vom Katholizismus sprechen, es entstehen die Katholizismen, wie es den Protestantismus schon lange vorher nicht mehr gegeben hat, wenn es ihn je gab. Meine These: Bewusstheit erzeugt Sprache. Der Bruch mit den Selbstverständlichkeiten und den heiligen Ordnungen erzeugt Sprache. Die Ruinierung herkömmlicher Denk- und Auffassungslandschaften erzeugt die Notwendigkeit der Argumentation und der Beredung. Sie stört das alte herkömmliche positionale Denken. Und so entstanden neue große theologische Entwürfe innerhalb des Katholizismus. Natürlich mobilisiert dies auch den Widerstand gegen die neuen Theologien. Man kann auch sagen: neue Denkweisen mobilisieren den Widerstand gegen dieses Denken, sie reaktivieren bei verschiedenen Gruppen die alten Vorstellungen. Neues Denken erzeugt Fundamentalismen. Fundamentalismus ist Konservatismus, der sich seiner selbst und seiner Feinde bewusst ist. Das neue Denken erzeugt Konservatismus mit Schaum vor dem Mund. So könnte man

Fundamentalismus definieren. Diese neuen Sprachmöglichkeiten haben Einfluss auf die Auffassung und die Praxis der Predigt. Es entstehen neue Homiletiken. Es entstehen neue Bilder und Begriffe. Es entstehen Predigthilfen wie die Reihe »Am Tisch des Wortes«. Das Bild plädiert für die Aufwertung der Predigt. Von nun an rechnet man mit zwei Tischen, dem des Sakramentes und dem des Wortes. Es entstanden nun Predigthilfen, es gab nicht mehr nur Predigtvorlagen.

Hiermit verlasse ich meine katholische Autobiographie und ich spreche über meine protestantischen Erfahrungen und damit über andere Leiden. Ich bin 1969 in die evangelische Kirche eingetreten. Ich sage bewusst nicht konvertiert. Ich habe den Übertritt nicht als Konversion empfunden. Konfessionsgrenzen waren mir damals schon ziemlich gleichgültig. Es war eher wie ein Umzug von Saarbrücken nach Berlin. Aber man zieht nicht ungestraft von Saarbrücken nach Berlin. Ich möchte zunächst von einem Traum erzählen, den ich etwa zwei Jahre nach diesem Übertritt hatte. Ich träumte, ich sei in Rom gleichzeitig auf zwei Kongressen, und ich pendelte ständig von einem zum anderen. Der eine Kongress fand in einer großen hellen neoklassizistischen Kirche statt. Sie hatte hohe Fenster, war lichtdurchflutet, aber die Heizung funktionierte nicht richtig, und man fror immer etwas. Der zweite Kongress fand in einem tief gelegenen Raum statt, der eine Mischung von Krypta und Pferdestall war. Es war warm, etwas überwarm und angenehm miefig. Ein Papst hielt eine Ansprache, Kardinäle saßen da, sie waren eingeschlafen, und ihre Köpfe mit den roten Pileoli bewegten sich im Schlaf hin und her. Der Traum sagte mir, was ich verlassen hatte und was ich zu erwarten hatte. Wenn ich katholische Freunde heute in Hamburg mit in den Gottesdienst nehme, sagen sie meistens: Es fehlt uns etwas bei euch, und sie können nicht genau sagen, was fehlt. Einen ähnlichen Eindruck hatte ich in den ersten Jahren in evangelischen Gottesdiensten: Es fehlt etwas. Ich habe übrigens im Verlaufe der Jahre dieses Gefühl verloren. Es fehlt mir nun in protestantischen Gottesdiensten nicht mehr als auch in katholischen. Ich sage das, weil ich glaube, dass das, was uns in den anderen Gottesdiensten fehlt und was wir vielleicht theologisch oder gar dogmatisch bestimmen, nichts anderes ist als das religiöse Heimatgefühl, das uns natürlicherweise in einem anderen Gottesdienst fehlt. Ich bin heute zuhause in evangelischen Gottesdiensten, soweit man in Gottesdiensten überhaupt zuhause sein kann. Mein religiöser Geschmack oder meine religiösen Erwartungen haben sich geändert. Ich erwarte nicht jeden Sonntag das Abendmahl. Ich finde andere Dinge, die mich ernähren, etwa die Psalmen und vor allem die Choräle. Wir müssen damit rechnen, dass es verschiedene religiöse Klimata, religiöse Binnenwelten gibt, die nicht sofort mit den Prädikaten besser oder schlechter zu belegen sind. Ich empfinde es nicht mehr als ein Defizit des protestantischen Gottesdienstes, dass er weniger liturgisch oder weniger eucharistisch bestimmt ist. Es gibt andere Defizite, die zu benennen sind.

Nun also meine ersten Erfahrungen mit dem evangelischen Gottesdienst und mit der Predigt. Wir lebten in Köln und gehörten zu einer Gemeinde eher lutherischer Prägung. Trotzdem, der Gottesdienst war bestimmt von der Predigt. Das Abendmahl wurde zwar jeden Sonntag gefeiert, aber es war ein unerhebliches Anhängsel an den Gottesdienst. Der größte Teil der Gemeinde ging nach dem Segen, der schon vor dem Abendmahl erteilt wurde. Nach dem Abendmahl wurden die Elemente lieblos entsorgt. Ich bin kein Sakramentalist. Aber wenn das Abendmahl das große Liebesspiel Gottes ist, dann sind auch die Elemente zu ehren und nicht lieblos wegzuwerfen. Hier hat die katholische Kritik ihr Recht. Ich erinnere mich an eine liebevoll-komische Geste meines Großvaters, der eine Gastwirtschaft hatte. Nach der Messe gingen die Männer des Dorfes in diese Wirtschaft. Ehe sie ihren Schnaps bekamen, verteilte mein Großvater aus einem Körbchen kleine Brotstückchen, die die Männer essen sollten, damit der Schnaps nicht unmittelbar auf den Leib Christi geschüttet wurde. Diese Haltung frommer Naivität wünsche ich mir im Protestantismus.

Ich beschreibe zwei Beispiele eines protestantischen Gottesdienstes und seiner Predigt, die mir gefallen haben. Ich war gerade in einer reformierten Gemeinde in Hamburg. Der Kirchenraum hat eine klare und einfache Struktur. Es gibt keine Bilder. Die Kanzel ist die zentrale Stelle. Das Abendmahl wird selten gefeiert, der Tisch ist deutlich, aber nicht zentral. Der Gottesdienst ist einfach im Aufbau. Die Gemeinde singt frisch und oft. Nichts ist interessant in diesem Gottesdienst, aber alles stimmig. Die Pfarrerin ist nicht von Neuheitszwängen getrieben, ihre Predigt hat eine erhebliche Länge. Die Pfarrerin ist keine glänzende Predigerin, aber sie kaut treu an ihrem Text. Obwohl es nicht meine Form des Gottesdienstes ist, bin ich gerne dort. Es ist ein reformierter Gottesdienst, ein Gottesdienst mit Gesicht. Ich kann nicht wünschen, dass dieser Gottesdienst katholischer oder lutherischer wird. Es soll diesen Gottesdienst in seinem reformierten Dialekt geben, auch wenn es nicht meiner ist. Ich werde an diesen Gottesdienst nicht den Maßstab meines lutherischen oder katholischen Dialekts anlegen. Es gibt einen geistlichen Provinzialismus, in dem man in allen Gottesdiensten sich selber und seinen eigenen Dialekt erwartet.

Ich nenne eine andere Gottesdiensterfahrung, in der die Predigt zentral ist. Das sind die Universitätsgottesdienste in Hamburg, wie sie Peter Cornehl als Universitätsprediger gestaltet hat. Diese Gottesdienste wurden von einer studentischen Gruppe vorbereitet. Es gab ein

Semesterthema, dies konnte ein biblisches Buch sein – der Prediger oder Hiob –, ein Genus der Bibel wie etwa die Gleichnisse oder ein Thema der laufenden öffentlichen Diskussion wie etwa der Historikerstreit. In das Thema führte der Universitätsprediger ein, die Psalmen, Lieder und Gebete wurden auf das Thema hin komponiert, die Predigten waren immer straff und gut vorbereitet, nach der Predigt versammelte sich die Gemeinde im Altarraum, es wurden Gebete des Dankes oder der Bitte formuliert. Dies waren strenge Gottesdienste und Predigten. Einige haben sie als zu streng und als zu kopflastig empfunden. Aber es waren Universitätsgottesdienste, und diese haben ihr Recht. Auch hier wünsche ich weder, dass solche Gottesdienste ihr Gesicht verlieren, noch wünsche ich, dass alle Gottesdienste aussehen wie diese. Es soll die eigenen Gesichter der Gottesdienste geben. Es soll keine McDonaldisierung von Gottesdiensten geben.

Die evangelische Predigt ächzt unter der Last ihrer hohen Selbstauffassung. Ich zitiere aus Luthers »Wider Hans Worst«: »Haec dixit dominus, das hat Gott gesagt. Et iterum: Ich bin ein Apostel und Prophet Jesu Christi gewesen in dieser Predigt. Hier ist nicht not, ja nicht gut Vergebung der Sünden, als wäre es unrecht gelehret; denn es ist Gottes und nicht mein Wort, das mir Gott nicht vergeben soll noch kann sondern bestätigen, loben und krönen und sagen: Du hast recht gelehret; denn ich habe durch dich geredet, und das Wort ist mein. Wer solches nicht rühmen kann von seiner Predigt, der lasse das Predigen anstehen, denn er leugnet gewisslich und lästert Gott.« (Zit. nach W. Jens: Republikanische Reden, München 1976, S. 13) Gott spricht durch den Prediger, und wenn der Prediger wie Bileams Eselin wiehert, dann ist es doch Gottes Stimme. Wenn irgendwo innerhalb einer solchen Theologie ein opus operatum gedacht wird, dann in dieser Predigtauffassung. In der Predigt wird der tote Buchstabe zum Evangelium. Kirchen sind Mundhäuser, und mit seiner leiblichen Stimme bringt der Prediger Christus ins Herz der Gläubigen. In der Predigt wird der Christus der Überlieferung in den Christus pro nobis verwandelt. Wie in der Eucharistie die armen Elemente von Brot und Wein in das Fleisch und das Blut Christi verwandelt werden, so wird in der Predigt das klägliche Wort des Predigers zum Wort Gottes. Ein klares und pures opus operatum! Natürlich glaubt kaum ein evangelischer Pastor, vermutlich noch weniger eine evangelische Pastorin an diese Sätze. Aber sie haben sicher bis heute einen undeutlichen Einfluss auf den Gottesdienst. Die Folge ist, dass die Predigt den evangelischen Gottesdienst dominiert. Ihre Grundgedanken bestimmen die Gebete, die Lieder und Fürbitten. Die Worte des Pfarrers oder der Pfarrerin beanspruchen oft die meiste Zeit des Gottesdienstes. Es entsteht ein Klerikalismus, der dem katholischen Weiheklerikalismus in nichts nachsteht. Dieser Klerikalismus ist in der jüngsten Zeit eher größer geworden. Die strenge agendarische Bestimmung des Gottesdienstes ist gemildert, die Gestaltungsmöglichkeiten für Pfarrer und Pfarrerinnen sind größer geworden, und mit dem Wegfall der streng geregelten Form sind die Gottesdienste noch wortreicher geworden (ein Übel, das neuerdings in katholischen Gottesdiensten mehr und mehr in Blüte kommt).

Dies ist eher abstrakt gesagt, und so beschreibe ich wieder meine eigenen biographischen Erfahrungen mit dem Gewiehere von Bileams Eselinnen. Zunächst: ich kann Gottesdienste gut ertragen, die von der Predigt bestimmt sind. Ich erlebe einfache Gottesdienste mit einfachen Predigten, und ich höre sie gern. Es gibt die ernsthafte Bemühung um die Auslegung eines Textes und um die Auslegung der Kontexte. Ich brauche keine Superprediger, und ich will – zumindest für gewöhnlich – keinen fesselnden Prediger. Das Wort ist verräterisch!

Ich liebe den guten protestantischen Schwarzbrotgottes-
dienst, in dem eine Gemeinde konzentriert ist; in dem
die Gebete einfach sind, in dem viel gesungen wird und
in dem die Pfarrer und Pfarrerinnen nicht mehr sagen,
als sie sagen müssen. Sie sind in ihrer Qualität schwerer
zu beschreiben, als die schlechten Beispiele zu beschreiben sind. Ich sehne mich in solchen Gottesdiensten
nicht nach mehr Sakramentalität, nach mehr Gesten,
nach mehr Drama. Es wäre schade, wenn solche Gottesdienste die einzigen wären, aber sie sind schön. Das
Wort ist ernst genommen. Wo das Wort und die Auslegung ernst genommen sind, da ist auch die Gemeinde
ernst genommen. Ich habe mich immer dagegen ge-
wehrt, den predigtbestimmten Gottesdienst als einen
autoritären Gottesdienst zu verstehen. Hören heißt nicht,
in passiver Geduld aufnehmen, was einer sagt. Das Ohr
ist ein Anarchist. Es verdeutscht die Predigt, je nachdem
ein Mensch die Nachricht braucht. Das Ohr ist ein zer-
setzendes Organ. Manchmal zersetzt es das Gehörte bis
zur Unkenntlichkeit. Das weiß jeder Prediger, dem man
später erzählt, was er gepredigt habe. Der Prediger er-
öffnet mit seiner Rede einen Raum, in dem der Hörer
herumspaziert und sich seinen Reim macht. Also: Hören
ist eine der aktiven Fähigkeiten des Menschen.

Woran aber leide ich in evangelischen Gottesdiensten
und bei ihren Predigten? Ich muss gestehen, dass ich an
den meisten leide. Es ist zunächst das nicht weiter ernst-
zunehmende Leiden dessen, der homiletische Seminare
gemacht hat und der aus der eigenen Klugscheißerei
nicht herauskommt. Es gibt ernsthaftere Leiden. Das
erste ist das der Predigthäufung. Die Pfarrer predigen
nicht nur auf der Kanzel. Sie begrüßen und hängen an
ihre bescheidenen Sonntagsscherze noch eine kleine
Besinnung. Sie verabschieden wortreich und oft banal.
Sie haben eine Taufe, und es gibt eine neue Predigt. Es
mag sein, dass es bei den Gemeinden gut ankommt,

wenn der Gottesdienst auf diese Weise familiarisiert und verplappert wird. Aber das Schweigen geht verloren. Es wird erstickt unter dem Müll des Dahergesagten. Es geht das verloren, was zum Wesen eines Gottesdienstes gehört: die Anbetung. Ich habe von Peter Brook und seiner Theaterarbeit eine Anweisung gelernt, die ich jedem Pfarrer gerne mitgebe: Frage dich im Gottesdienst, was du nicht sagen oder tun musst! Man kann fragen, ob dies noch geht und durchzuhalten ist, wenn eine ganze Kultur eine Plauderkultur geworden ist. Aber Gottesdienste sind Veranstaltungen, in denen die Sprache geehrt und zur Sprache erzogen werden soll. Gottesdienste sind auch Gegenveranstaltungen gegen die Plauderkultur. Ich glaube, der Umgang der Pfarrer und Pfarrerinnen mit der Sprache ist auch ein geistliches Problem. Ein Pfarrer muss es ertragen können, nicht furchtbar interessant zu sein. Gottesdienst ist Arbeit und nicht eine Veranstaltung zur Vermittlung von Peak Experiences. Eine spirituelle Fähigkeit des Pfarrers ist die Demut zu wissen, dass er nicht jederzeit alles sagen muss und dass etwas deswegen nicht verloren ist, weil er es heute nicht gesagt hat. Ich wünsche mir einen Pfarrer, der nicht dauernd darauf aus ist, seine Gemeinde zu gewinnen, bei der Stange und bei Laune zu halten.

Es gibt ein anderes Leiden in meinen Gottesdiensten, es ist die wortreiche Erklärung aller Sachverhalte, der Riten und der Gesten. Es ist die kolloquiale Unterlaufung und Kastrierung der Symbolik des Gottesdienstes. Jede Geste hat ihre eigene Sprache, jedes Symbol spricht. Die Handauflegung hat ihre verständliche schweigende Sprache, der Segen, die Kerzen, das Feuer, das Knien. Bin ich erklärungsversessen und füge ich den Dingen im Übermaß meine eigene Sprache hinzu, dann wird ihre schweigende Sprache unhörbar. Vielleicht sind wir besessen von der Idee, dass nur das verstanden und aufgenommen ist, was in die ausdrückliche Bewusstheit gehoben wurde. Es gibt ein anderes Verstehen als das bewusste. Wer die Form, das Ritual und den Gestus missachtet, muss reden. Oft argumentiert man: die Menschen, die selten in den Gottesdienst kommen, verstehen die Formen nicht mehr, und darum muss man sie erklären. Aber wer fremd ist, bleibt fremd. Vielleicht will er ja auch die Distanz der Fremde, er will nicht vereinnahmt werden.

Zur Vertreibung des Schweigens aus den Gottesdiensten gehört die Verhaustierung der hehren Formeln, der Einsetzungsworte, der Segensworte, des Kanzelgrußes usw. Warum erlaubt sich der Pfarrer zur Abendmahlsgruppe statt der einfachen Formel »Gehet im Frieden!« zu sagen: »Gehet hin im tiefsten Frieden des euch liebenden Gottes!« Erstens sind unnötige Adjektive immer ein reines Sprachverderben, zweitens ist die erweiterte Formel zwei Sekunden länger, die der Pfarrer mir von meiner Lebenszeit stiehlt; drittens verhindert die gestörte Formel, dass die Gemeinde sich in der Wiederholung der Geläufigkeit wiedererkennt; viertens ist es eine Missachtung der Katholizität, d. h. der Allgemeinheit der Formel; fünftens ist es eine Missachtung der Sprache der Toten. Wir sind weder als konkrete Gemeinde noch bin ich als Pfarrer Beute der Allgemeinheit und der Toten, das wissen wir. Aber wir sind auch nicht jederzeit Verfüger über sie. Wir sind Freigeister, aber demütige Freigeister, die die Sprache der anderen ehren und die nicht originalitätsversessen sind. Dazu kann man natürlich fragen, wie originell der Satz ist: »Gehet hin im tiefsten Frieden des euch liebenden Gottes!«

Ein weiteres stört mich bei vielen Predigten: die Erwartbarkeit der Aussagen! Wenn der Pfarrer in seiner Predigt eine theologische Aporie aufwirft, etwa wenn er über das Leiden der Unschuldigen oder über die Nicht-Erhörung von Gebeten spricht, brauchen wir nicht zu erschrecken. Er wirft nur eine Frage auf, die er sogleich beantworten wird. Wir leiden in unseren Predigten an Stimmigkeitszwängen, an einer Systematikmanie. »Was Gott tut, das ist wohl getan« kann ich zwar singen und beten. Aber in der Predigt hätte ich da noch ein paar Fragen. Der Glaube ist nicht dazu da, Welterklärungen zu geben. Er schreit und ruft und betet und singt und lobt. Aber erklärt wird da ziemlich wenig. Vielleicht sind unsere Predigten deswegen oft langweilig, weil wir Gott zu früh recht geben. Zu der langweiligen Erwartbarkeit der Predigtaussagen gehört die Tendenz, bei der Auseinandersetzung Jesu mit seinen Gegnern immer sofort auf seiner Seite zu sein, also nicht langsam und bedächtig zu sein mit den Fragen, die ihm gestellt werden. Sie sind meistens nicht dumm. Könnte es sein, dass wir in unserer ganzen christlichen Geschichte zu gern auf der Seite der Überlegenen waren und sind?

Vielleicht gehört zu der beklagten Erwartbarkeit in der Predigt auch die Unart, dass wir den theologischen Aussagen keine Langsamkeit und keinen Bedacht gönnen. Kommt das Wort Sünde, folgt ihm spätestens in einer Minute das Wort Vergebung; fällt das Wort Schuld, folgt ihm die Gnade auf dem Fuß. Wir bringen eine Glaubensaussage mit der anderen zum Schweigen. Nach dem Krieg folgte bei den seltenen Schuldbekenntnissen sofort und beinahe automatisch die Vergebung. Wir lassen den Sachverhalten keinen Atem. Als Jona der Stadt und dem König von Ninive den Untergang ansagte, rief der König ein Fasten für Menschen und Tiere aus und sagte: »Wer weiß! Vielleicht lässt es sich Gott gereuen und wendet sich ab von seinem grimmigen Zorn, dass wir nicht verderben.« Dieses »Wer weiß!«, dieses Zögern brauchten wir in unseren Predigten, das Zögern und den langsamen Schritt unserer Aussagen.

Die Katholische Messe und der evangelische Gottesdienst brauchen beide eine Art Deflation. Von der römischen Sakramententheologie wünsche ich, dass sie ihre sakramentale Massivität und ihre Konzentration auf Wandlung, Hostie und Priestervollmacht mindert (während ich hoffe, dass die evangelische Praxis lernt, die Elemente zu ehren). Von der evangelischen Gottesdienstauffassung wünsche ich, dass sie die Sakramentalisierung der Predigt aufgibt. Predigt ist Rede, das reicht. Es ist die Rede eines Menschen, der sich bemüht, die Gegenwart ins Gespräch zu bringen mit jener alten Tradition des Trostes und der Schönheit. Die Predigt ist das Wort eines Menschen, es ist nicht das Wort Gottes. Dies zu wissen würde die Prediger entlasten, und andere gottesdienstliche Elemente hätten mehr Platz und Zeit: die Psalmen, die Lieder und das Abendmahl.

Heilige Welten

In meiner katholischen Kindheit hatten wir – längst vor esoterischen Zeiten – esoterisches Wissen vorweggenommen. Wir lebten in kräftigen und furchterregenden Welten, in bergenden und gefährlichen, eben in heiligen Welten. Heilig war ein Grundwort dieser Welten. Nicht alles war heilig, es gab heilige Zeiten und andere. Heilige Zeiten waren etwa solche, an denen man besondere Ablässe gewinnen konnte wie etwa an Allerheiligen und Allerseelen oder in einem heiligen Jahr. Die Nächte zwischen Weihnachten und Dreikönige waren heilig. Die Fruchtbarkeit der Welt erneuerte sich in ihnen, es war gefährlich, in jenen Tagen Wäsche zu waschen. Es gab heilig-kräftige Orte, etwa die Wallfahrtsorte, an denen man in besonderer Weise beten konnte für die Gesundheit der Augen, der Galle, für einen guten Ehemann und für dessen Treue. Es gab natürlich Personen, die mit besonderer heiliger Gewalt ausgestattet waren, die Subdiakone, die Diakone, die Priester, die Bischöfe. Je nach ihrem Stand hatten sie einen abgestuften Anteil an der Macht über das Heilige: der eine konnte die Speisen segnen, der andere das Brot verwandeln, der nächste gar in die Reihe apostolischer Sukzession stellen. Es gab heilige Formeln, die genau einzuhalten waren, wenn sie wirken sollten, z. B. die Absolutionsformel bei der Beichte und die Einsetzungsformeln in der Messe. Die Schöpfung war noch nicht ganz verdorben. Es gab in ihr Stellen, Zeiten, Formeln und Personen, die gesegnet waren und die einen besonderen Zugang zum Heiligen eröffneten. Der Begriff heilig hat in dieser Welt wenig mit sittlicher Vollkommenheit zu tun. Man könnte ihn fast gleichsetzen mit kräftig, und sein Gegenteil ist nicht »böse«, sondern kraftlos. Das Profane ist das Alltäglich-Kraftlose. In dieser Welt lebten die Menschen geborgen, weil sie wussten, was zu tun war; geängstigt, weil man immer in der Gefahr war, den heiligen Vollzug, die heilige Formel, die heilige Person zu verletzen. Wer in einer katholischen Welt groß geworden ist, weiß z. B. sehr genau, welche Ängste sich aus der Verletzung des Gebots der Nüchternheit vor dem Empfang der Kommunion ergaben. Aber das Hauptgefühl in solchen Landschaften ist nicht Angst, sondern Geborgenheit. Man kennt die Kräfte, kann sie nutzen und kann die Gefahren vermeiden. Es waren eher religiös gekonnte als fromme Welten. Man hat sich der Kräfte oft mit großer Nüchternheit bedient. Oft galten sie in sich selber, und sie waren keineswegs immer mit Gott verbunden. Wenn man Halsschmerzen hatte, betete man zum heiligen Blasius; wenn ein großes Gewitter war, zündete man eine Kerze für den Apostel Judas Thaddäus an. Sie waren eben zuständig.

Eine erste Entzauberung dieser Welt erlebte ich in einem Benediktinerkloster, in dem ich viele Jahre lebte. Die Frömmigkeit dieses Ortes hatte eine andere Intensität. Es gibt keine größeren Störer in verzauberten Welten als die Aufklärung und als religiöse Dichte. An allen Orten religiöser Radikalität stürzen die Bilder und werden die Landschaften, in denen alles so säuberlich in profan und heilig eingeteilt ist, verwüstet. Jeder religiöse Neuanfang bedeutet einen Bruch mit den alten Sinn- und Vergewisserungswelten. Das Herz und das Gewissen werden zu Orten religiöser Entscheidung, nicht Orte, Zeiten, Formeln oder Personen. Nicht was in den Menschen hineingeht, verunreinigt ihn, sondern was aus ihm herauskommt (Mt 15,11). Das Herz also ist die Stelle der Reinheit oder der Unreinheit, nicht ein Ort, eine Zeit oder eine Formel. Heiligkeit wird nicht mehr einem Ort oder einem Ding zugesprochen, sondern sie ist das Attribut Gottes. Er ist der heilige Gott, über den nicht mit Formeln und Techniken verfügt werden kann. Von der

Heiligkeit der Kirche und der Menschen in ihr kann nur noch gesprochen werden als der Gabe dieses Gottes. Der Geist heiligt (Röm 1,4), und der neue Mensch, den wir »anziehen« sollen (Eph 4,24), ist nicht unser Produkt; er ist nach Gott geschaffen »in wahrer Gerechtigkeit und Heiligkeit«.

Das nun ist die wiederentdeckte Erkenntnis der Reformation, jenes immensen religiösen Neuanfangs: wir sind nicht Produzenten unserer eigenen Heiligkeit und Ganzheit, es ist der Blick der Güte, der uns ins Leben zieht. Wir bezeugen uns nicht selbst, sondern der Geist Gottes ist der Zeuge unseres Lebens (Röm 8,16). Gegen unsere Existenz in Gebrochenheit und Schuld liest jener Geist uns liebenswürdig und unser Leben heilig. Die Lehre von der Gnade und der Glaube an die Geborgenheit in jenem Blick der Güte haben eine anarchistische und bilderstürmerische Kehrseite, es ist die Bezweiflung aller Mächte und Gewalten, aller Einrichtungen und Naturhaftigkeiten, die sich als wichtig, als unerlässlich, als lebensrettend und als substantiell notwendig aufspielen. Der Glaube daran, einen Ursprung der Lebensrettung im Blick der Güte zu haben, weckt zugleich die Grundskepsis gegen alle Heiligkeits- und Rettungsagenturen, seien es Personen, Orte, Zeiten oder Techniken. Du sollst keine fremden Götter neben mir haben! Du sollst nicht glauben, dass dich etwas anderes rettet oder birgt als jener Blick, mit dem du angesehen bist! Der Glaube ermöglicht den Unglauben und das Misstrauen gegen alles, was sich als unberührbar, als unumstößlich und als heilig gibt. Es ist ein Grund gelegt, und mehr Grund und Begründung brauchen wir nicht. So hat der Glaube an die Güte Gottes eine zersetzende Kraft. Er vertreibt alle Geister und Mächte, die diese Güte ersetzen oder ergänzen wollen. Dieser Glaube ist der Grund der Freiheit eines Christenmenschen, und das Charisma des Protestantismus ist eben jene aus dem Glauben geborene Skepsis.

Diese Skepsis führte in der Reformation zu einer fast unvorstellbaren Veränderung von religiösen Landschaften. Zeiten, Orte, Personen wurden profaniert, und es wurde ihnen ihre numinose Qualität genommen. Ablässe und Heiligenverehrung verschwanden, denn man brauchte keine Vermittler. Die Sakramente wurden reduziert. Kirchenschmuck und Gewänder verschwanden. Der Glaube an spezielle Heilige und an das Wunder verschwand. Das einzige Wunder war der Einfall der Gnade Gottes. Wenn Protestanten heute klagen, dass der protestantische Gottesdienst weniger Heimat böte als der katholische; dass er gestenarm und wenig sinnlich sei, so sollten sie doch wissen, dass diese Kargheit der Schatten eines großen Reichtums ist; der Schatten jenes Glaubens an die Gnade und jener skeptischen Freiheit, die aus ihm geboren ist.

Das also haben wir mit der Reformation und der Aufklärung, der die Reformation den Weg bereitet hat, gewonnen: wir sind den Verzauberungen entronnen. Die Dinge sind nun, was sie sind. Der Wallfahrtsort ist ein Stück Erde wie andere Orte auch; Bischöfe und Priester sind keine besonderen Geistesleute, und sie sind von sehr begrenzter Heiligkeit wie unsereiner auch; mit heiligen Zeiten ist aufgeräumt, nicht einmal vor dem Wechsel des Jahrtausends braucht man sich zu fürchten, denn alle Zeiten haben ihre gleiche Nähe zu Gott. Aber könnte es sein, dass mit dieser Art der Entzauberung des Lebens ein großes Gähnen in die Welt gekommen ist? Könnte es sein, dass wir vor lauter Erlösung Schöpfung nicht mehr denken können? Dass wir in den Dingen die Spuren und die Kraft Gottes nicht mehr lesen und aus ihnen sein Lob nicht mehr hören können? Vor einiger Zeit waren in einem kleinen süddeutschen Ort 30.000 Menschen versammelt, die auf eine Muttergotteserscheinung warteten. Es waren alte und junge Menschen, gutbürgerliche Typen und Junkies mit ihrem Wunsch nach

Erfahrung und Sensation. Viele Menschen halten offensichtlich diese gähnende Normalität nicht mehr aus; die ausgeleuchteten Räume, in denen alles seine Erklärung und seine geheimnislose Vernunft hat. Es ist, als ob sie gegen alle Vernunft die Schatten, den alten Zauber und die gefährlichen Höhlen des Lebens suchten. Was uns da im hellen Licht der Aufgeklärtheit entgegenkommt, kann doch nicht alles sein. Es muss doch ein Geheimnis der Welt und der Dinge geben! So suchen sie Stellen, an denen das Fremde und Nicht-Erklärliche erscheint; es mag aus dem Himmel oder aus der Hölle kommen. Ich vermute, dass sich für solche Sehnsüchte Satansmessen und Marienerscheinungen nicht wesentlich unterscheiden. Sie suchen das alte tremendum et fascinosum; sie suchen die Unerklärlichkeit und das zweite Gesicht der Dinge und der Welt. Die Beschränkung des Geistes auf Erklärbarkeiten und auf lösbare Fragen, die Eindimensionalität der Wahrnehmung und der Verzicht auf das Geheimnis lassen uns offensichtlich tief unbefriedigt.

Alles Geschaffene ist ein Echo Gottes. Das ist eher eine katholische als eine evangelische Auffassung der Welt. Nichts also ist nur, was es ist. Es hat Anteil an der Heiligkeit Gottes, weil es sein Echo und seine Spur ist. Dies ist nicht das alte bannende Sacrum, wohl aber eine Heiligkeit des Lebens, die unsere Ehrfurcht und Ergriffenheit will. Vielleicht bewahrt uns nur diese Auffassung vom Leben und von den Dingen davor, dass wir sie benutzen, als hätten sie kein Geheimnis und als ständen sie uns nur zur Verfügung. Als Echo Gottes sind sie für sich da, und sie sind für Gott da. Vielleicht hat die Entzauberung der Welt dazu geführt, dass wir in grenzenlos imperialer Geste uns alles unterwerfen. Wer kein Tabu kennt und die Heiligkeit der Dinge nicht sieht, wird zu ihrem Zerstörer. Der Satz von der Heiligkeit der Dinge hat also durchaus eine politische Bedeutung. Sie hindert uns daran, die reinen Verfüger und die ungebremsten

Herrn zu sein. Könnte es sein, dass, wo Gott der einzig Unverfügbare ist, alles andere bedenkenlos zur Verfügung steht?

Der Protestantismus hat das Christentum vergeistigt. Das Herz und das Gewissen wurden die dramatischen Orte, nicht mehr die alten Stellen, Zeiten und Techniken waren entscheidend. Diese Veränderung war unausweichlich, es ist nur die Frage, ob sie genügt. »Jede neue Religion, die Bestand haben will – und sei es auch nur ein Jahrzehnt über ihr erstes revolutionäres Aufflammen hinaus –, muss den Schritt von der inneren zur äußeren Religiosität tun.« (M. Douglas) Dass ihr Geist eine Stätte findet, dass er »statthaft« wird (G. van der Leeuw), ist die Bedingung ihrer langfristigen Existenz. So lese ich denn mit einem zweiten Blick die Welt meiner katholischen Kindheit und ihre »Heiligkeit«, die ich geschildert habe.

Es war eine Welt, die uns Unterscheidung gelehrt hat, den einen Ort vom anderen, die eine Praxis von der anderen, die eine Zeit von der anderen. Vielleicht war immer ein Stück Magie der Unterscheidung der Orte, Zeiten und Praxen beigemischt. Inzwischen aber frage ich mich, was gefährlicher ist: die Portion Magie oder der Verlust des Geistes im unbezeichneten Leben, die Verödung der Religiosität, die keine Stätte findet. Kann man aber unter der Bedingung des Protestantismus und der Aufklärung – beides darf man nicht ungestraft verraten – heilige Welten errichten? Kann man Tabus wieder einrichten, nachdem man gelernt hat, sie zu brechen? Kann man Orten und Zeiten eine besondere Ehre oder Weihe verleihen, ohne dass sie sich ausweisen müssen, d.h. ohne dass sie Kräfte ausstrahlen, die uns überwältigen und die die Besonderheit des Ortes fraglos machen? Die Sprache hat im Bezug auf die Zeit eine merkwürdige Formulierung: den Sonntag heiligen. Die Menschen empfanden sich also als Koproduzenten der Heiligkeit einer Zeit. Ähnliches geschah bei den vielen

Segnungen und Weihungen im Katholizismus. Man verlieh dem Wasser Besonderheit, und man sprach vom Weihwasser. Man segnete Öl, Brot, den Wein am Johannistag, Blumen an Mariä Himmelfahrt, die den Toten mit in den Sarg gegeben wurden. Man heiligte, indem man aussonderte. Denn das ist ja vermutlich der älteste Sinn von heilig: ausgesondert. Wenn man die Zeiten heiligt, dann kommen sie einem als heilige Zeiten entgegen. Der heilige Ort, die heilige Zeit entstehen dadurch, dass man sich auf sie bezieht. Man erhebt Orte, Zeiten und Dinge in den Rang eines Zeichens. Unsere Erklärungen schaffen einen heiligen Kosmos von Rhythmen und Zeiten, die dann geworden sind, wozu wir sie erklärt haben: heilig. Sie sind der Profanität entnommen, sie helfen uns, aber sie stehen nicht mehr zur Disposition. Das öde Chaos der Gleichgültigkeit würde überwunden mit der Pointierung der Orte, Dinge und der Zeiten. Dass dies notwendig ist, spüren wir spätestens, seit der Buß- und Bettag abgeschafft ist und seit der Sonntag immer mehr verfügbare Zeit wird.

Ich will am Ende ein Beispiel bringen für die Heiligung und die Heiligkeit eines Ortes. In Hamburg in der Nähe der Universiät stand die alte Synagoge, die in der Kristallnacht vernichtet und später dem Erdboden gleichgemacht wurde. Lange Zeit war dieser Ort Parkplatz der Universität, er hatte keine Heiligkeit mehr, weil niemand seiner gedachte. Viel später dann hat man den Grundriss der Synagoge als Mosaik in den Boden eingelassen. Nun erinnert dieser Ort mit leiser Geste jeden, der vorübergeht, daran, was Menschen angetan wurde. Dort finden Feiern statt, bei denen die Namen der Toten genannt werden. Jede Wahrnehmung dieses Ortes heiligt ihn aufs Neue. Einmal wollte ich mit einem Kollegen, der eine Zigarette rauchte, über diesen Platz gehen. Er aber machte einen Umweg, um nicht rauchend über diesen Platz des Gedenkens zu gehen. Der Platz wurde zu einem Tabu. Der Kollege empfand die Heiligkeit des Ortes, die ihm verliehen wurde durch das Gedächtnis der Menschen. Es kommt dabei nicht darauf an, dass genau hier die Synagoge gestanden hat. Ein anderer Ort, der ausgesondert und zum Ort des Gedenkens gewählt worden wäre, hätte die gleiche Kraft gehabt. Die Menschen, die gezeichnete Landschaften kennen, sind nicht allein angewiesen auf die Stärke ihrer Innerlichkeit und ihres Gewissens. Die Figuren machen die Landschaft zu einem Mnemotop (J. Assmann), zu einer Gedächtnislandschaft, die uns erinnert und damit unser Gedenken erbaut. Orte und Zeiten bilden uns. Sie verhelfen uns zum Gedächtnis, und sie figurieren unsere Innerlichkeit. Und nur in der Figur bleibt der Geist langlebig und erkennbar.

Christ sein, ohne die Juden zu schmähen

Meine Frage ist: wie kann man nach einer Geschichte der Zerstörung, an dem nicht nur Christen, sondern auch das Christentum in weitem Maße beteiligt war, mit sich selber identisch sein? Wie kann man in dieser Tradition leben, wie kann man sich von ihren Texten ernähren; wie kann man jüdische Texte, eben die Hebräische Bibel, in den eigenen Erzählschatz einbeziehen, ohne neues Unrecht zu begehen oder vorzubereiten? Ist es nicht besser, wir verleugnen unsere eigene Geschichte und machen uns selber undeutlich: wir sprechen nicht mehr von Christus; wir gebrauchen keine Texte der Hebräischen Bibel mehr; wir zeigen uns nicht mehr öffentlich als Christen? Meine inneren Gesprächspartner in dieser halben Stunde sind nicht die Antijudaisten, die es immer noch in der Kirche geben mag. Meine Gesprächspartner sind diejenigen, die nicht mehr wissen, wer sie sind angesichts der historischen Schuld. Wir haben das Gesicht verloren. Wir sind nicht nur für andere undeutlich geworden, sondern auch für uns selber. Das alte Gesicht zu verlieren, die Härte der eigenen Züge zu verlieren, das ist ein Moment der Bekehrung und der Reue. Aber es ist nicht genug. Wir müssen wissen, wer wir sind; was unsere Texte und Lieder sind; was unsere Lebensoptionen sind. An unserem Wesen muss niemand mehr genesen, das ist die neue Freiheit für uns und die anderen. Aber wir müssen unser eigenes Wesen kennen und uns nicht damit begnügen, Wesen mit blasser Deutlichkeit zu sein. Jedes gesichtslose Wesen ist immer in der Gefahr, ein Un-Wesen zu werden. Zur Friedensfähigkeit gehört die Deutlichkeit der eigenen Person. Die anderen können uns nur einschätzen und mit uns umgehen, wenn sie wissen, wer wir sind. Ich möchte in einigen Sätzen erklären, was ich unter der Identität der

Christen und der Kirche nach der Mordgeschichte verstehe.

Es gehört zur Würde eines Menschen und einer Gruppe, sich zu erinnern und die Zerstörungsgeschichten der eigenen Tradition nicht zu verschweigen. Erinnerung darf aber nicht zum Bann werden, unter dem ein einzelner oder eine Gruppe sich selber und die eigene Tradition nur als zerstörte und zerstörerische erfährt. Die Wahrheit macht uns frei, sie bannt nicht. Wir können weder Partner sein noch leben, wenn wir uns selber nur durch die Korruptionsgeschichte unserer Tradition identifizieren und beschreiben. Vor allem unsere Kinder und unsere Enkelkinder können damit nicht leben. Man kann nicht leben, wenn man sich in den Geschichten seines Ursprungs und seines Selbstverständnisses immer schon als korrumpiert, verraten und verkauft erleben muss. Das heißt: wir müssen uns im Zwiespalt üben: Einerseits soll nichts an Verrat in unserer Geschichte verschwiegen werden. Andererseits muss man fragen, ob es nicht hätte anders kommen können. Man muss die verratene Güte und Schönheit in der Christentumsgeschichte suchen. Es soll von den Hauptsätzen, Erzählungen und Liedern gesagt werden können: siehe, es war gut. Es muss ein Ja im Nein geben, und man kann sich nicht erschöpfen in der reinen Hermeneutik des Verdachts.

Wie aber kann das Verhältnis zu den jüdischen Traditionen sein? Ich versuche, dies in einigen Punkten zu bestimmen.
1. Ich verlange von den Opfern nicht, dass sie edel sind, und von ihren Traditionen nicht, dass sie eindeutiger und besser sind als meine eigenen. Es gibt unter Christen eine Flucht aus dem Eigenen und eine Glorifizierung jüdischer Traditionen, des Talmud und der

jüdischen Philosophie, die diese überbürdet und die zu Enttäuschungen führen muss.

2. Die Hebräische Bibel gehört seit 2000 Jahren zum christlichen Selbstverständnis. Wir können nicht aus der Geschichte aussteigen. Nur marcionitische Zeiten im Christentum, die keine Theologie der Schöpfung kannten und die immer geneigt waren, die Juden abzulehnen, haben die Hebräische Bibel abgelehnt. Christen sollen aber dieses Buch lesen mit dem Wissen, dass es ursprünglich nicht ihr Buch ist; dass sie Nachgeborene sind und durch einen Nebeneingang in das Haus dieses Buches gekommen. Sie sollen es außerdem lesen mit dem Wissen, dass sie seine Köstlichkeit eigentlich verspielt haben. Sie essen von einem Brot, das ihnen nicht gehört.

3. Christen sollen wissen, dass die Geschichten, die Bilder und die Versprechungen dieses Buches ihren Sinn und ihre Ganzheit in sich selber haben und dass es nicht erst geheiligt wird in der Erfüllung durch Christus. Es gibt das Versprechen Gottes und den vollen Glauben dieses Volkes vor Jesus von Nazareth.

4. Der Glaube liest sich hinein in die fremde Geschichte. Nichts also ist dagegen zu sagen, dass wir Christus und sein Schicksal vorgebildet sehen in den Gottesknechtsliedern, in den Psalmen, in der Verkündigung der Propheten. Lassen Sie mich dazu eine Geschichte erzählen: Ich wollte unsere Enkeltochter vor Weihnachten sanft auf das Fest vorbereiten, und ich erzählte ihr die Verkündigungsgeschichte: der Engel hat Maria ein Kind verheißen. Und ich fragte: »Wer war dieses Kind?« – »Ich war das!«, sagte das kluge Enkelkind. Recht hatte es! Der Glaube liest sich in die fremde Geschichte, und er begnügt sich nicht mit historischer Korrektheit. Er überspringt den garstigen Graben der Historie und sagt: Wir sind aus Ägypten ausgezogen; uns hast du in der Wüste behütet und genährt; »Die Wunden alle, die du hast, hab ich dir helfen schlagen.« Es ist die Kraft

des Glaubens, Ich und Wir zu sagen und die Dinge nicht in ihrer historischen Distanz zu lassen. Sofern die Geburt Christi, sein Leiden, sein Tod wichtig sind für den Glauben, wird dieser Glaube sie schon finden in den großen Versprechen, die uns ursprünglich nicht gehören. Die Liebe und der Glaube richten immer einen großen historischen und auch sonstigen Mischmasch an. Sie begnügen sich nicht damit, nur in den eigenen Häusern zu wohnen. Die christliche Tradition hat sich übrigens nicht nur in die jüdische Geschichte gelesen, auch in andere: sie hat Christus erkannt in Orpheus; sie hat die Verheißungen und den Gerichtstag bezeugt gesehen sowohl von David und den Propheten wie von den heidnischen Sibyllen. Die cumäische Sibylla können wir sehen als Prophetin in der Sixtinischen Kapelle. Sie ist erwähnt in der Sequenz der Allerseelenliturgie: »Teste David cum Sibylla« heißt es vom Gerichtstag: David und die cumäische Sibylle bezeugen ihn. Ich wende mich hier gegen einen Vorwurf, der nicht so sehr von Juden als von Christen erhoben wird, den Vorwurf der Beerbung. Damit meine ich nicht die traditionelle Unverschämtheit von Christen, die die Synagoge als entthronte sehen und das Christentum als gekrönte und in die Verheißung eingesetzt, die ursprünglich dem jüdischen Volk gehörte. Ich meine nicht die christliche Frechheit, die sagt: »Pia gratia surgit in ortum / Lex tenet occasum.« Ich meine vielmehr jenen Asketismus, den man bei einigen Gruppen trifft, die unsere Geschichte sehr ernst nehmen und die einen großen Respekt vor den Traditionen der Opfer haben. Sie zögern, jüdische Texte zu lesen. Sie vermeiden es, sich hineinzulesen in die alten großen Versprechen. Das ist Beerbung, sagen sie. Dazu haben Christen kein Recht. Aber ist es denn Schuld der Kinder, dass sie Kinder sind; dass sie Väter und Mütter haben? Es ist doch nicht zu leugnen, dass das Christentum in Geist und Text und Tradition aus eben diesem Judentum stammt. Wir sind Erben. Auch wenn wir das Recht auf Erbschaft verspielt haben – wir sind Erben. Die Selbstaushungerung ist keine Lösung für die, die aus der Tradition der Täter stammen. Ich habe es oben angedeutet, einige sagen etwas ganz anderes. Sie sagen: es ist alles herrlich, was aus dem Judentum kommt. Sie vergessen die eigenen Haupttexte und erkennen Güte nur noch jüdischen Texten, jüdischen Bräuchen und jüdischer Theologie zu. Albert Friedländer hat mir einmal mit dem ihm eigenen Humor gesagt: »Ihr Christen seid, seit Ihr uns nicht mehr verfolgt, wie ein Haufen lästiger Ziegen, die dauernd in unsere Gärten einbrechen und unseren Kohl fressen.« Ich bin kein Jude, ich bin Christ. Es gibt aber Grundtexte, die beiden Religionen gleich sind. Es gibt anthropologische Grundauffassungen, die die beiden Religionen teilen: das Subjektverständnis, das Verständnis von Schuld, das Rechtsverständnis, das Verständnis von Glauben und Handeln. Diese strukturelle Gleichheit ist in der Tat wichtiger, als es die Verschiedenheiten des Christentums und des Judentums sind. Es gibt also die Nähen der beiden Glaubenssprachen. Es gibt aber auch die Verschiedenheit der paradigmatischen Orte und der kanonischen Texte. Jesus, Paulus, Franziskus, Luther, Bonhoeffer sind Haupttexter unserer Tradition. Es gibt eine moderne – oder postmoderne Glaubensschwierigkeit, die aus der Unlust besteht, sich selber zu begrenzen. Ich sehe vor mir den Theologiestudenten, der zu spät zum Seminar kommt mit der Entschuldigung, er komme gerade aus der indianischen Schwitzhütte, und der Ansage, er müsse auch etwas eher gehen, weil er zu seiner Sufigruppe müsse. Dabei hat er unter dem Arm die Gitarre für die jiddischen Lieder. Wir haben eine solche Scheu vor Grenzen, weil wir sie so oft als bösartig gegen andere erfahren haben. Es gibt auch heilende Grenzen. Es sind die Konturen, innerhalb derer ich erkennbar bin für mich selber und für andere.

Ich möchte einige Anmerkungen und Vorschläge machen zur christlichen Predigt:

Es ist uns verboten, das Neue Testament gegen das Alte auszuspielen. Bei historischer Blindheit kann man das gelegentlich. Die Hebräische Bibel hat sicher sehr urtümliche religiöse Auffassungen. Wir können leicht feststellen, wie sich im Lauf der Jahrhunderte der Gottesbegriff, der Subjektbegriff, der Rechtsbegriff, der Gewissensbegriff ändert. Die Bergpredigt – immerhin ein jüdischer Text – ist das Ende einer langen Geschichte der Beziehungsauffassung: Über das Racherecht, über das jus talionis, das pay-back-Recht kommt es endlich in der jüdischen Landschaft zu dem verwegenen Gedanken eines Gewaltverzichts. Wenn nun der Prediger – erstens – die Bergpredigt mirnichtsdirnichts als christlichen Text reklamiert und sie – zweitens – mit einer früheren Stufe einer Beziehungsauffassung vergleicht, dann geht es natürlich auf Kosten des Judentums.

Wir sind verpflichtet, in den Geschichten des Neuen Testaments die Gegner Jesu ernst zu nehmen. Meistens schlagen sich die Prediger auf der Stelle auf die Seite Jesu. Sie kennen immer schon den Ausgang und die Unterlegenheit oder Dümmlichkeit der Pharisäer oder der anderen, mit denen Jesus sich auseinandersetzt. Damit aber nehmen sie die Argumente, die Leidenschaften und die berechtigten Anliegen der anderen Partei im Streit nicht ernst und es bildet sich das Muster »Die Juden« und »Jesus«. Das größte Hindernis, eine Situation wirklich zu erfassen, ist die Kenntnis ihres Ausgangs.

Hierhin gehört die Warnung vor der Leichtfertigkeit, »den Juden« die Schuld am Tode Jesu zuzusprechen. Wie man sich dagegen wehrt, weiß ich kaum zu sagen. Unsere Lieder, die Passionen, die Ikonographie sind an diesem Punkt von fataler Einstimmigkeit. Hier sind vor allem die bildlichen und musikalischen Darstellungen von fatalem Einfluss. Bilder haben Macht, viel mehr Macht als jedes Wort.

Die christlichen Prediger irren vor allem darin, dass sie »glauben« für das Christentum allein buchen und dem jüdischen Entwurf unterstellen, das Gesetz sei in ihm Mittel der Rechtfertigung und der Selbstrettung. Ich zitiere aus einem Religionsbuch: »Noch war ihnen (den ersten Christen) nicht klar, dass das durch Jesus bewirkte Heil sie vom jüdischen Kult mit seinem Grundsatz, durch Leistung vor Gott zu gelten, trennte.« Ein anderes Religionsbuch: »Um Gott zu gefallen und bei ihm Ansehen zu erwerben, müht sich der Jude, Gutes zu tun; um der menschlichen Brüder willen, also aus überströmender Liebe, tut der Christ Gutes.« Ein anderes Religionsbuch: »Israel verwarf die Botschaft, dass das Heil und die Vergebung der Sünden nur in der Gnade Gottes gefunden werden, und verharrte in dem Glauben, dass die rechtschaffene Erfüllung des Gesetzes zu seiner Erlösung führe. Der Pharisäer, der Schriftgelehrte, die Mischnah und der Talmud sind die Zeugen dieses langen Irrweges.«

Die Gnade als das freie Spiel der Liebe Gottes ist sowohl Grundauffassung innerhalb des Judentums wie auch des Christentums. Kein Jude glaubt, er müsse oder könne sich vor Gott verdienen; besser gesagt: es glauben nicht mehr Juden als Christen, sie müssten sich vor Gott erst selbst erwerben. Es glauben nicht mehr Juden als Christen, nicht der Blick Gottes schaffe unsere Ganzheit und unsere Schönheit, sondern es müsse da doch noch einige andere Rettungsmaterialien geben.

Übrigens führt die Verrechnung des Handelns auf das Judentum, des Glaubens aber auf das Christentum zu einer anthropologischen Verarmung, dies besonders im Protestantismus: die Handlungen des Menschen werden unter Verdacht gestellt oder vergleichgültigt. Damit ist dem Menschen ein wesentliches Attribut abgesprochen:

Die Würde, Subjekt und Handelnder zu sein; die Würde, in den eigenen Handlungen die Welt zu lieben und damit Nachahmer Gottes zu sein.

Ich möchte auf einen theologischen Widerspruch hinweisen, in den mich die Wahrnehmung des Judentums und die Geschichte der Juden und der Genozid verwickeln. Ich erläutere ihn an einem Text, den ich wiederum in einem Religionsbuch finde:

»Am Kreuz hat er (Jesus) gesagt: ›Es ist vollbracht!‹ (Joh.19,30). Nun kann auf der Welt nichts Neues und nichts Aufregendes geschehen. Was immer auch passieren und eintreten mag, entscheidend für die Welt und uns Menschen ist es nicht. Krankheit und Krieg, Hunger und Not, Glück und Gewinn, Erfolg und Fortschritt können uns treffen. Aber sie können weder die Welt noch die Menschen verändern. Die große Entscheidung ist damals gefallen, als Jesus Christus zu uns kam...«

Gegen diesen Text zitiere ich einen Abschnitt aus dem Buch von André Schwarz-Bart *Der letzte der Gerechten.* Es wird berichtet von einer mittelalterlichen Disputation, zu der die Juden vor allem in der Karwoche gezwungen waren. Die Talmudgelehrten standen vor einem kirchlichen Tribunal, und sie wussten, dass eine falsche Antwort ihren Tod bedeuten konnte. Auf die Frage des Bischofs Grotius hin sah man plötzlich Salomon Levy hervortreten:

»Schmächtig wirkte er in seinem schwarzen Gewand, und zögernd begibt er sich vor das Tribunal. ›Wenn es stimmt‹, flüstert er mit gedrückter Stimme, ›wenn es stimmt, dass der Messias, von dem unsere alten Propheten reden, schon gekommen ist, wie erklärt Ihr dann den gegenwärtigen Zustand der Welt?‹ Darauf, hüstelnd vor Angst, und mit einer Stimme, die nur noch ein dünner Faden ist: ›Edle Herren, die Propheten haben doch gesagt, dass bei der Ankunft des Messias Weinen und Stöhnen aus der Welt verschwinden würde... Dass Löwen und Schafe nebeneinander weiden würden, dass der Blinde geheilt sein und der Lahme wie ein Hirsch springen würde! Und auch, dass alle Völker ihre Schwerter zerbrechen würden, o ja, um aus ihnen Pflugscharen zu gießen...‹ Schließlich, den König Ludwig traurig anlächelnd: ›Ach, was würde man sagen, Sire, wenn Ihr vergäßet, wie man Krieg führt?‹«

Das ist der jüdische Einspruch gegen die christliche Soteriologie und Christologie, ohne den sie gefährlich wird. Wenn sie ihn vergisst, dann sagt sie zynische Sätze wie die des Religionsbuches: Alles ist schon vollbracht und geschehen. Was jetzt noch eintritt, ist für die Menschen und die Welt nicht mehr entscheidend! Man setze nur Konkreta ein, und man sieht, wie zynisch der Text ist: weder Auschwitz noch Hiroshima zählen, all dies mag kommen, aber es ist nicht mehr weltentscheidend! Was wird mit diesem widerspruchsfreien Text eingeübt? Welche Gleichgültigkeit und welche Blindheit?

Ich möchte aber nicht nur sagen: Alles steht noch aus, weil die Schwerter noch nicht in Pflugscharen umgeschmiedet sind! Man kann es nicht aushalten, nur ein Morgiger zu sein; einer der im Heute keine Erfüllung und Güte finden kann. Die Hoffnung beruft sich auf die guten Anfänge. Sie sagt: es war einmal, dass Gott die Erde gut geschaffen hat. Es war einmal, dass ein Bund gestiftet wurde. Und die Christen sprechen in ihrer Tradition: Es war einmal, dass Gott sein Gesicht aufgedeckt hat in Jesus Christus; dass wir schon einmal gemeint waren im Tod und in der Auferstehung jenes Gerechten. Die Stimme dieser meiner Tradition will ich nicht aufgeben.

Ich möchte Osterlieder singen, und ich will sie singen mit offenen Augen, nicht also mit der Behauptung, was dem Leben angetan werde, zähle nicht mehr. Ich will das Lied singen mit dem Einspruch der Juden: »Wir sehen noch kein Land, in dem die Pflugscharen zu Schwertern umgeschmiedet wurden!« D. h.: Wir müssen den Widerspruch in der Theologie und in unserer Frömmigkeit retten. Vielleicht ist der Widerspruch, die Rettung der anderen Stimme, das wichtigste, was wir von der jüdischen Theologie lernen können. Den Zwang zur Systematik haben wir von den Griechen gelernt. Es ist nicht die Sprache der Poesie, der Liebe und des Glaubens.

Die andere theologische Frage, die mir das Schicksal des jüdischen Volkes stellt, ist die Gottesfrage: Es stößt mich auf die dunklen und unerklärlichen Seiten Gottes. Sitzt er im Regiment? Ist er der Gott der Güte, als den wir ihn anrufen? Er ist ein Gott, der seine geliebten Kinder nicht gerettet hat vor den Peitschen, den Kugeln und den Öfen. Er ist ein Gott, der ihre Schreie nicht gehört und ihre Bitten nicht erhört hat. Ich jedenfalls werde diesen Gott nicht verteidigen und kein Wort zu seiner Ehrenrettung sagen, höchstens das eine: dass er der Gott auf der Straße ist; der Gott unter den Stiefeln der SS-Leute; der Gott unter der Gasdusche. Aber erklärt ist damit nichts. Wir haben keine Erklärung, und wir wissen nicht, wie dieser Gott noch der Allmächtige sein kann. Vielleicht muss man sich auch hier widersprüchlich machen: nämlich nicht aufhören nach seiner Kraft zu rufen und ihn dazu bringen, endlich Gott zu sein.

Sechs Thesen:
Christ sein, ohne die Juden zu schmähen

1. Die Erinnerung darf nicht zum Zauber werden, der nur noch das Nein zur eigenen Geschichte, zum eigenen Wesen und zur eigenen Identität erlaubt. Es muss ein Ja im Nein geben. Nur so können wir leben, und nur so werden wir erkennbar für andere.

2. Die Hebräische Bibel gehört vom Anfang an zu den Texten des christlichen Selbstverständnisses. Es ist ein

geborgtes Buch *und* es ist unser Buch. Wer vergisst, dass es ein geborgtes Buch ist, verfällt einer Absetzungstheologie. Wer vergisst, dass es unser Buch ist, verleugnet die Geschichte.

3. Die Geschichten, die Bilder und Versprechungen der Hebräischen Bibel tragen ihren Sinn in sich selber. Zugleich aber liest der christliche Glaube sich in die fremden Texte und Versprechungen hinein. Sich dies zu verbieten wäre eine Form der Selbstaushungerung.

4. Zur Predigt: Sie muss berücksichtigen, dass die wesentlichen Texte des neuen Testaments von jüdischen Autoren geschrieben wurden. Das eine gegen das andere Testament auszuspielen ist verboten. Sie hat die Gegner Jesu und die jüdischen Einrichtungen zu würdigen. Sie darf unter keinen Umständen Handeln auf die hebräische Tradition, Glauben auf die christliche verrechnen.

5. Gegen die Predigt einer allzu verinnerlichten und weltlosen Erlösung hilft uns der Einspruch des Judentums: Die Schwerter sind noch nicht in Pflugscharen umgeschmiedet.

6. Die Erinnerung an den Genozid lässt uns zögernder und widersprüchlicher vom Gott der Allmacht und der Güte reden. Die Sprache des Glaubens wird langsamer, schwerer und ernsthafter.

Der Mut zum Guten

Die in Wien geborene amerikanische Jüdin Ruth Klüger wurde als Kind nach Theresienstadt verschleppt. Später kam sie in das Vernichtungslager Auschwitz-Birkenau. Dort wurden kräftige Jüdinnen, die nicht jünger als 15 sein durften, für Arbeitseinsätze in einem anderen Lager aussortiert. Sie aber war erst 13 und ein schmächtiges Kind. Das Kind stand ohne Hoffnung in der Reihe der Gefangenen, die sich langsam vorschob zu den SS-Leuten, die die Gefangenen entweder in die direkte Vernichtung oder in den Aufschub in einem Arbeitslager schickten. So erzählt Ruth Klüger die Geschichte ihrer vorläufigen Rettung in ihrem Buch »Weiter leben«:

Neben dem amtierenden SS-Mann…stand die Schreiberin, ein Häftling. Wie alt mag sie gewesen sein, neunzehn, zwanzig? Sie sah mich in der Reihe stehen, als ich schon praktisch vorne war. Da verließ sie ihren Posten, und fast in Hörweite des SS-Mannes ging sie schnell auf mich zu und fragte halblaut, mit einem unvergesslichen Lächeln ihrer unregelmäßigen Zähne: »Wie alt bist du?«

»Dreizehn.«

Und sie, mich nachdrücklich mit den Augen fixierend, ganz eindringlich: »Sag, dass du 15 bist.«

Zwei Minuten später war ich dran… Auf die Frage nach meinem Alter gab ich die entscheidende Antwort… »Fünfzehn bin ich.«

»Die ist aber noch klein«, bemerkte der Herr über Leben und Tod, nicht unfreundlich, eher wie man Kühe und Kälber besichtigt.

Und sie, im gleichen Ton die Ware bewertend: »Aber kräftig gebaut ist sie. Die hat Muskeln in den Beinen, die kann arbeiten. Schauen Sie nur.«

Da war eine, die arbeitete für die Verwaltung und strengte sich an für mich, ohne mich überhaupt zu kennen. Dem Mann war sie vielleicht ein wenig weniger gleichgültig als ich es ihm war, und er gab nach. Sie schrieb meine Nummer auf, ich hatte eine Lebensverlängerung gewonnen.

Ruth Klüger stellte sich die Frage, die das Thema dieser Sendung ist: Woher kommt die Güte dieser Frau, die sich selbst in Gefahr begibt, ein Kind rettet, das sie nicht kennt, das nicht mit ihr verwandt ist und mit dem sie eigentlich nichts zu tun hat? Sie tut es an einem Ort und in einer Stunde, in der jeder gelernt hat, der Barbar des anderen zu sein. Die Schönheit dieser Tat zeigt sich darin, dass die Frage nach dem Warum und dem Woher der humanen Tat nicht beantwortet werden kann. Eine »freie Tat« nennt Ruth Klüger das Verhalten der Gefangenen.

»Frei, weil man bei aller Kenntnis der Umstände das Gegenteil vorausgesagt hätte, weil ihre Entscheidung die Kette der Ursachen durchbrach... In einem Rattenloch, wo die Menschenliebe das Unwahrscheinlichste ist, wo die Leute die Zähne blecken und wo alle Zeichen in Richtung Selbstbewahrung deuten, kann die Freiheit als das Verblüffende eintreten...«

Die Tat jener Gefangenen hat die Kette der Ursachen durchbrochen. Ruth Klüger:

»Wer im KZ die Schläge, die er von oben empfing, nach unten weitergab, hat nur so gehandelt, wie biologisch und psychologisch zu erwarten, wie es vorgezeichnet war.«

Alexander Kluge behauptet in einem Interview, dass der Sieg der Wahrheit und der Güte nur gelingen könne, wenn dieser Sieg mit einem Glücksmoment verbunden sei. Kluge:

»Menschen haben keine natürliche Fähigkeit zur Tugend, zur Arbeit, zur Wahrheit, zur Disziplin,... aber sie haben eine natürliche Affinität zur Glückssuche, zur Schatzsuche.«

Aber welches Glücksmoment sollte bei der Gefangenen mit dieser Tat verbunden sein? Was sollte sie davon haben außer ihrem Angstschweiß und dem Risiko, selber ins Gas geschickt zu werden? Wenn man bei dieser Frau von Glück sprechen kann, dann ist es die Seligkeit der reinen Herzen, von der die Bergpredigt spricht: Selig sind, die reinen Herzens sind, denn sie werden Gott schauen. Diese Frau hatte keine anderen Absichten mit ihrer Tat, als das Kind vor der Ermordung zu bewahren. Sie wollte nicht einmal Gott schauen. Sie sah das Gesicht des verängstigten Kindes, und sie war verführt. In Brechts Kaukasischem Kreidekreis findet die Magd Grusche das verlassene Kind der Fürstin, sie sieht es an und hört seine stumme Sprache:

Als sie nun stand zwischen Tür und Tor, hörte sie
Oder vermeinte zu hören ein leises Rufen: das Kind
Rief ihr, wimmerte nicht, sondern rief ganz verständig
So jedenfalls war's ihr. »Frau«, sagte es, »hilf mir.«
…
»Wisse, Frau, wer einen Hilferuf nicht hört
Sondern vorbeigeht, verstörten Ohrs: nie mehr
Wird der hören den leisen Ruf des Liebsten noch
Im Morgengrauen die Amsel oder den wohligen
Seufzer der erschöpften Weinpflücker beim Angelus.«
Dies hörend ging sie zurück, das Kind
Noch einmal anzusehen. Nur für ein paar Augenblicke
Bei ihm zu sitzen, bis wer andrer käme.
…
Lange saß sie bei dem Kinde
Bis der Abend kam, bis die Nacht kam
Bis die Frühdämmerung kam. Zu lange saß sie
Zu lange sah sie
Das stille Atmen, die kleinen Fäuste

Bis die Verführung zu stark wurde gegen Morgen zu
Und sie aufstand, sich bückte und seufzend das Kind
    nahm
Und es wegtrug.

Grusche hat das Kind angesehen und das sprachlose
Wesen sprechen gehört. Die Gefangene am Ort der Barbarei hat das 13jährige Mädchen angesehen und die
Stimme der Angst in seinen Augen gelesen. Wie kommt
es dazu, dass für beide die Kinder nicht stumm bleiben;
wie kommt es zur »Verführung der Güte«, wie der Sänger
in Brechts Kreidekreis die Tat der Grusche nennt. Ruth
Klüger, die nicht religiös ist, weiß dafür keine
andere Bezeichnung als das Wort Gnade. Ruth Klüger:
    »Es geschah etwas, das, so oft es geschehen mag, im-
mer einmalig ist, ein unbegreiflicher Gnadenakt, schlichter ausgedrückt, eine gute Tat. Und doch ist Gnadenakt
vielleicht richtiger, trotz und auch wegen der religiösen
Besetzung des Wortes. Zwar ging dieser Akt von einem
Menschen aus, kam aber ebenso aus heiterem Himmel
und war ebenso unverdient, als schwebe der Urheber
über den Wolken.«
    Es gibt eine Güte, die nicht hintersinnig ist; die nur
eines kann: die Stimme des Gequälten hören und in
seine Augen sehen. Es gibt die grundlose Güte wie es
die grundlose Bosheit gibt. Vielleicht finden wir diese
Güte vor allem in den extremen Situationen des Lebens;
bei Oscar Romero, dem Bischof aus El Salvador, der
weiß, dass man ihm nach dem Leben trachtet und die
Wahrheit trotzdem nicht verschweigt; bei Maximilian
Kolbe, der im KZ Auschwitz anstelle des polnischen
Familienvaters in den Tod geht. In der Welt unseres All-
tags gelingt uns die Reinheit einer solchen Tat selten.
Die Güte, die wir haben, wenn wir uns gegen Unrecht
empören, wenn wir die Stimme einer gequälten Kreatur
hören und erhören, ringen wir oft unserer Trägheit, un-

serer Feigheit, unserer Angst ab. Die Menschen sind von Natur aus wohl nicht gütig, jedenfalls kennt die Natur nicht die selbstlose Güte jener Gefangenen im KZ. Gut ist der Mensch im besten Fall seinem eigenen Fleisch und Blut gegenüber. Selbstlos ist er vielleicht noch in mechanischer Solidarität seinem Clan gegenüber. Das Wunder, das Ruth Klüger beschreibt: die Frau, die das Mädchen rettet, hat nichts mit ihm zu tun. Sie ist nicht mit ihm verwandt, und sie hat es nie gesehen. Meistens sind die Wunder der Güte, die uns gelingen, bescheidener, staubiger. Sie sind nicht die freien Taten des reinen Herzens, sondern des zwiespältigen Herzens. Der Lehrer, der ein Kind tröstet, das nicht seines ist, schaut vielleicht heimlich auf die Uhr und überlegt, wie viel Zeit ihn das kostet. Die Frau, die in der S-Bahn einschreitet, wenn ein Bettler bedroht wird, tut es gegen ihre Angst, die ihr nahelegt: halt dich da raus! Zu unserem Trost aber macht nicht nur das reine Herz eine Tat gut, sondern sie ist gut, weil sie einem Menschen leben hilft. Das Opfer, dem eine Tat, dem die Tat hilft, stellt ihre Güte her, nicht nur unser ungebrochenes Herz. Wir sind geneigt, alles an uns selber zu messen: Ein Erbarmen ist gut, weil wir gut sind; die Güte ist gut, weil wir gut sind. Es geht auch anders herum: unser Herz wird rein und es lernt die Güte durch unsere Taten der Güte. Also wenn auch eine großherzige Tat aus einem kleinen verängsteten, eitlen und auf sich selber schielenden Herzen kommt, bildet diese Tat das Herz. Die Opfer, deren wir uns erbarmt haben, reinigen und bilden unsere Herzen. Wir werden zu einer skurrilen Figur, wenn wir auf unser eigenes barmherziges Herz warten, ehe wir barmherzig zu Menschen sind. Es gibt einen Mut zur Halbheit, der an unserer Ganzheit arbeitet. Der Mut zur halbreinen Tat baut an unserer Reinheit. Man kann sich nicht beabsichtigen, ohne sich zu verfehlen. Man kann auch seine eigene Reinheit und Güte nicht beabsichtigen. Wohl kann man Gutes tun und darüber gütig werden. Man braucht Humor und heitere Selbstskepsis dem eigenen Tun gegenüber, dann wächst das kleine Pflänzchen und wird vielleicht doch einmal ein großer und starker Baum. Jedenfalls soll man sich nicht bannen lassen durch die Uneindeutigkeit der eigenen Motivation.

Warum aber habe ich mit den großen Beispielen der Reinheit angefangen, mit Grusche und mit der Gefangenen aus dem KZ? Ich habe sie zunächst nicht genannt, weil sie unsere moralischen Vorbilder sein können. Ich habe sie zitiert, weil diese beiden Frauen schön und aufregend sind. Ich weiß nicht, ob der Ausdruck »aufregend« angebracht ist. Aber die Szene ist voller Erotik, voller Liebe zum Leben. Die Schönheit dieser sich selber verschwendenden Menschen wird zu unserer eigenen Verführung zur Güte. Es wächst der Wunsch: so möchte man sein und leben. Mag Güte auch immer etwas Unerklärliches haben, so hat sie doch eine Herkunft. Sie wächst aus den wahrgenommenen Geschichten der Güte. Unsere Herzen brauchen die großen Erzählungen von der Schönheit und der List des Guten, um gut zu werden. Es kommt darauf an, dass wir die Geschichten von der Güte aufregend erzählen, nicht nur moralisch. Die pure Moral verlockt zu nichts, es fehlt ihr die Schönheit. Die Schönheit des Guten macht uns gut. Das Staunen über die Güte macht uns gütig.

Warum ist es so leicht, das Böse spannend zu finden? Warum ist es so schwer, das Gute aufregend zu finden? Jeder Chefredakteur einer Zeitung weiß: Good news are bad news – Nachrichten über die Güte sind schwer verkäufliche Nachrichten. Höhere Auflagen und bessere Einschaltquoten lassen sich mit Sex und Crime erzielen. Der Hannoveraner Kriminologe und ehemalige Justizminister gibt ein Beispiel für die überhöhte Darstellung des Bösen:

»Das Risiko von Kindern, Opfer eines Sexualmörders zu werden, ist im Verlauf der letzten 30 Jahre in den alten Bundesländern auf ein Viertel zurückgegangen – von im Durchschnitt 16 Fällen pro Jahr auf vier. Die Medienberichterstattung über solche Morde hat sich dagegen in dieser Zeit um das Fünf- bis Sechsfache erhöht. Besondere Dynamik hat das alles mit der Einführung der privaten Rundfunk- und Fernsehanstalten bekommen. Die öffentlich-rechtlichen Sender und die Zeitungen sind dem aber bald gefolgt. Sie alle wissen: Wir Menschen fürchten uns vor dem Bösen. Und gleichzeitig sind wir von ihm fasziniert und magisch angezogen.«

Aber was ist eigentlich wirklich faszinierend und anziehend an dem SS-Mann, dem Gegenspieler der gefangenen und barmherzigen Frau? In engstirniger Borniertheit vollzieht er die Routine seiner Bosheit. Freiheit ist in der Tat der Gefangenen voraussagbar, dumm, risikolos ist das Verhalten des Peinigers. Er ist ein hirn- und herzloser Bürokrat. Es ist banal, und zu Recht hat Hannah Arendt im Zusammenhang mit Eichmann von der Banalität des Bösen gesprochen. Simone Weil war fast die ganze Belletristik verdächtig, weil darin fast immer das Gute langweilig und das Böse interessant ist, eine gefährliche Umkehrung der Wirklichkeit. Gemäß der Frage »Wo bleibt das Positive, Herr Kästner?« hat es die Darstellung des Guten und Gelingenden schwer.

Wir sind nicht die alleinigen Subjekte unserer Handlungen, nicht wenn wir Böses tun, nicht wenn wir Gutes tun. Wir sind nicht einmal die alleinigen Subjekte unseres Herzens, nicht im Guten und nicht im Bösen. Ich möchte von der Gefangenen im KZ wissen, aus welcher Kultur sie kommt; was sie erlebt hat im Gang ihrer Jahre, das sie zur Güte fähig gemacht hat; wie sie erzogen worden ist und welche Bilder, die ihren Mut zur Güte geweckt haben, sie in sich aufgenommen hat. Wer außer ihr selbst sind die Baumeister ihres Herzens gewesen?

Ich berichte von einem amerikanischen Forschungsprojekt, das Christian Pfeifer beschreibt. 400 Personen wurden interviewt, die in der Zeit des Dritten Reichs unter beträchtlichen Risiken für sich selber Juden gerettet haben. Pfeifer fasst die Erkenntnisse des Projekts in vier Punkten zusammen:

1. Gewaltfreie Erziehung fördert den Aufrechten Gang. Menschen, die anderen in bedrängenden Situationen geholfen haben, hatten überwiegend Eltern, die sie in Konflikten nicht autoritär behandelt haben, sondern partnerschaftlich mit ihnen umgegangen sind.

2. Ihre liebevolle Erziehung hat Empathie und Mitleid gefördert und damit die Bereitschaft, sich für Menschen in Not einzusetzen.

3. Die Gleichrangigkeit der Eltern fördert die Entstehung einer innengesteuerten Moral und einer stabilen Wertorientierung. Wenn der Vater ständig dominiert und in Streitsituationen wegen der Stärke der Rolle siegt, dann fördert das bei den Kindern eine opportunistische Grundeinstellung. Man lernt, sich den jeweiligen Machtverhältnissen zu beugen.

4. Eine Kultur der Anerkennung fördert den Mut zu couragiertem Verhalten. Diese Judenretter haben durchweg in Gemeinschaften gelebt, in denen die Anerkennung des Rechts selbstverständlich war und in denen der Einzelne mit seiner mutigen Tat anerkannt wurde. Der Einzelne stand nicht allein und ungesehen mit seiner Tat da. Er lebte in einer Art moralischen Großfamilie, die seine Tat billigte und ihn damit anerkannte.

Die Güte eines Menschen hat also eine Herkunft, es ist die Gewaltfreiheit und die liebevolle Zuwendung, die ein Mensch im eigenen Leben erfahren hat; es ist das Beispiel der Eltern, die liebevoll und gewaltlos miteinander umgegangen sind, und es ist der kulturelle Raum, in

dem Güte und die Hochachtung der Guten selbstverständlich war.

Bisher habe ich das Gute immer als Güte beschrieben,
also als liebevolle Bezogenheit zu anderen Menschen,
vor allem zu den Opfern. Erschöpft sich das Gute in der
Güte? Alle Güte setzt ausgesprochen oder unausgespro-
chen voraus, dass die Welt gut ist; dass das Leben gut ist;
dass Welt und Leben Kosmos sind, geschmücktes, schönes und einsichtiges Sein. Die Güte setzt voraus, dass das
Leben nicht eisigen Zufällen entsprungen ist, sondern
dass sein Ursprung gut ist. Am Ende der Schöpfungsgeschichte heißt es:

»Und Gott sah an alles, was er gemacht hatte, und
siehe, es war sehr gut.«

Die Güte der Menschen setzt voraus, dass wir das
Leben gut finden können, Geburt und Tod, Tag und
Nacht, Jugend und Alter, Mensch und Tier und Pflanzen.
Sie setzt voraus, dass wir es mit den Augen Gottes ansehen und sagen: Siehe, es ist gut. Dazu bedarf es gebildeter Augen und eines gebildeten Herzens. Man sieht
nicht auf den ersten Blick, dass das Leben gut ist. Auf
den ersten neutralen Blick sieht man alles mögliche,
aber nicht ohne weiteres die Güte des Lebens. Der Ausdruck »Das Leben gut finden« ist genau. Es gehört die
Kraft des geduldigen Suchens dazu, die das Leben gut
findet – oft nach langem Suchen. Wer gelernt hat, das
Leben gut zu finden, der wird es auch gut behandeln.
Zuerst ist man mit den Augen und dem Herzen gut, die
die Güte des Lebens gelesen haben. Dann erst ist man
mit den Händen gut, die das Leben der anderen schützen. »Geh² aus, mein Herz, und suche Freud«, heißt es
bei Paul Gerhardt. Offensichtlich liegt die Freude des
Daseins nicht einfach jedem und jederzeit ersichtlich auf
der Straße. Das Herz wird wie ein Spürhund ausgesetzt,
sie zu suchen. Wer aber dann mit Paul Gerhardts Lied
Gottes Gaben gefunden hat; wer Narzissus und Tulipan

und ihre Schönheit gefunden hat; wer die hochbegabte Nachtigall gehört und das Schwälblein gesehen hat, wie es seine Jungen speist, der wird gut zum guten Leben. Wer lobt, kann nicht töten. Wer staunt, schlägt nicht. So ist vielleicht doch die Frömmigkeit Voraussetzung aller Güte. Ich möchte gerne wissen, ob Grusche und die Gefangene aus dem KZ fromm waren. Es muss vielleicht nicht Frömmigkeit im ausdrücklich religiösen Sinn sein, wohl aber eine Zugewandtheit zum Sein, die stärker ist als alle Skepsis. Diese Frömmigkeit ist das Staunen über die Güte und die Schönheit des Seins. Die Liebe, die das Leben kostbar und reich findet, wird zur Liebe, die nicht verwindet, dass dieses Leben geschändet wird. Der Mut zum Guten wächst also aus der langsamen und bedächtigen Fähigkeit des Lobens und des Staunens.

Am Südportal des Bamberger Doms sind die klugen und die törichten Jungfrauen abgebildet. Die törichten sind dargestellt in einer ergreifenden Expressivität des Schmerzes und des verlorenen Lebens. Die klugen Jungfrauen sind von einer bemerkenswerten Langeweile, und ich möchte keine von ihnen heiraten. Und doch! Ich muss es verlernen, fasziniert zu sein von der Vergeblichkeit und der Tragik der Bosheit. Ich muss es lernen, die Güte schön zu finden, so langweilig sie auf den ersten Augenblick ist. Wer etwas schön gefunden hat, der will es bewahren und schützen.

Zorn und Mut und Tränen

Zorn, damit das Nichtige auch nichtig bleibe, und Mut,
damit das, was sein soll, auch sein wird.
Dorothee Sölle, in: Den Rhythmus des Lebens spüren

Wer kennt aus der eigenen Kindheit und Jugend nicht
die Lust und die Ehre, mutig zu sein. Man hat sich ge-
genseitig den Mut bewiesen, indem man einen Frosch
verschluckte oder um Mitternacht über einen Friedhof
ging; indem man den Lehrer herausforderte oder bei
einem Gewitter unter einer Eiche blieb. Bei diesem Mut
geht es um eine formale Stärke, bei der noch nicht ersichtlich ist, für wen oder gegen wen sie steht. Dieser
Mut ist nur ein Mittel, sich selbst darzustellen, und er hat
sein Recht bei den Selbstexperimenten von Kindern und
Jugendlichen. Wenn Erwachsene sich eines solchen Mutes rühmen, wirken sie lächerlich, oder dieser inhaltlose
Mut wird zur Lust an Selbstgefährdung oder gar Selbst-
zerstörung, wie wir es am Beispiel des Russischen Rou-
letts sehen. Meistens aber verlieren Erwachsene diesen
Mut, und sie gehen allen Fröschen und Friedhöfen aus
dem Weg.

Der Wortstamm von »Mut« sagt uns, dass es nicht um
eine formale Stärke geht, sondern um die Stärke des Herzens von Menschen. Das mittelhochdeutsche »muot« bedeutet Sinn, Geist, das Innere, das Herz des Menschen.
Im Lateinischen, Spanischen und Italienischen gibt es
kein eigenes Wort für Mut. Im Lateinischen ist Mut nichts
anderes als der starke Geist: animus; ebenso im Spanischen und Italienischen: animo. Im Englischen und Fran-
zösischen ist es ähnlich, »Herz« steckt in dem Wort, das
wir mit Mut übersetzen. Die Voraussetzung des Mutes ist
also, dass ein Mensch mit etwas identifiziert ist; dass er
ein Herz und ein Gemüt für etwas hat; dass sein Geist auf

etwas gerichtet ist und dass er etwas liebt. Wer also eine gefährliche Steilwand ohne Absicherung erklimmt, ist in diesem Sinn nicht schon mutig, wohl aber Franz Jägerstätter, der in der Nazizeit den Militärdienst verweigerte und dafür die Todesstrafe auf sich nahm. Er liebte den Frieden und das Recht, und er wusste, dass jener Krieg nichts anderes als ein Völkermorden war. Wer mutig ist, hat also eine Idee von einer Sache und er liebt etwas. Als Jesus den Mut aufbrachte und gegen die Konventionen die Wechsler mit einer Geißel aus dem Tempel trieb, da hatte er eine Idee davon, was der rechte Gottesdienst sei, und er liebte diesen Gottesdienst, sonst hätte er einfach geschehen lassen, was geschieht. Liebe und ein gebildeter Geist sind also Kern des mutigen Handelns von Menschen. Mut setzt Sympathie voraus, die Liebe zu einer Sache, einer Idee oder zu einem Menschen. Wenn man mutig ist, setzt man ja etwas aufs Spiel. Mutig ist man in Situationen der Gefahr, und der Mut bringt einen in Gefahr, wie man an den Beispielen Jesu und Franz Jägerstetters sieht. Der Mut verliert also seinen Boden, wo ein Mensch oder eine Gesellschaft apathisch wird, also die Fähigkeit verliert, etwas zu lieben oder an etwas zu leiden. Wo man die Sprache der Stummen nicht mehr vermisst, das Brot der Armen und das Recht der Gequälten, da wird man auch nicht den Mut aufbringen, daran zu arbeiten, »damit das, was sein soll, auch sein wird«. Dorothee Sölle spricht von narkotischen Gesellschaften, Lagen, in denen Menschen in der Selbstbetäubung verharren und den Hunger der Brotlosen nicht wahrnehmen, jedenfalls ihn nicht als ihre Sache wahrnehmen. Etwas als die eigene Sache wahrnehmen heißt lieben. Eine Frau aus der evangelischen Frauenarbeit schrieb zur Zeit der Apartheid in einem Gebet für Süd-Afrika: »Die Regierung und ihre Handlanger verhaften die Kleinsten, foltern sie, zerstören sie körperlich und seelisch. Ich darf sie mir gar nicht vorstellen, sie könnten eines meiner

Kinder sein.« Das ist die andere Mütterlichkeit: die eigenen Kinder in die geschlagenen hineinsehen; die Geschlagenen in die eigenen Kinder hineinsehen. Die evangelischen Frauen aus der Antiapartheidsbewegung hatten diese Voraussetzung für ihr mutiges Auftreten in ihren Kirchen und auf den Kirchentagen; in Geschäften, wenn sie nach der Herkunft der Apfelsinen fragten und sie nicht kauften, wenn sie aus Südafrika kamen. Sie identifizierten sich mit den Geschlagenen, sie liebten sie, sie hatten ein Herz für sie, sie hatten Sympathie, wörtlich übersetzt: sie litten mit ihnen.

Warum plädiert Dorothee Sölle für den Zorn, »damit das Nichtige auch nichtig bleibe«? Warum ist nicht affektfreie Neutralität wichtiger, die den Blick nicht trübt und das Urteil nicht fälscht? Die Behauptung ist falsch, dass man in Neutralität ein klareres Urteil habe. »Die größten und perfektesten Mörder in unserem Jahrhundert sind nicht emotional reichbegabte und leidenschaftliche Menschen gewesen, sondern affektarme Bürokraten, die emotionsfrei Befehle ausführten.« (D. Sölle, Sympathie. Theologisch-politische Traktate, Stuttgart 1978, S. 88) Die Justitia mit der Binde vor den Augen ist in der Tat blind. Sie sieht nicht, wen sie beurteilt und verurteilt. Sie sieht keine Umstände, sie ist der Empörung nicht fähig. Zorn macht einseitig, und Einseitigkeit öffnet die Augen. Wer ohne Vermutung nach Südamerika fährt, kann wundervolle Strände sehen, betörende Sonnenaufgänge erleben, aber er ist nicht in der Lage, einen Armen zu sehen. Er sieht nicht, wo das Recht verletzt wird. Es gibt eine unerlässliche Voreingenommenheit, die die Augen öffnet. Wenn ich nicht voreingenommen bin von dem Wunsch nach Gerechtigkeit; wenn ich nicht voreingenommen bin für das Leiden der Gequälten, dann nehme ich es nicht einmal wahr. Voreingenommenheit ist die Bildung des Herzens, die uns das Recht der Armen vermissen lässt. Ein Urteil zu haben ist nicht nur die Sache des klugen Verstandes und der exakten Schlüsse, es ist eine Sache des gebildeten Herzens. Das gebildete Herz aber ist nicht neutral. Es fährt auf, wenn es die Wahrheit verraten sieht. Es schreit auf und schweigt nicht in ausgewogener Neutralität, wenn es sieht, wie Kinder verhungern und wie die Welt verwüstet wird. Der Zorn ist eines der Charismen des Herzens.

Dorothee Sölle nennt diesen Zorn gelegentlich sogar Hass, und der Titel eines Aufsatzes heißt: Gibt es einen schöpferischen Hass? Sie beschreibt den schöpferischen Hass als einen Hass mit Maßstäben. Menschen glauben darin, dass Recht von Unrecht unterscheidbar ist. Es ist die Fähigkeit zur Negation von zerstörerischen Umständen. Dieser Hass ist fähig, sich mit Opfern zu identifizieren, er ist nicht nur einfach irrational.

Davon grenzt sie den zerstörerischen Hass ab. Sie zitiert für einen solchen Hass die Sätze eines Jugendlichen aus einem Film über das Berliner Märkische Viertel: »Und darum habe ich angefangen zu saufen, weil ich einfach gesagt hab', jetzt ist Schluss mit mir. Und daran hab' ich, daran bin ich kaputt gegangen, da habe ich angefangen zu schlagen. Weißte, warum ich schlage, soll ich auch das mal sagen? Weil ich nämlich dich hasse und dich und dich und alle nämlich. Ich könnte jeden kaputt machen, jeden.« (D. Sölle, S. 83) Der Hass dieses geschundenen Jugendlichen ohne Arbeit und in einer zerstörerischen Umgebung ist nichts anderes als der Selbstausdruck seiner Ohnmacht. Er ist ohne Hoffnung und ohne Vision, er ist nicht gereinigt durch Zögern und Rationalität, ziellos kann jeder zu seinem Objekt werden. Aber, so sagt Dorothee Sölle, er ist noch Zeichen von Leben. Für schlimmer hält sie die leidensfreie Betäubtheit, in der man sich allen gesellschaftlichen Zuständen anpassen kann.

Der prägnantere Ausdruck für das, was Dorothee Sölle schöpferischen Hass nennt, ist der Begriff Zorn. Ich habe mit ihr gestritten über die positive Verwendung des Begriffs Hass. Man kann nicht so herrisch mit der Sprache umgehen und Begriffe umdeuten, bis sie hergeben, was man ihnen zu sagen aufgetragen hat. Ich muss aber zugleich zugeben, dass sie mit dieser ungewöhnlichen Art des Sprachgebrauchs neue Aufmerksamkeit auf allzu gewohnte Sachverhalte erregen konnte.

Ich frage mich (als Linker), ob es bei ihr wie bei vielen Linken nicht so etwas wie eine Faszination durch Radikalität gegeben hat, die zu einer solchen semantischen Verschärfung geführt hat. Ich frage mich, ob diese Faszination nicht immer schon der Schatten des prophetischen Charismas war. Ich tue mich schwer mit den von Radikalität berauschten Propheten. Selbst jene Sätze des Neuen Testaments stimmen mich skeptisch, die dazu aufrufen, die Toten unbegraben zu lassen im Interesse des Reiches Gottes; Vater und Mutter zu hassen und sich das eigene Auge auszureißen, wenn es im Interesse jenes Reiches geschieht. Nach vorne schauen, sich nicht durch Rücksichten ablenken lassen, ohne Zögern sein – das wollen die Propheten allzu leicht. Gewiss ist es oft nur eine Radikalität der Sprache, eine poetische Radikalität. Aber man darf nicht vergessen, dass Sprache etwas anrichtet und zu etwas verführt. Den Lügenpropheten kann man leicht erkennen. Er sagt Sonnenschein und Sieg an und ist unfähig zu zweifeln am guten Ausgang der Dinge. Aber auch der ist noch kein guter Prophet, der nichts zu sagen weiß, als dass bald Feuer vom Himmel fallen und alles fressen wird. Besonders sind mir die Unglückspropheten zuwider, die bei guter Besoldung genüsslich vom sicheren Land aus den Untergang der Schiffe voraussagen. Wer kein Lügenprophet ist, den sollen Genauigkeit und Widersprüchlichkeit auszeichnen. Er soll des Widerspruchs fähig sein: er soll leben können, Wein trinken, lieben, Gedichte lesen, beten, singen, als ginge das Leben schon und als sei man schon angekommen im Reiche der Freiheit. Und er soll mit unerbittlichem Auge das Unglück sehen und das Gericht ansagen.

Er sollte genau sein in der Beschreibung des Unglücks und sich selber nicht überwältigen lassen durch Untergangsphantasien. Die Gegenwart ist schlimm genug, ihre Beschreibung bedarf keiner grellen Farben. Propheten sind auch für die Hoffnung der Menschen verantwortlich. So müsste man Propheten daran erkennen, dass sie die Wahrheit sagen und zugleich die Hoffnung der Menschen stärken. In einem kleinen Gebet sagt Helder Camara:

»Lehre mich ein Nein sagen, das nach Ja schmeckt!« Das Ja im Nein muss erkennbar bleiben, wenn die Botschaft der Propheten mehr bewirken soll als die Verzweiflung des Volkes.

Wo wir schon einmal bei den Propheten sind, versuche ich eine solidarische Kritik an uns Linken. Dies zu tun, war unter uns oft verpönt. Darf man als Linker Linke kritisieren? Ist es nicht schon Untreue, und – das dümmste der Argumente! – ist es nicht Wasser auf die Mühlen der Gegner? Man soll sich zwar treu sein, aber es gibt eine Selbsttreue, die nichts anderes ist als die Erstarrung bis in den Tod des Gewissens, des Denkens und der Wahrnehmung der Welt. Es gibt eine Selbsttreue, die nichts anderes ist als eine mechanische Dummheit. Denken, Wahrnehmen und Verhalten sind zum Schema geworden, dem man nicht mehr entrinnen kann und das mit jeder Wiederholung fester und gefängnishafter wird. Davor ist niemand sicher, auch wir Linken nicht. Es könnte sogar sein, dass es in dieser Hinsicht eine spezifische Gefährdung für die Linken gibt. Warum? Weil wir die richtigen Themen haben. Ein linker Christ zu sein heißt, Geschichte und Gegenwart aus der Perspektive der Opfer sehen zu können. Unsere Aufmerksamkeit wird nicht in gleicher Weise von allem erregt. Die Arbeitslosen sind uns wichtiger als die, die Arbeit haben. Die Förderung der Arbeiterkinder ist uns wichtiger als die Förderung der Hochbegabten. Die Leiden der Dritten Welt sind uns wichtiger als die Leiden in der Ersten. Wir könnten aber in den Irrtum verfallen, dass mit den richtigen Themen, Perspektiven und Optionen auch alles andere immer schon gerechtfertigt ist: unsere Analyse, unsere Methoden und unsere Strategien. Es könnte uns zu der gefährlichen Überzeugung bringen: Wir können nichts falsch machen und nichts falsch gemacht haben, weil wir auf der richtigen Seite stehen.

Etwas anderes könnte uns blenden. Ich nenne es mit ironischer Vorsicht: unsere Selbstlosigkeit. Linkssein bedeutet Moral – ein heute diskreditierter Begriff. Es bedeutet menschheitlich zu denken und zu handeln, nicht nur aus eigenen individualistischen Interessen. Und nun nehme ich wieder den ironischeren Begriff: Mit Selbstlosen ist nicht leicht zu streiten. Und die Selbstlosen könnten sich leicht schon dadurch gerechtfertigt sehen, dass sie nicht allein für sich denken und arbeiten. Und so haben wir wie alle anderen die Bekehrung nötig.

Bekehrung ist einer der häufigsten und der charmantesten Begriffe der jüdisch-christlichen Tradition. Sie widerspricht einem Lebensentwurf, der heute viel geläufiger ist: einer Identitätsauffassung, die wesentlich durch Kontinuität und Wiederholung bestimmt ist. Eine solche Haltung befiehlt, niemals das Gesicht zu verlieren, ausgesöhnt zu sein mit sich selbst und der eigenen Herkunft. Die biblische Tradition dagegen lehrt uns, dass zur Freiheit des Subjektes die Selbstunterbrechung gehört; die Fähigkeit, mit sich selber zu brechen; die Aufgabe der zwanghaften Wiederholung seiner selbst; die Lust, aus den Häusern zu entfliehen, wenn sie zum Gefängnis geworden sind. »Bekehrt euch!«, sagt diese Tradition. Zerreißt eure Herzen. Seid fähig über euch selber zu weinen. In Psalm 51 heißt es: »Das Opfer, das

Gott gefällt, ist ein zerbrochener Geist und ein zerschlagenes Herz.« Herz ist das Bild für die Gesamtheit und die Mitte der Person, eben für die Identität des Menschen. Das ist ein Ruf zur Freiheit, nicht ein Appell zum Selbsthass. Es ist die Aufforderung zur eigenen Würde. Der nur mit sich selbst identische Mensch, der sich in dieser Identität wiederholende und fortsetzende, der in seine eigene Identität eingekerkerte ist der Sünder, der Verblendete, der in Selbstgefangenschaft Hockende, der sich um die eigene Lebensschönheit bringt. Freiheit und Bruch, Freiheit und Verabschiedung von sich selber, Freiheit und Diskontinuität werden zusammengedacht.

Dies aber ist leichter gesagt als getan. Es gehört schon viel Erwachsenheit, Lebenssouveränität und Glaube dazu, das dauernde Spielchen der Selbstrechtfertigung aufzugeben und den Perfektionszwängen zu entkommen. Der Sinn des Lebens und unserer Arbeit scheint nur glaubhaft, wenn wir selber fehlerfrei und irrtumslos waren. Vernichtungsängste entstehen, wenn wir uns von einem Teil unseres Lebens und Denkens verabschieden sollen. Ich vermute, dass vor allem moralische Menschen sich damit schwer tun, Irrtümer und falsches Leben einzugestehen. Gerade sie haben noch die altmodische Tugend der Scham, und sie empfinden nicht alles, was gewesen ist, als gleichgültig. Vielleicht lehrt mich der Glaube an Gott gerade dies: Das Leben zählt nicht nur in seiner Irrtumsfreiheit, Reinheit und in seinem Gelingen. Und so brauche ich mir und den anderen nicht dauernd zu beweisen, dass ich recht hatte. Ich brauche nicht auf mir zu bestehen. Das ist der Anfang der Gewaltlosigkeit und des Spiels. Wer sich auf die Praxis der Wahrheit einlässt, wer sich auf politische Konkretionen einlässt, der kann irren. Ich vermute, dass der, der nicht irrtumsfähig ist, auch nicht wahrheitsfähig ist. Nur bei Enthaltung von der Frage nach der konkreten Wahrheit ist der Irrtum ausgeschlossen.

Ich versuche diese linke Selbstkritik sozusagen unter dem Dach der Kirche. Es gibt in dieser Gesellschaft sonst keine Institution und keine Räume, in denen dies möglich ist und in denen Respekt vor eingestandenen Irrtümern besteht. Es gibt keine Räume, in denen der nicht vernichtet wird, der sich eine Blöße gibt und der sich angreifbar macht. Es gab im Christentum und im Sozialismus Institutionen der öffentlichen Selbstkritik, zwar oft pervertiert und missbraucht wie die Beichte im Katholizismus. Aber wir brauchen solche Institutionen. Sie fördern die Wahrheit. Es geht also nicht darum, der eigenen Vergangenheit abzuschwören und nun in seniler Ausgewogenheit zwischen allen Wahrheiten hindurchzudümpeln. Es geht darum, das kindische und unwürdige Spiel der Selbstrechtfertigung zu lassen. Unser Zorn dient der Wahrheit, wenn wir ihn reinigen und wenn er zu einem geläuterten Feuer wird.

Ich habe eine Szene vor Augen: als die Gruppe des Politischen Nachtgebetes in Köln ihren großen Streit mit den Kirchenleitungen hatte und diese dem Nachtgebet vorwarfen, sie politisierten die Kirche, wie es einst die Deutschen Christen getan haben, da hat Dorothee Sölle öffentlich geweint. Sie hat über den bitteren Vorwurf geweint, und sie hat darüber geweint, dass wir die evangelische Kirchenleitung nicht gewinnen konnten, die alle aus dem Kirchenkampf kamen und Männer der Bekennenden Kirche waren. Vielleicht gehören die Tränen zum Mut und zum Zorn. Vielleicht bewahren sie den Mut davor, zum Übermut zu werden, und den Zorn davor, eisern und herzlos zu werden. Sie nehmen dem Mut und dem Zorn ihre allzu große Jugendlichkeit und Bedenkenlosigkeit. Die moralische Empörung allein ist nicht genug. Wo man selber nicht leidet an den Zuständen und am Leiden der anderen, da kann auch die Gerechtigkeit herzlos werden.

Mobilität

Wörter können zu Götzenbildern werden. Sie verlieren unter der Hand und ohne dass es jemand bemerkt, ihren einfachen Sinn. Sie werden zu Suggestionen und Befehlen, und sie ersetzen die Argumente. Flexibilität, Fitness, Neuheit, Jugend, Schönheit, Erfolg können solche Wörter sein. Diese Wörter meinen nicht, was sie sagen. Sie sind Aufforderungen und Ermahnungen: wenn du ein moderner Mensch sein willst und auf der Höhe der Zeit, dann erkenne uns fraglos an; dann opfere und diene dem, was wir benennen; mache es zu deinem Letzten – zu Gott: den Erfolg, die Jugend, die Flexibilität! Die Sprache, die die Dinge doch offenbaren soll, wird zum Deckmantel der Lüge. Gehört zu diesen Lügenwörtern das Wort Mobilität? Nennt das Wort einen Sachverhalt, der die Humanität des Menschen beschädigt oder fördert?

Ich werfe zunächst einen Blick auf die jüdisch-christliche Tradition und frage, welche Rolle Bewegung dort spielt. Man findet in ihr zwei Grundtendenzen, einmal das Lob der Gegenwart und zum anderen die Sehnsucht nach dem neuen Land. In der ersten Form sehen die Glaubenden die Schöpfung. Sie sehen, was schon da und gelungen ist. Sie preisen Gott, wie Paul Gerhardt es tut, an den Bäumen voller Laub, an Narzissus und an Tulipan, an der hochbegabten Nachtigall, am Storch und an der Bienenschar. Es ist nicht alles nur Zukunft, und man kann schon den Wein genießen und die edle Honigspeise. Man kann schon sehen, dass das Leben gut ist, und man muss nicht ein ewig Morgiger sein. Dasein, Bleiben, Loben, Schon-zuhause-Sein, Ruhe sind die Merkmale und Wünsche in jener Religion.

Neben der lobenden Schöpfungsreligiosität gibt es die Sehnsucht nach Erlösung. Aufbruch und Mobilität gelten hier mehr als Bleiben und Ruhe. Hier sind die Texte voller Bewegungsbilder. Ausdrücke, die dem Menschen Bewegung nahelegen oder gar vorschreiben, kommen geradezu aus der Mitte des Glaubens. Aufstehen, aus dem Vaterland weggehen, Vater und Mutter verlassen, keine feste Stätte haben, Auszug sind Grundworte des Glaubens. Das Starre soll in Bewegung kommen. Der Ort, an dem man sich eingerichtet hat, soll verlassen werden: der Ort der Sünde und des verkehrten Lebens, der Ort der Hoffnungslosigkeit, der Ort des erbärmlichen Lebens. Biblische Geschichten sind fast immer Veränderungsgeschichten. Menschen werden dazu gebracht, Heimaten zu verlassen, Lebensweisen zu verändern, Eingewöhnungen zu durchbrechen, Rollen und Berufe aufzugeben. Es werden Mobilisierungsgeschichten erzählt; Geschichten gegen den Fatalismus und gegen Lebensstarre. Menschen werden auf die Beine gestellt, von den alten Orten weggeholt, sie machen Wandererfahrungen wie das Volk, das aus Ägypten gerufen wird und durch Meer und Wüste ins gelobte Land ziehen soll.

Die Bewegung gilt allerdings nicht in sich selber. Die Menschen jenes Glaubens sind keine Easy Riders, die daherjagen des Jagens wegen. Ihre Bewegung hat ein Ziel. In das Land ohne Knechtschaft soll das Volk ziehen. In die größere Freiheit und Eindeutigkeit soll der ziehen, der Vater und Mutter verlässt. Die den Glaubenden zugemutete Mobilität ist Transzendenz, ist Hinüberschreiten in die größere Lebensklarheit und in eine Heimat, in der noch niemand war. In dieser Mobilität ist die Reise selber noch nicht das Ziel, es ist der Weg zum Ziel. Also nicht die pure Veränderung und der Aufbruch werden gelobt, sondern die Sehnsucht geht auf das Ankommen im anderen Land, in der anderen Heimat. Die Idee der besseren Heimat macht den Menschen Beine. Sie werden unruhig und zu vaterlandslosen Gesellen, weil sie die Luft von einem anderen Stern gespürt haben, von einer Heimat, in der sogar die Blinden sehen und die

Lahmen ihren Tanz haben. Den Aufstand können nur die proben, die schon Bilder jener anderen Heimat haben, in der es keine Lebenswüsten mehr gibt und in der keiner mehr Beute des anderen wird. Je größer die Lebensvisionen sind, die Menschen haben und wagen, um so mehr werden sie unruhig, rasseln sie an den Ketten ihrer Gefangenschaften und werden sie zu Menschen der Sehnsucht. Die christliche und die jüdische Tradition also diskreditiert Bewegung nicht, sie verlockt zu ihr.

Ich möchte nun einen Blick zurückwerfen in eine Zeit, in der die Menschen an die Orte gebannt und immobil waren. Es ist keine ferne Vergangenheit, sondern die Welt meiner eigenen Kindheit, deren Verhältnis zur Zeit, zur Geschwindigkeit und zur Mobilität uns heute beinahe archaisch anmutet. Das Symbol jener langsamen Welt war ein von Kühen gezogener Wagen. Von weitem hörte man ihn kommen, und langsam verschwand er. Die Leute brauchten viel Zeit für ihre Wege, für die Zubereitung der Speisen, für die Ausbesserung der Werkzeuge, für das Hacken der Kartoffeln, für das Schneiden des Grases und das Flicken ihrer Kleider. Nur wenig ging maschinell und ließ sich rasch erledigen. Die Menschen waren an ihre Orte gefesselt, da es kaum Autos gab und das Verkehrssystem wenig entwickelt war. Wenn man in die fünf Kilometer entfernte Kreisstadt ging, zog man die Sonntagskleider an, weil es in der Seltenheit zur »Reise« wurde. Die Straßen hatten eine andere Bedeutung. Sie waren nicht Verkehrsadern, durch die man von einem Ort zum anderen huschte, ohne die Wege wahrzunehmen. Sie waren öffentliche Orte. Die Kinder spielten auf ihnen, und sie brauchten keine besonderen Spielplätze. Die Leute gingen auf ihnen, sahen einander und plauderten, schimpften oder tratschten miteinander. Man nahm sich wahr, im Guten wie im Bösen.

In der immobilen Welt waren die Leute nicht nur an die äußeren Orte gebunden, sondern auch von ihren inneren Orten kamen sie nur schwer los, von ihren Lebensauffassungen zum Beispiel. Wie man über das Leben dachte, über die Erziehung der Kinder, das Verhältnis von Mann und Frau, über Religion und Erziehung, das hat sich wenig verändert. Auch in der Lebensphilosophie war man immobil. Andere Entwürfe als die der eigenen Welt hat man ja kaum kennenlernen können. Das »Andere« war darum eher das Unbekannt-Feindliche, vor dem man sich hüten musste. Das Sprichwort »Bleibe im Land und nähre dich redlich!« war nicht nur eine Warnung vor dem Ortswechsel. Auch die geistigen Orte waren aufoktroyiert und sollten nicht gewechselt werden. Auch in den sozialen Orten, den Rollen, war man immobil. Undenkbar war damals, wie meine Enkelkinder und ich heute miteinander umgehen. Wir streiten miteinander, wir spotten übereinander, die Kinder fallen dem Großvater ins Wort, und er ihnen. So viel Freiheit und Spiel konnte man damals nicht denken. Die Vaterrolle war klar, ebenso die der Mutter und der Kinder, der Alten und der Jungen, der Angesehenen und der weniger Angesehenen. Man wusste, wer als erster zu grüßen hatte und wem als erstem das Wort zustand. Weil das Verhalten so geregelt war, waren dies Zeiten hoher Voraussagbarkeit. Man wusste, was Menschen normalerweise taten, wo sie waren und wie sie sich verhielten. Wenn man zum Beispiel bei Verwandten oder Bekannten Besuche machte, hat man sich nicht angemeldet, weil man schon wusste, wann oder wo jemand anzutreffen war.

Diese immobilen Welten hatten eine formale Sicherheit und Verlässlichkeit. Aber waren es gute Welten? Diese Frage wird eindeutig positiv nur der beantworten, der noch nie in der Sommerhitze lange staubige Wege gehen musste; der noch nie in der Herbstnässe Runkelrüben ausgegraben hat; der nie in Zeiten gelebt hat, in denen die Kinder den Eltern nicht widersprechen durften, die Frau dem Mann, die Laien den Geistlichen und die Bauern dem Gutsherrn nicht. Die größere Mobilität und das andere Lebenstempo haben also dem Menschen viel vom äußeren und inneren Lebensdruck genommen. Mobilität hat das Leben humanisiert.

Und doch lagen in jener engen immobilen Zeit Voraussetzungen für eine Beheimatung des Menschen, die heute bedroht sind. Die Menschen hatten in jenen kargen Zeiten ein anderes Verhältnis zu den Dingen. Man hat die Dinge nicht schnell gekauft und sie schnell verbraucht und weggeworfen. Vieles hat man selber hergestellt: die Rechen, die Besen, man hat Strümpfe gestrickt und Kleider genäht; man hat die Dinge oft selbst repariert, wenn sie verbraucht waren. Die Dinge gewannen Bedeutung, indem man anders mit ihnen umging. Die Objekte waren nicht nur fremde und benutzbare Gegenstände. Ich greife einen Gedanken von Ernst Bloch auf: In der Heimat ist man nicht nur mit Menschen identisch. Auch die Dinge kommen uns nahe, dass wir darin zuhause sind. Das Objekt rückt uns so nahe wie das Subjekt. Man war mit den Dingen vertraut. »Welt des Brotes« hat Pasolini jene alte und langsame Welt genannt.

Auch den Orten war man in jenen immobilen Zeiten mit einer andern Emotionalität verbunden. Und so gab es das Heimweh, jene alte, fast ausgestorbene Krankheit aus immobilen Zeiten. In unseren Zeiten des raschen Wechsels werden die Orte bedeutungsloser, und wir können das Leiden derer kaum noch begreifen, die nach dem Krieg aus ihren Heimaten vertrieben wurden. Heute sind die Orte auswechselbarer, einfach deswegen, weil man sie häufiger wechselt. Sie verlieren ihre Eigentümlichkeit, damit aber auch die Kraft, Menschen zu bergen. Woraus bestand die Eigentümlichkeit eines Ortes? Nicht nur aus den Formen der Landschaft, auch aus dem Dialekt, der dort gesprochen wurde; aus den Essens- und Verhaltensgewohnheiten; aus den besonderen Erinnerungen und Geschichten, die dort erzählt wurden. Oft wechselte der Dialekt von Ort zu Ort seine Färbung. In den Städten waren die Stadtteile an den verschiedenen Dialekten erkennbar. In den Zeiten hoher Mobilität verschwinden diese Eigentümlichkeiten weithin. Die Dialekte müssen gepflegt werden, sie sind schwach und museal geworden. Die Essensgewohnheiten verschwinden, und es gibt Rote Grütze in Stuttgart, wie es Maultaschen in Hamburg gibt.

Die Landschaften immobiler Welten waren Erinnerungslandschaften. Man kannte die Geburts- und Sterbedaten der Großeltern. Man wusste etwas von der Geschichte des Ortes, seinen Sitten und Bräuchen. Man wusste, an welchen Stellen Menschen ein besonderes Schicksal ereilt hatte: wo einer verunglückt war und ein anderer ertrunken. Die Orte waren Gedächtnisorte. Auch dies hat natürlich seinen eigenen Zwiespalt. An immobilen Orten können die Toten übermächtig werden und den Menschen auf der Brust sitzen mit ihren Lebensvorstellungen und ihren Moralen. Es gibt ein kaltes Gedächtnis, das die Menschen fesselt und ihnen befiehlt so zu denken und zu handeln, wie die Toten gedacht und gehandelt haben. Aber es gibt auch die Erinnerung an die Visionen der Toten, an ihre Schmerzen und Errettungen, die unsere eigene Hoffnung und Lebenskraft ernähren. Keine Humanität ohne Erinnerung daran, was die Toten gelitten und erträumt haben!

Die Welt mit geringer Mobilität war eine öffentliche Welt. Menschen sahen sich und wurden gesehen, gingen miteinander um und waren einander nicht anonym. Ich nehme als Beispiel das Einkaufen. Wo der Individualverkehr gering war, wo also Menschen weder Privatautos hatten noch ein sehr gut ausgebautes öffentliches Verkehrssystem, da war man dazu gezwungen, im Laden an der nächsten Ecke einzukaufen. Im Laden oder auf dem nahegelegenen Markt wartete man, bis man an der Reihe war. Man unterhielt sich indessen mit anderen Kunden und tauschte Neuigkeiten aus. Man sagte dem Kaufmann seinen Wunsch oder handelte auf dem Markt mit der Marktfrau. So geriet man schon beim einfachen Akt des Einkaufens in eine Vielfalt von Beziehungen. Gewiss sind auch Beziehung und Öffentlichkeit neutrale Begriffe, und man kann nicht übersehen, dass die Anonymität der modernen Stadt den Menschen zu schützen vermag vor dem Druck, der Neugier und der Bosheit des Kollektivs. Was aber, wenn der Mensch kaum noch ein Forum findet, keine Öffentlichkeit, von der er gesehen wird und in der er andere sehen und wahrnehmen kann? Was, wenn er künstliche Foren einrichten muss, damit er nicht in seiner Einsamkeit ertrinkt – den »sozialen Treffpunkt«, den »Ball der einsamen Herzen« und das »Kontaktzentrum«?

Ich schildere aus unserer Zeit eine andere Art des Einkaufens: Wir nehmen in unserem Haus gerade größere Veränderungen vor, und dazu waren neue Möbel zu kaufen. Wo kaufe ich sie? Natürlich bei Ikea. Ich setze mich also ins Auto, fahre etwa zehn Kilometer, reihe mich am Ende in eine lange Autoschlange ein und finde schließlich meinen Parkplatz vor Ikea. Mit vielen hundert Menschen ziehe ich durch die Verkaufsräume. Eine Schrift auf dem Boden sagt mir, dass durch diese Räume täglich 15.000 Menschen ziehen. Ich finde meine Ware, die ich mir vorher im Katalog markiert habe, bezahle sie ohne ein überflüssiges Wort, und bald bin ich zuhause. Ich habe vielleicht 500 oder tausend Menschen gesehen, habe sie in der Enge gestreift und ihre physische Nähe gespürt. Aber außer der kurzen technischen Unterhaltung mit dem Verkäufer habe ich mit niemandem geredet und bin von niemandem angeredet worden.

Mobilität kann die Welt undurchschaubar machen. Um beim Beispiel Ikea zu bleiben: ich weiß nicht, wo die Möbel, die ich kaufe, hergestellt werden. Vielleicht sind sie in meinem Kaufhaus so preiswert, weil sie in Billiglohnländern fabriziert werden. Vielleicht stellen Strafgefangene sie für ein Nichts her, und ich bin am Unrecht beteiligt, ohne dass ich das weiß. Wenn der Kaufmann in der alten immobilen Welt seinen Lehrjungen schlecht behandelte, hat man dies gesehen, man hat es ihm gesagt oder nicht mehr bei ihm gekauft. Hier kaufe ich zwar billig, aber ich kann nicht mehr durchschauen, welches System ich damit stütze. Die neue Mobilität macht die Welt nicht nur erkennbarer. Das tut sie gewiss, indem Nachrichten aus aller Welt im Nu mich erreichen und ich von Weltgegenden direktes oder indirektes Wissen erhalte, deren Namen ich vor 60 Jahren nicht einmal wusste. Aber meine eigene Welt kann auch verdunkelt werden, indem ich die Vorgänge um mich herum nicht mehr deuten und beurteilen kann. Die Welt wird mir fremd. Die Ferne wird nah, und die Nähe wird fern.

Die alte bäuerliche Welt setzte die Menschen unter ständigen Bleibezwang. Das war eine Immobilität, die das Leben herabzog und schwermachte. Aber es gibt eine neue und uns bisher unvorstellbare Form der Mobilität, die das Leben zum Verstummen bringt. Davon soll nun die Rede sein. Dabei geht es nicht nur um die Veränderung, die es mir ermöglicht, in unvorstellbarer Geschwindigkeit, von einem Ort zum anderen zu kommen. Es geht um eine Welt, in der ich mich ohne Mühe und im Nu in Informationsnetze einschalten und selber Nachrichten übermitteln kann. Es geht um eine Welt, in der ich meine Lebensoptionen, meine Religion, meine menschlichen Beziehungen rasch wechseln kann. Es ist eine neue Welt, in der die Menschen noch ganz in dem Rausch leben, dass sie Herren über die Zeiten und über die äußeren und inneren Orte geworden sind. Was macht diese neue Welt der Blitzartigkeit mit unserer Seele?

Vor einiger Zeit hat mich meine Arbeit in fünf Tagen in fünf Großstädte gebracht. An einem Abend war ich in Halle, wo ich zum ersten Mal war. Aber ich habe nur ein Hotel und die hässliche, von Autostraßen zerschnittene Landschaft um den Hauptbahnhof gesehen. Ebenso kurz habe ich auf dieser Reise Stuttgart, Hof, Berlin und Kassel gesehen. Welch eine Beleidigung der Städte, sie nur in der äußersten Reduktion auf ein Hotel und einen Vortragsraum wahrzunehmen! Diese Städte haben mir nichts gegeben. Sie waren mir nichts schuldig, weil ich ihnen keine Zeit gelassen habe. Sie sind nicht in meinem Gedächtnis, und ich habe keinen Grund, sie zu lieben. Ich habe nichts von ihnen gesehen und erkannt, und so haben sie mir das Leben nicht freundlicher gemacht. Ich weiß, wo Halle auf der Landkarte liegt; ich habe ein abstraktes Wissen von der Stadt. Denn ich habe sie nicht mit meinen Sinnen wahrgenommen. Entsinnlichte Welten drohen zu sinnlosen Welten zu werden. Sinnlichkeit und Sinn hängen nicht nur im Wortstamm zusammen. Es gibt eine neue, fast omnipotente Gleichzeitigkeit, die den Menschen entheimatet und ortlos macht. Dass ich in fünf Tagen an so vielen verschiedenen Orten sein kann, ist der Anfang davon. Was aber, wenn ich durch die neuen Informationssysteme in derselben Stunde an der Börse in Tokio sein kann, in der Zentralbibliothek in Washington und bei der Olympiade in Australien. Die Gegenwart wird endlos ausgedehnt. Man ist nicht heute hier und morgen dort, sondern fast überall gleichzeitig. Der Mensch wird ubiquitär, allgegenwärtig. Damit aber verliert er sein Hic et Nunc, sein Hier und Jetzt, seinen Ort und seine Erlebniszeit. Die Blitzartigkeit und die immerwährende Gegenwart bedeuten den Verlust der Heimat, den Verlust des irdischen Raums. Die irdischen Räume werden zwar nicht zerstört, aber sie werden entwertet. Alles wird gleich, alles wird gleichgültig. Wer bin ich eigentlich in dieser Mobilität und Telepräsenz? Wo gehöre ich hin, wenn ich alle Erdenschwere verloren habe? Was liebe ich, und wem bin ich verpflichtet?

In der neuen Blitzartigkeit sind vor allem die »Hinreisen« weggefallen, die langen Anwege, die Mühen der Ebene und die Sehnsucht, anzukommen. Saint-Exupéry schreibt:

»Die Erde lehrt uns mehr über uns selbst als alle Bücher, da sie sich uns entgegenstellt. Der Mensch entdeckt sich, wenn er sich an Widerständen misst.«

Was wissen und lernen wir über uns selbst, wenn in der neuen Blitzartigkeit und in der übereilten Welt der Widerstand der Dinge aufgehoben wird?

Wenn ich vor 200 Jahren nach Rom wollte, dann musste ich eine lange Reise machen. Rom war nicht jederzeit – sommers wie winters – verfügbar. Es hat mir seinen Widerstand entgegengesetzt, und ich musste es erobern. Ich musste das Wetter aushalten, ich musste Gefahren bestehen. Die Reise ging langsam, und Schritt für Schritt näherte ich mich der Stadt, die mein Ziel war. Rom war nicht nur Rom, es war auch die Reise nach Rom. Man konnte nicht rasch und gewaltsam auf die Stadt zugreifen, sie in Besitz nehmen und genießen. Die Annäherung war zeitaufwendig und langfristig. Man war anders in Rom und erlebte die Stadt anders, weil man sich für die Annäherung Zeit lassen musste. Rom hatte dem Reisenden seinen Widerstand entgegengesetzt, an dem man arbeiten musste. Darum hat man in jener Zeit nicht nur Berichte über Rom geschrieben, sondern Berichte über die Reise nach Rom. Goethe schreibt in seiner »Italienischen Reise« auf der letzten Station vor seiner Ankunft in Rom:

»Morgen Abend also in Rom! Ich glaube es noch jetzt kaum, und wenn dieser Wunsch erfüllt ist, was soll ich mir nachher wünschen!«

Die Hinreise, der Widerstand der Zeit und der Entfernung, hat ihm die Stadt kostbar gemacht.

Will ich heute nach Rom, so kann ich von Hamburg aus, sofern ich das Geld dazu habe, in zwei Stunden dort sein. Die Stadt steht mir zur Verfügung. Das aber hat Folgen für das Verhältnis zu dieser Stadt. Sie wird gewöhnlicher, alltäglicher und weniger kostbar sein, mit dem Gedanken von Saint-Exupéry: sie lehrt mich weniger. Ich habe zu dieser Stadt kein erotisches Verhältnis, weil ich mich ihr nicht langsam angenähert habe und weil vor dem Ziel kein Weg und keine Zeit mehr lagen. Ich war blitzartig da. Alle wichtigen Lebensvorgänge aber sind langsam. Der rasche Zugriff und der Wegfall der widerständigen Annäherung, der Wegfall der Arbeit macht die Stadt weniger wichtig, gleichgültiger und austauschbar. Wir sind immer Herren der Lage, und in fauler Unmittelbarkeit stehen mir die Dinge und Orte jederzeit zur Verfügung. Nicht Arbeit ist der Weg der Annäherung, sondern das Kaufen. Das Leben wird käuflich wie eine Hure. Dann aber werden die Dinge und die Orte ihre Sprache und ihr Geheimnis verlieren. Sie haben keine Nachricht mehr für uns, sie lassen uns einsam zurück.

Die Vermeidung der Anwege und Umwege wird zur jägerhaften und beutemacherischen Grundeinstellung zur Welt. Es ist der Triumph des »instant« und der Geraden gegen die angemessene Zeit und gegen jeden spielerischen Umweg. Es ist der Triumph der Effizienz gegen jede andere Lebensqualität. Die Welt wird zur Beute, und so ist sie nicht länger Schwester, Trösterin und Schönheit. Von der Blitzartigkeit und der Bewegung des unmittelbaren Zugriffs bleiben natürlich die Beziehungen der Menschen zueinander nicht verschont. Was wird aus Freundschaft, Erotik, Ehe, wenn die umweglose und plumpe Direktheit die Beziehung der Menschen zueinander diktiert? Wird es das schöne Wort Liebesspiel noch geben, oder wird auch die Erotik begradigt und kanalisiert aufs Miteinanderschlafen? Wir sind dabei, uns auf allen Gebieten als große Don Juans des Lebens einzuüben. Aber Don Juan war kein Liebhaber. Er war manisch getrieben und von Todesangst besessen. Von ihm ist nichts zu lernen.

Vielleicht muss man dem alten Wort Askese eine neue Ehre geben. Ich meine damit nicht die alte Opferaskese, in der der Mensch das Beste aus seinem Leben schneidet, um es einem hungrigen Gott zu geben. Ich meine die Einfachheit, die uns die erotische Zuwendung zum Leben ermöglicht. Dass geistige, physische und lokale Immobilität den Menschen kurzsichtig und plump machen kann, wissen wir. Dass aber auch die gottgleiche Blitzartigkeit und Allgegenwärtigkeit die Seele wegfressen kann, das müssen wir erst lernen. Überfluss zerstört Intensität. Dieser Satz gilt überall. Auch die grenzenlose Mobilität stört die Lebensintensität, die Wahrnehmungsfähigkeit, die Beziehungsfähigkeit und die Genussfähigkeit. Sie entsinnlicht das Leben. Eine unsinnliche Welt aber ist eine sinnlose Welt.

Die rasende Mobilität hat kein Ziel. Die Bewegung selber gilt schon als Ziel und Inhalt. Die Bewegung ersetzt den Geist. Rasen ist nicht zufällig ein Ausdruck für die schnelle Fortbewegung, es ist auch ein Ausdruck für Wahnsinn. In dieser neuen Blitzartigkeit geht die Tugend der Passivität verloren. Eine Aktivität aber, die die Kunst der Passivität nicht kennt, wird bedenkenlos, ziellos und erbarmungslos. Die passiven Stärken des Menschen gehen verloren: die Geduld, die Langsamkeit, die Stillefähigkeit, die Hörfähigkeit, das Wartenkönnen, das Lassen, die Gelassenheit; um zwei alte Worte zu nennen: die Ehrfurcht und die Demut. Wir sind zum Siegen verdammt; zu Siegen, die uns selber und die Welt unserer Kinder zerstören.

Ich plädiere für eine neue Askese und frage mich selber, wie hilflos dieser Ausweg ist. Den Entschluss zu dieser Askese treffen einzelne; es ist eine individuelle, aber keine politische Lösung des Problems. Können einzelne sich der rasenden Geschwindigkeit in den Weg stellen mit ihren individuellen Entschlüssen? Werden sie nicht überrollt, oder bleiben sie nicht kleine Sonderwelten, ohne Einfluss auf eine Kultur, für die Bewegung alles ist?

Das ist die Frage nach dem Erfolg. Ich glaube aber nicht, dass der Erfolg die einzige Kategorie ist, an der ein Verhalten zu messen ist. Man muss gelegentlich widerstehen, obwohl der Widerstand überrollt werden und wirkungslos sein kann. Man ist es der eigenen Würde schuldig, nicht weiter mitzumachen an der Zerstörung der Welt unserer Kinder, selbst wenn die Weigerung erfolglos bleibt. Was aber dann? Manchmal lernen die Menschen nur durch die Katastrophen. Manchmal nicht einmal durch sie. Wie gelassen sprechen wir von Klimakatastrophen, von der Erwärmung der Erde, vom Zuendegehen der natürlichen Ressourcen, von der Verödung der Landschaften! Vielleicht werden unsere Urenkel einmal die Lust an der «totalen Mobilmachung» (Ernst Jünger 1931) verfluchen. Dies klingt pessimistisch, und ich bin pessimistisch. Aber unser Hauptfehler ist nicht der Pessimismus, sondern die Naivität, und vielleicht fängt die Bekehrung der Gesellschaft an mit der Fähigkeit, sich zu entsetzen über das, was unserer Zukunft blüht.

Und siehe, es war sehr gut!

BIBELARBEIT ZU GENESIS 1,26 – 2,3

Der Zauber der Anfänge

Warum lesen wir die Schöpfungsgeschichte? Sie gibt uns keine Information über die Entstehung der Welt. Sie erklärt nichts, obwohl sie manchmal zur Welterklärung verkommen ist, wenn Menschen glaubten, sie müssten sie wörtlich nehmen. Wir nehmen sie ernst, aber wir nehmen sie nicht wörtlich. Wir brauchen die Schöpfungsgeschichte, weil sie die große Erzählung vom guten Anfang allen Lebens ist. Die Hoffnung der Menschen singt zwei Lieder, das eine: Einmal wird es sein! Einmal wird es sein, dass die Lahmen tanzen und die Stummen singen. Einmal wird es sein, dass die Tyrannen von ihren Thronen gestürzt sind und dass die Toten leben. Das andere Lied der Hoffnung ist das Lied »Es war einmal«. Das Leben ist nicht eisigen Zufällen entsprungen, es hat einen guten Anfang. Nicht gigantische Götterkämpfe haben zum Anfang der Welt geführt, Gott hat die Welt, die Pflanzen, die Tiere und schließlich die Menschen ins Leben gerufen mit zärtlicher Stimme. Die Schöpfung ist ein Liebesakt, nicht ein Machtakt Gottes. Gott war seiner Einsamkeit müde, er wollte lieben, und er wollte geliebt werden. Die Schöpfung ist die Geschichte vom guten Anfang.

Anfänge bewegen uns immer. Vor einiger Zeit habe ich mit meiner Enkeltochter eine Freundin besucht, die ein Kind bekommen hatte. Die Enkeltochter sah das Kind lange und bewegt an, und schließlich sagte sie: »Es hat so schöne unabgelaufene Füße!« Das ist der Zauber aller Anfänge: sie haben so schöne unabgelaufene Füße. Immer wenn etwas anfängt – ein neues Leben, die Ehe von zwei Menschen, eine neue Zeit und ein neues Jahr –, überkommt Menschen eine Art gerührter Hoffnung. Noch ist das Neue nicht verletzt, gedemütigt und beschmutzt, noch ist es nicht korrumpiert, noch hat es wundervolle unabgelaufene Füße. Wir alle wissen, was diesem Neuen angetan werden kann; wie es geschändet und geschlagen werden kann und wie es sich selber schändet. Aber noch ist es nicht geschehen, noch ist nichts zerstört und verkommen. Jeder Anfang hat die Zartheit und den Glanz des Unverdorbenen. Er ist eine Erinnerung und ein Versprechen; eine Erinnerung an all die Anfänge, die in Hoffnung begonnen wurden; ein Versprechen: einmal wird es einen Anfang geben, der nicht in Kürze überholt ist und in den Staub der Anfänge von gestern gesunken ist. Manchmal begrüßen wir, was anfängt, mit einem müden Lächeln. Wir haben zu viele Anfänge gesehen, die nicht gehalten haben, was sie versprochen haben. Aber ganz ohne Hoffnung ist das Lächeln nicht: Wer weiß? Es könnte ja sein, dass dieser Anfang nicht trügt. Die Schöpfungsgeschichte, die Geschichte vom unverdorbenen Anfang weckt in uns den Glauben, dass es nicht nur verdorbene und verkommene Ausgänge gibt. Das Lied »Es war einmal« ist die erste Strophe des Liedes »Einmal wird es sein!« Die Schöpfungsgeschichte erzählt von dem Anfang, als aller Füße noch unabgelaufen waren.

Wann singen Menschen die Lieder vom guten Anfang und vom guten Ausgang? Sie singen sie, wenn sie sie am meisten nötig haben und wenn mit einigem Grund an der Güte der Anfänge und der Ausgänge zu zweifeln ist. Die Schöpfungsgeschichte ist entstanden als ein großer Teil des Volkes nach Babylon deportiert worden war. Das jüdische Volk war von der Großmacht der Babylonier seit 605 v. Chr. besetzt, und das Volk lebte das Leben von unterworfenen Vasallen. Die Verschleppten weinten an den Flüssen Babylons ihrer alten Heimat nach. Sie waren fern vom Tempel, fern von den Gräbern ihrer Toten, fern vom alten Leben, und sie fragten sich, ob nicht auch Gott sie vergessen habe. Da dichteten ihre Priester und Propheten das große Lied von der Güte des Anfangs, und sie sagten dem Volk damit: Wer eine solche Herkunft hat, der hat auch eine Zukunft, vor der er sich nicht fürchten muss. Einmal wird es sein, sagten sie, indem sie sagten, dass es einmal gut war. Einmal werden wir wieder im Tempel und an den Gräbern unserer Väter und Mütter im eigenen Land stehen, sagten sie, indem sie den großen Satz aus der Schöpfungsgeschichte sagten: Gott sah an alles, was er gemacht hatte, und siehe, es war sehr gut!

Diesen Satz kann man leicht sagen, wenn man am Leben selber ablesen kann, dass alles gut geht. Wenn eine Liebe gelingt, kommt es mir auf die Zunge: siehe, es ist gut. Wenn wir Arbeit, Brot und Zukunft haben, singt man mit leichtem Herzen: siehe, es ist gut. Wenn wir mit Freunden zusammen sind und wenn wir die Schönheit eines Frühlingstages sehen, dann sagt es sich von selbst: siehe, es ist gut. Was aber, wenn die Einsamkeit uns auffrisst, wenn wir keine Arbeit und keine Zukunft haben, wenn wir alt und in Todesnähe sind? Siehe, es ist sehr gut! spricht sich dann schwerer. Aber gerade dann braucht man die Erinnerung an die eigene Herkunft, die Erinnerung an die guten Anfänge und an das Glücken des Lebens. Es ist eine schwere Kunst, sich zwiespältig zu machen im Unglück; sich also nicht völlig in die Hoffnungslosigkeit gefangen zu geben. Man braucht die Lieder des Glückens, wenn der Schmerz einen verschlingen will. Wenn mir die Erinnerung an das alte Glück und an die ursprüngliche Lebensgüte gelingt, dann bin ich im Unglück nicht nur, der ich bin. Ich bin auch der von gestern, als das Leben noch gut war. Und ich bin schon der von morgen, wenn die Güte des Seins auch in meinem Leben erkennbar ist. Gebete und Erinnerungen sind Brote für die Glücklichen, mehr aber noch Brote und Trank für die Unglücklichen und Gepeinigten. Die Sprache des Glaubens gehört vor allem dahin, wo man sie nicht einfach am Leben ablesen kann.

Der Mensch – das Bild Gottes

»Und Gott sprach: lasset uns Menschen machen, ein Bild, das uns gleich sei, die da herrschen über die Fische im Meer und über die Vögel unter dem Himmel und über das Vieh und über alle Tiere des Feldes und über alles Gewürm, das auf Erden kriecht. Und Gott schuf den Menschen zu seinem Bilde; und schuf sie als Mann und Weib.«

Zu seinem Bild! Es ist eine der Aussagen der Bibel, die ich am schwersten glauben kann: der Mensch geschaffen zum Bilde Gottes. Ich gehe durch meine Stadt und sehe Menschen:

Der Zuhälter von St. Pauli – zu seinem Bild geschaffen!

Die Hure, die für ihn anschafft – zu seinem Bild geschaffen!

Die Waffenhändler, die im Hotel Vierjahreszeiten wohnen – zu seinem Bild geschaffen!

Der kleine Straßendieb – zu seinem Bild geschaffen!

All die Herren mit ihren schwarzen Köfferchen, die ihre Profite planen – zu seinem Bild geschaffen!

Und schließlich ich selber – zu seinem Bild geschaffen.

Manchmal lerne ich etwas über Gott, wenn ich die Menschen meiner Stadt sehe. Ich lerne, wie zärtlich er ist, wenn zwei Liebende küssen. Ich lerne, wie geduldig er ist, wenn ich einen Vater sehe, wie er mit seinem Kind spielt. Ich lerne, wie zornig er ist, wenn ich den Zorn der jungen Leute gegen den Krieg sehe. Ich lerne, wie schön er ist, wenn ich die Schönheit einer alten Frau und eines jungen Mannes sehe.

Manchmal lerne ich nichts über Gott, wenn ich die verwüsteten, glatten oder brutalen Menschengesichter sehe. Aber ich lerne etwas über diese Gesichter, wenn ich mich an unsere Schöpfungsgeschichte erinnere. Es sind Ebenbilder Gottes. Sie werden diese Würde nicht los, nicht im Hotel Vierjahreszeiten, nicht im Gefängnis und nicht in den Bordellen. Wenn ich mich an die alte Interpretation der Menschengesichter als Bilder Gottes erinnere, dann lerne ich, mir einen Wunsch zu versagen. Ich versage mir den Wunsch, dass die Hälfte der Saubande am besten ausgerottet gehört. Ein verständlicher Wunsch, dem Gott selber einmal verfallen ist, als er die große Flut über die Erde kommen und die allermeisten ersaufen ließ. Vielleicht muss man gelegentlich sogar Gott daran erinnern, dass die Menschen seine Ebenbilder sind und dass er es nicht zu weit treiben soll, wenn schon Kinder von Krankheit zerfressen werden und wenn sie einen Tod sterben, ehe sie gelebt haben.

Die alte Geschichte nimmt mir den Wunsch aus dem Herzen, dass dem Menschen etwas so Endgültiges angetan werden soll wie die Todesstrafe. Gott wartet auf alle Menschen, dass sie sich daran erinnern, dass sie nach seinem Bild geschaffen sind. So lehrt er uns warten. Einen Menschen töten heißt, ihm alle Zukunft absprechen. Die Todesstrafe ist die große Aufkündigung des Glaubens daran, dass wir Gottes Bilder sind. Man verleugnet den Glauben nicht hauptsächlich durch die Leugnung von Glaubenssätzen. Man verleugnet ihn in der Praxis – durch die Verhängung der Todesstrafe; durch Kriege, die Leben auslöschen; durch Arbeitsbedingungen, die das Menschenantlitz schänden.

Zum Bilde Gottes bin ich selber geschaffen – ich mit meiner Unerträglichkeit, mit meiner Feigheit, mit meiner Halbheit, mit allem persönlichen und politischen Versagen: ein Bild Gottes. Man spricht diesen Satz manchmal gegen sein eigenes Versagen und gegen die eigene Kärglichkeit. Es ist nicht leicht, sich lieben zu lassen. Es ist nicht leicht, sich schön finden zu lassen. Aber wir sind nicht allmächtig, auch nicht in unserer Schuld. Gottes Güte, die sein eigenes Bild in unseren Gesichtern liest, ist mächtiger. Und so haben wir selber kein Recht, uns darin zu erschöpfen, uns selber als ohnmächtige Nichtsnutze anzusehen. Vielleicht sollten wir das langsam auch für unsere Liturgien und Gottesdienste lernen. Es ist schön, nicht auf sich selber zu bestehen, nicht einmal auf der Größe der eigenen Schuld. Wenn etwas unser Leben heiter und leicht machen kann, dann ist es das Bewusstsein davon, dass Gott sein Gesicht in uns liest, und dies gegen das Bild, das wir selber von uns haben. Wir sind, weil wir angesehen werden, nicht weil wir ansehnlich sind.

»Gott schuf den Menschen zu seinem Bilde, zum Bilde Gottes schuf er ihn. Er schuf sie als Mann und Frau.«

Er schuf sie als Mann und Frau: Die Rippengeschichte, die am Ende des 2. Kapitels erzählt wird, gefällt uns Männern natürlich viel besser: Adam war schon geschaffen, es schien schon alles gut zu sein, aber der Kerl fühlte sich unwohl und einsam. Also ließ Gott einen Tiefschlaf über ihn fallen, operierte ihm eine Rippe heraus und formte damit die Frau. Eva ist sozusagen die Fortsetzung seiner selbst. Er wird wach, sieht die neue »Männin«, wie es dort heißt, und sagt: Aha, Fleisch von meinem Fleisch und Rippe von meiner Rippe. Er definiert die Frau durch sich selbst. Und so ist es dann geblieben. Die Frau ist die Zweite – einer muss bei zweien ja der Zweite sein, sagt Karl Barth. Und so ist der Mann das Haupt der Frau, wie Paulus sagt, so sehr Haupt der Frau, wie Christus das Haupt der Kirche ist. Und darum sollte diese Zweite auch lange Zeit nicht ordiniert werden in der evangelischen Kirche. Und darum soll sie auch heute nicht Priesterin werden in der katholischen Kirche. Liebe Geschwister, wenn wir uns auf dem ökumenischen Kirchentag fragen, was uns eint und was uns befähigt, miteinander das Abendmahl zu nehmen, dann sollte uns auch einfallen die Ökumene des Versagens und der Schuld. Da gleichen wir uns schon wie Zwillinge in unseren Konfessionen.

»Gott schuf den Menschen zu seinem Bild, als Mann und Frau schuf er sie.« – Er schuf nicht den einen zuerst und die andere hinterher. Er schuf sie gleich, er schuf sie gleichzeitig, er schuf sie zu seinem Bild. Gott ist groß, und er will unsere Größe. Er duldet nicht, dass wir uns lächerlich machen, indem wir die Welt einteilen in Erste und Zweite, in Überlegene und Unterlegene, in Herrschende und Beherrschte; in solche, die zu bestimmten Ämtern würdig und geeignet sind, und solche, die es nicht sind. Es gibt in vielen Religionen die fatale Lust, die Welt einzuteilen in Heilig und Unheilig, in Kleriker und Laien, in Männer und Frauen. Wir haben in den letzten Jahren so viele Grenzen fallen sehen. Vielleicht erleben wir auch bald den Einsturz der Mauern, die die Frauen essentiell und substantiell von den Männern getrennt halten. Paulus hat es endlich doch verstanden, als er im Galaterbrief schrieb:

Hier ist nicht Jude noch Grieche, hier ist nicht Sklave noch Freier, hier ist nicht Mann noch Frau. Ihr seid alle einer in Christus Jesus. (3,28)

Füllet die Erde und macht sie euch untertan!
»Gott segnete sie und sprach zu ihnen: seid fruchtbar und mehret euch und füllet die Erde und macht sie euch untertan und herrscht über die Fische im Meer und über die Vögel unter dem Himmel und über das Vieh und über alles Getier, das auf Erden kriecht!«

Herrscht über sie! Diese Lektion haben wir gelernt. Aus einem Bericht über die Aufzucht von Schweinen:

»Sie stehen auf engstem Raum. Jede überflüssige Bewegung wird durch Metallbänder um Hals und Brust verhindert. Sie stehen auf Spaltböden. Deren Säuberung keine Arbeit mehr macht. Es gibt fast nur noch künstliche Befruchtung. Die männlichen Schweine werden sofort kastriert, damit ihr Fleisch besser schmeckt. Die Mutterschweine werfen ihre Ferkel in besonderen Buchten. Sie sind so konstruiert, dass unter genauer Berechnung die einzelnen Ferkel an besondere Zitzen kommen. Die Schweine sind so natur- und lebensentwöhnt, dass sie in einem freien Pferch zusammenbrechen oder an einem Herzinfarkt eingehen.«

Der Sieg über das andere Leben ist total! War das gemeint mit dem Auftrag zu herrschen?

Ja, die Exegeten sagen uns, dass mit der Aussage der Gottebenbildlichkeit des Menschen auch die Herrschaft über die außermenschliche Natur gemeint sei. In einem Atemzug sagt unser Bibeltext aus, dass der Mensch nach Gottesbild geschaffen sei und dass er zur Herrschaft eingesetzt ist:

»Lasst uns den Menschen machen, ein Bild, das uns gleich sei, die da herrschen über die Fische im Meer und über die Vögel unter dem Himmel und über das Vieh und über alle Tiere des Feldes.«

Bild Gottes ist in der Umwelt der Hebräischen Bibel der König. So sagt der ägyptische Gott Amun zum König: »Du bist mein geliebter Sohn…, mein Abbild, das ich auf Erden gestellt habe, in Frieden lasse ich dich das Land regieren, indem du die Häupter aller Fremdländer tilgst.«

Der König ist der Repräsentant der Herrschaft Gottes auf Erden. In unserem Text ist nicht einem König, sondern dem Menschen als solchem das dominium terrae, die Herrschaft über die Welt, gegeben. So eben hat man sich in einer alten Welt gesehen. Zu bedenken ist, wie feindlich die Natur damals dem Menschen war und wie ungeschützt er vor ihr war. Er war dem Wetter ausgesetzt. Er war von Tieren bedroht. Mühsam schafften sich die Menschen die Grundlagen des Lebens, sie litten bar-

barisch unter der blanken und ungezähmten Natur, so
wie die Natur heute unter dem ungezähmten Menschen
leidet.

Ein anderes ist zu bedenken: Gott gab nicht nur den
Herrschaftsauftrag. Er segnete die Tiere, die er geschaffen hatte. Im Vers 22 des ersten Kapitels heißt es, nachdem die Erschaffung der Tiere beschrieben ist:

»Gott segnete sie und sprach: seid fruchtbar und mehret euch und erfüllet das Wasser im Meer, und die
Vögel sollen sich mehren!«

Von drei Großen Segen wird uns berichtet: Vom Segen über die Tiere, vom Segen über den Menschen und
später vom Segen über den Sabbat. Der Segen Gottes
begrenzt die Herrschaft des Menschen.

Die Fische im ausgeplünderten Meer – von Gott
gesegnet.

Die Schweine und Hühner, in den Aufzuchtfabriken
gehalten – von Gott gesegnet.

Die mit Gewalt hochgezüchteten Pflanzen – von Gott
gesegnet.

Die kranken Wälder und die verseuchten Meere – von
Gott gesegnet.

Ich möchte Ihnen eine meiner Lieblingsgeschichten
erzählen, in der der Segen Gottes wahrgenommen und
geachtet ist. Über Franz von Assisi wird folgende Legende berichtet: Franziskus fing an, Gott in allen Dingen zu
lieben. Er ging singend seinen Weg und lud alle zum
Singen ein. Einmal kam er an eine Quelle und sprach:
»Schwester Wasser, erzähle mir von Gott!« Die Quelle
rauschte auf, als ob sie reden wolle. Dann wurde das
Wasser still, bis es ein klarer Spiegel war. Franziskus
schaute in die Tiefe, und er sah darin das Gesicht der
Klara, jener Frau, der er in Freundschaft verbunden war.
Er ging weiter und kam zu einem Mandelbaum. Auch zu
ihm sprach er: »Bruder Mandelbaum, erzähle mir von
Gott!« Der Mandelbaum schüttelte sich, als ob ein Wind

ihn bewegte. Und plötzlich stand er in Blüte, als ob der Frühling in ihn gefahren wäre. Danach sah Franz eine Vogelschar, und auch sie bat er: »Erzählt mir von Gott!« Die Vögel fingen an ein Lied zu pfeifen, wie man es noch nie gehört hatte. Dann bildeten sie eine Art Kreuz und flogen davon.

Es ist eine Legende der Sanftheit und der Gewaltlosigkeit. Franziskus sieht den Mandelbaum, er hört das Wasser. Er liest zugleich, was er sieht und hört. Im Rauschen des Mandelbaums liest er den Preis der Schöpfung. Im klaren Wasser liest er das Gesicht der Frau, die er liebt. Das Holz des Baumes und das Wasser sind nicht nur dienliche Geschöpfe. Alles, was er trifft, hat ein Nicht-Käufliches und Nicht-Benutzbares. Alles hat Stimme – der Baum, das Wasser und die Vögel. Franziskus lässt die Dinge sein, er betrachtet sie nicht nur mit dem kalkulierenden Auge des Verwerters und Benutzers. Er liebt sie, und das verleiht den Dingen Sprache. Es macht sie zu Sakramenten, die auf ein Ganzes hinweisen. So neigt sich das Leben ihm zu, es bleibt nicht stumm, es singt sein Lied und spendet seinen Trost. Die sanfte Gewaltlosigkeit ist die Tugend, die den Dingen Sprache lässt, und die Sanftmütigen sind zugleich die Getrösteten, weil sie fähig sind, die Botschaft und den Gesang des Lebens zu hören. In der Bergpredigt sagt Jesus, dass die Sanftmütigen die Erde besitzen werden. Besitzen meint hier etwas anderes als beherrschen, ausplündern und vergewaltigen. Die Sanftmütigen sind mit der Erde verbunden, weil sie sich nicht in dauernder Gewaltanwendung von ihr distanzieren. Je gewaltsamer Menschen mit der Welt umgehen – mit sich selber, mit anderen Menschen und Völkern und mit der außermenschlichen Natur –, um so stummer wird für sie das Leben; um so unheimischer und unheimlicher wird für sie selber die Welt.

Viele von uns wehren sich heute dagegen, Gott »Herrn« zu nennen. Sie wollen ihn mit sanfteren und zärtlicheren Namen rufen. Ich verstehe das. Aber zugleich wird mir angesichts unserer eigenen skrupellosen Herrschaftsallüren der Name Herr immer wichtiger. Wenn ich Gott den Herrn nenne, dann weiß ich, dass das Leben nicht zu meiner Verfügung steht, und ich falle mit diesem Namen meiner Unbedenklichkeit und meiner Zerstörungslust in den Arm.

Der todessüchtige Unendlichkeitswahn und der Zwang, alles zu benutzen und zu beherrschen, sind die eigentliche Zerstörung unserer Spiritualität. Welche Freiheit liegt darin, nicht alles sein zu müssen; nicht alles der eigenen Kontrolle unterwerfen und benutzen zu müssen. Welche Freiheit läge darin, die Stelle annehmen zu können, die Franziskus uns nahelegt: Teil eines Ganzen zu sein in lebendiger Verbundenheit mit allem. Man muss wohl wirklich an Gott glauben, um dem rasenden Bemächtigungswahn zu entkommen. Die Blitzkriege, die wir gegen die außermenschliche wie auch gegen die menschliche Natur führen, fressen uns die Seele weg. Überfluss zerstört Intensität, die Wahrnehmungsfähigkeit, die Beziehungsfähigkeit und die Genussfähigkeit. Sie entsinnlicht das Leben. Eine unsinnliche Welt aber ist eine sinnlose Welt. »Überflüssige Dinge machen das Leben überflüssig!«, sagt Pasolini lapidar.

Gott segnete den siebten Tag

»So vollendete Gott am siebten Tag seine Werke, die er machte, und ruhte am siebten Tag von allen seinen Werken, die er gemacht hatte. Und Gott segnete den siebten Tag und heiligte ihn, weil er an ihm ruhte.«

Von allen seinen Werken, die Gott geschaffen und gemacht hatte. Ein eigener Segen für den Sabbat! Gott ruht wie ein Arbeiter, der eine gute Arbeit geleistet hat. Die Zeit nach der Arbeit hält er für so bedeutungsvoll, dass er sie segnet. Er heiligt diese Zeit. Er schneidet sie heraus aus den anderen Zeiten der Arbeit und der täglichen

Plage. Heiligen heißt herausnehmen aus der Gewöhnlichkeit. In den Zehn Geboten, die Gott Israel am Sinai gibt, wird dem Volk zugemutet, diesen siebten Tag zu ehren, wie Gott ihn geehrt hat. Es soll ruhen an diesem Tag. Im dritten Gebot heißt es:

»Du sollst daran denken, dass du Knecht im Ägyptenland warst und der Herr, dein Gott, dich von dort herausgeführt hat mit mächtiger Hand und ausgerecktem Arm. Darum hat dir der Herr, dein Gott, geboten, den Sabbattag zu halten.«

Der Sabbat war für das Volk Israel im neuen Land ein Erinnerungstag. Sie sollten nie vergessen, woher sie kamen: aus der Sklavenschaft im fremden Land, wo sie ausgebeutet waren und wo ihre Kinder nicht leben konnten. Gott bleut mit dem Gebot des Sabbats dem Volk den Gedanken der Freiheit ein und die Liebe zu ihr. Offensichtlich verrät es die eigene Freiheit so gerne, wie es seinen Gott verrät. Die Erinnerung geht weiter. Das Volk soll an diesem Tag auch an das Glück und an die Schönheit des eigenen Anfangs denken, an die Schöpfung und an das Paradies. Am Sabbatende sollten die jüdischen Hausväter auf ihre Fingernägel schauen. Man nahm an, dass die Nägel die letzte Spur der paradiesischen Haut seien, die der Mensch einmal zu Zeiten des Glücks und der Ganzheit hatte. Die Erinnerung an den Anfang weckte die Erinnerung an den geheimen Namen, den alle schon vor Gott haben und der einmal offenbar werden soll. Die Anfangserinnerung wurde zur Hoffnung auf das, was einmal werden soll im Reiche der Himmel. Alle Lebensmühe wird dort vorbei sein, niemand wird mehr Beute des anderen, und die Königswürde von allen wird offenbar werden. Und so trat man am Sabbat aus der Mühsal der Gegenwart. Die Menschen spielten das, was sie einmal sein werden: Freie im Lande der Freiheit; Söhne und Töchter dieses Gottes, der das Reich der Güte errichtet hat. Man arbeitete nicht an diesem Tag, wie es die Knechte tun, denn man spielte schon den Entronnenen. Man aß weißes Brot und trank Wein, und man sang Lieder, als ginge das Leben schon. In diesem Vorspiel war die Zeit des wahren Lebens schon angebrochen, und kein Leben kommt, das nicht vorgespielt und vorfabuliert wurde. Der Sabbat wird Königin, Braut und Krone Gottes genannt. Die Menschen ermuntern sich in Liedern, einzutreten in das Reich, das noch kommen soll. In einem Lied zur Begrüßung des Sabbats heißt es:

»Steh' nicht beschämt, gräme dich nicht! Was bist du gebeugt, was betrübst du dich? Ermuntere dich! Auf, leuchte, denn es kommt dein Licht!«

Einen Menschen macht nicht nur schön, was er jetzt schon ist und kann. Seine Sehnsucht und seine Wünsche machen ihn schön. Die Freiheit der Menschen beginnt, wo sie von der Freiheit träumen. Diese Träume sind die Feinde der faulen Gegenwart. Sie sprechen ihr das Recht ab, sich als die endgültige Welt aufzuspielen. »Eines Tages wird es sein!« – das ist die Sehnsucht und die Drohung der Leute, die mehr brauchen, als die Gegenwart ihnen bietet. Mensch ist man, solange man nach dem Land der Freiheit Ausschau hält und solange man sich nach ihm sehnt. Nur da ist nichts mehr zu erwarten, wo nichts mehr erwartet wird. Da ist nichts mehr zu erwarten, wo man sich für den hält, den alle kennen – für den kleinen jüdischen Arbeiter, der seine Familie kaum ernähren kann; für die Frau, die in der Mühsal des Lebens ihre Kinder aufzieht. Da ist nichts mehr zu erwarten, wo man sich nicht mehr als Sohn und Tochter aus dem anderen Land begreift, das man schon feiert mit Brot und Wein und Liedern. Die Christen feiern diese Freiheit im Gedächtnis an die Auferweckung Christi an einem anderen Tag, am Sonntag. Aber wir feiern das Gleiche, die Erinnerung an den guten Anfang des Lebens und die Vorwegnahme jenes ganzen Lebens, das jetzt noch verhüllt ist. Welche Schönheit liegt in der Feier des Sabbats oder des Sonntags! Welche Kühnheit, der gegenwärtigen Lebensplage, dem knechtischen Leben mit dem Sonntag sein endgültiges Recht zu bestreiten; sich die Poesie der Lieder und der Gebete zu erlauben; andere Kleider anzuziehen und zu essen und zu trinken und damit den zu spielen, der man erst werden wird! Die anderen Kleider und das andere Verhalten waren nicht nur Äußerlichkeiten, sie waren der Hinweis auf den Geist der Sache. Eine störrische Größe hatte jene alte Zeit, in der der Sabbat oder der Sonntag beachtet wurde. Die Menschen entzogen sich trotz der Armut und der Kargheit jener Zeit dem Diktat des Funktionierens. Die Zeit und die Kräfte der Menschen und der Tiere lagen brach, sie brachten keinen Profit. Für einen Tag verweigerten sich die Menschen dem Reich der Zwänge. Sie nahmen die ihnen zugedachte Würde vorweg. Dieser Tag hob die Unterscheidung von Herr und Knecht und von arm und reich auf. Der jüdische Theologe Abraham Heschel schreibt:

»Den Sabbat feiern bedeutet unsere letzte Unabhängigkeit von Zivilisation und Gesellschaft zu erfahren, von Leistung und Angst. Der Sabbat ist eine Verkörperung des Glaubens, dass alle Menschen gleich sind und dass die Gleichheit der Menschen ihren Adel ausmacht. Die größte Sünde des Menschen ist es, zu vergessen, dass er ein Königskind ist.«

In der Nähe unseres Hauses wirbt eine Tankstelle: »Geöffnet 24 Stunden am Tag und 7 Tage in der Woche!« Welcher Gegensatz: kein Sabbat mehr, keine Erinnerung, keine Unterbrechung, kein Rhythmus des Lebens und der Zeit, nur noch Profit! Das ist der neue Gott, der keine Lieder mehr will und keine Erinnerung an die Freiheit, die seine Pläne nur stören könnte. Er will den Weihrauch unserer ständigen Dienstbarkeit und Verfügbarkeit. Dieser Gott löscht unser Gedächtnis aus, indem er uns immerzu beschäftigt. Er ist der Gott der Atemlosigkeit und der kleinen Wünsche. Wir haben lange gelitten unter der Vergesetzlichung des Sonntags oder des Sabbats. Aber sogar sie war unvergleichlich schön gegen das neue Diktat der Unrast, der Besinnungslosigkeit und der ausgelöschten Träume. Wir haben keine Zeit mehr für Freiheitsdurst und Lebenssinn. Die macherischen Fähigkeiten des Menschen sind ins Immense gewachsen, und die pathischen Begabungen verkümmern. Der Mensch unseres Kulturkreises fühlt sich allein als Macher gerechtfertigt, und sein Selbstverständnis bricht zusammen, wo er sich nicht mehr als Macher erfahren kann. Rasen scheint Sinn zu ersetzen. Aber Rasen ist selber ein anderes Wort für gefährlichen Wahnsinn. Kann man in einer solchen Kultur auf etwas anderes hoffen als auf die eigene Stärke? Kann man sich hergeben und entlassen in das große Geheimnis der Welt? Kann man seine großen und nicht mit Geld erfüllbaren Wünsche behalten? Kann es sein, dass die imperiale Weise, mit der wir mit uns selber und mit der außermenschlichen Natur umgehen, etwas zu tun hat mit dem Verlust der passiven Stärken und den nicht-aggressiven Fähigkeiten des Menschen, der Geduld, der Langsamkeit, der Stillefähigkeit, der Hörfähigkeit, der Wunschfähigkeit, des Wartenkönnens, der Gelassenheit, der Ehrfurcht und der Demut?

Was wird aus unseren Kindern und Enkelkindern in dieser Kultur? Werden sie, wenn es keine Sonntage und keine Unterbrechungen in der Zeit mehr gibt, noch lernen, was ein Rhythmus ist? Werden sie nur noch lineare und verödete Zeiten kennen und nicht mehr die Heilkraft eines Rhythmus? Werden sie noch Gebete kennen, die große durstige Sprache der Wünsche? Wir sind für die Seelen unserer Kinder verantwortlich. Aus unserer Hand wird Gott sie fordern.

Und siehe, es war sehr gut

»Und Gott sah an alles, was er gemacht hatte, und siehe, es war sehr gut. Da ward aus Abend und Morgen der sechste Tag.«

Dieser Satz ist in meiner Lutherbibel fett gedruckt. Fett gedruckt sind immer die Sätze, die Gott verherrlichen, Gott loben, Gott Recht geben, Gott verteidigen. Siehe, es war sehr gut. Vielleicht ist der Satz auch fett gedruckt, weil die Güte der Schöpfung oft kaum an ihr abzulesen ist. In Pasolinis Film »Große Vögel – kleine Vögel« redet Franz von Assisi den Raubvögeln ins Gewissen, die kleinen wehrlosen Vögel nicht zu jagen und zu vernichten. Sie hören reumütig zu, und sobald die Predigt zuende ist, stoßen sie auf die wehrlosen Kleinen nieder. Was ist denn gut daran? Und für wen ist es gut, wenn nicht für die Raubvögel? Die Natur schreitet in kalter Schönheit und in Gleichmut über die Leiden des Einzelnen, des Schwachen, des Kranken, des Verwundeten hinweg. Es ist, als hätte sich der Schöpfergott nur mit dem Großen, Starken und Gesunden verbündet. Die Nazis haben von dieser Natur viel gelernt. Was ist denn gut daran und von welcher Art ist diese Güte, wenn die Katze mit dem Entsetzen der Maus spielt. Was ist denn gut daran, wenn der Krebs den Körper des sechsjährigen Kindes zerfrisst? Ich weiß es nicht, und ich bin nicht so darauf aus, Gott zu verteidigen wie mein alter Lehrer, der alles auf den Sündenfall zurückführte und behauptete, im Paradies hätte sich die Maus mit Vergnügen von der Katze fressen lassen. Ich halte nicht viel von solchen masochistischen Mäusen. Nein, es ist nicht alles auf die Schuld der Menschen zurückzuführen. Freunde sagen mir, man müsse auch von der Schuld Gottes sprechen. Ich weiß es nicht. Ich möchte daran festhalten, dass der Grund des Lebens Güte ist. Ich möchte an dem Satz festhalten: Gott sah an alles, was er gemacht hatte, und siehe, es war sehr gut. Kein Wunder, dass der Satz fett gedruckt ist. Kein Wunder, dass er uns besonders eingebleut werden muss, weil er oft an den Werken Gottes selber nicht abzulesen ist. Er ist ein Glaubenssatz, er ist wie ein Lied, das man trotzig singen muss gegen die kalte Weisheit der Natur. Gewiss hat die Schöpfung ihre berauschende Schönheit – den Glanz des Morgens, die Schönheit der Nacht, in die der Tag versinkt, die Farbe des Mohns und den Flug der Schwalbe. Da spricht es sich leicht: und siehe, es war sehr gut. Vielleicht heißt etwas lieben auch etwas schön lesen, etwas schön finden; so lange suchen, bis man die Schönheit einer Sache oder eines Menschen gefunden hat. So sollen wir es auch mit der Schöpfung tun. Dann sind wir selber vorsichtiger, sie zu zerstören. Lassen Sie mich schließen mit einem Dank für die Werke dieses Gottes, die er gut gemacht hat.

Wir loben dich, Gott, im Tanz des Windes, der über das
     Gras streicht.
Wir loben dich, Gott, im Brüllen des Meeres und in der
     Stille der Nacht.
Wir loben dich, Gott, mit allen Wesen, mit denen wir die
     Erde teilen.
Du hast sie geschaffen, und siehe es war sehr gut.
Du hast deinen Namen und deine Güte gelegt in alles,
     was du geschaffen hast.
Lass uns deinen Namen erkennen,
geschrieben im Gesicht eines jeden Menschen,
geschrieben auch im Murmeln des Wassers und in der
     Farbe des Mohns,
geschrieben in die Zärtlichkeit unserer Hände und unserer Umarmungen,
geschrieben in den Schmerz und in unseren Tod.

Lehre uns, deinen Trost zu lesen aus der Reinheit des
     Wassers,

aus der Stille des Morgens und aus dem Spiel des Windes!

Lehre uns, dass das Wasser, die Erde und die Luft nicht unsere Beute sind!

Sie sind für sich da und für dich, den sie preisen.

Lehre uns, dass wir nicht die Herren des Lebens sind, denn Herr bist du!

Lehre uns, für unsere Kinder und Enkel zu sorgen,

dass sie eine Welt haben, in der sie wohnen können;

Luft, die sie atmen können; Wasser, das sie trinken können!

Lehre uns, dass wir sterben werden, dann werden wir das Sterbliche ehren!

Wir bitten dich durch Jesus Christus, in dem du Mensch und sterblich geworden bist.

Vom Glück, gebraucht zu werden

Wenn man glücklich ist, spürt man sich selber nicht. Man ist bei dem Menschen, den man liebt, man vergisst sich. Man ist bei der Sache, für die man steht, man vergisst sich. Man ist in dem Buch, das man liest und das einen bannt. Man ist in der Musik, die man liebt, und man vergisst sogar, dass man Kopfschmerzen hat. Diese Selbstvergessenheit ist keine Moral oder Tugend, sie ist Glück. Unglück dagegen ist, sich selber stets gegenwärtig zu haben und unerträglicher Gast seiner selbst zu sein. Wie es eine Selbstvergessenheit gibt, die keine Moral, sondern Glück ist, so gibt es eine narzisstisch-selbstbezogene Anwesenheit der eigenen Person, die reines Unglück ist und die nicht moralisch zu beurteilen ist. So werden einsame Menschen oft egoistisch, einfach weil ihnen kein anderes Thema gewährt ist als die eigene Person. Ich erinnere mich an einen Besuch in einer Klosterkirche. Ich betrachtete die Figuren und Gemälde. Da kam ein alter Mönch auf mich zu, der offenbar schon lange auf einen anderen Menschen gelauert hatte. Er erklärte mir lange, umständlich und ohne meine Ungeduld zu bemerken, die Kirche. Als ich mich endlich losmachen konnte, bat er mich fast flehentlich, am nächsten Tag wiederzukommen, er könne mir noch viel mehr zeigen. Der alte Mönch litt an dem Unglück, nicht mehr gebraucht zu werden. Er konnte sich selber nicht entkommen, weil er offensichtlich keine Menschen und keine Sache fand, für die er wichtig war. Und so war er sich selbst ausgeliefert. Man leuchtet sich selber nicht ein. Man kann nicht mehr wachsen, wenn man nicht gebraucht wird, man schrumpft auf sich selber zurück. Man leuchtet sich selber nur ein, wenn man liebt; wenn man für etwas kämpft oder leidet oder an etwas arbeitet. Man leuchtet sich selber ein, wenn man gebraucht wird.

Ein wundervolles Glück in der Liebe oder in der Freundschaft ist, wenn ein Mensch sagt: Ich brauche dich! Es ist eine der schönsten Liebeserklärungen, die man machen kann. Die Geliebte, der Geliebte macht sich schutzlos. Sie gestehen, dass man ohne einander nicht leben will und kann: Ich brauche dich! Es ist das größte Vertrauen, das Liebende einander schenken können, wenn sie ihre Unabhängigkeit und die eigene Autarkie aufgeben und sich in die Liebe des anderen flüchten: Ich brauche dich. Die Kälte des Lebens ist da hereingebrochen, wo man einander sagt: Ich brauche dich nicht mehr! Der Satz: Ich brauche dich! reißt Mauern ein, man ist nackt und schutzlos vor der Geliebten. Die Stärke dessen, der »am mächtigsten allein« ist, ist eher eine tödliche Stärke. Es ist die Herrschaftsstärke, die etwas ausrichtet, aber nichts gebiert. Jemanden brauchen und sich brauchen lassen ist Lebensreichtum. Niemanden brauchen und sich nicht brauchen lassen ist Lebensgeiz. Sich brauchen lassen ist nicht nur gut und moralisch. Ich möchte es lieber mit einer ästhetischen Kategorie benennen: es ist schön. Der hinwendungsfähige Mensch ist ein schöner Mensch. Der seine Bedürftigkeit bejahende Mensch ist ein schöner Mensch. Es gibt ein Wort im Neuen Testament, das ich liebe: überfließen. Damit ist die Liebe, die Großmut des Menschen gemeint, der sich selber nicht aufspart, der nicht mit sich geizt, sondern verschwenderisch mit sich selber ist. Sich verschwenden können – eine herrliche Kunst. Verschwenden hängt mit verschwinden zusammen. Aber man verschwindet gerade nicht, wenn man sich verschwendet. Wo man verschwindet hinter der Verschwendung, da ist sie falsch. Man hat oft von Frauen verlangt, dass sie sich verschwenden und zugleich verschwinden. Man hat die Tugend, sich brauchen zu lassen, vor allem ihnen zudiktiert. Eine Tugend, die nicht in gleicher Weise für alle gilt, ist ein Laster. Und alle Menschen haben das Recht, sich zu entziehen, wo nicht mehr verlangt wird als ihr Dienst und höchstens noch ihre schattenhafte Anwesenheit.

Ich brauche dich! ist ein verkappter religiöser Satz. Wer ihn spricht, weiß, was Gnade ist. Gnade ist nicht das Mittel, die Unterlegenheit des einen vor dem anderen zu überbrücken, auch nicht die Unterlegenheit des Menschen vor Gott. Gnade ist die Gewährung des Ansehens und der Liebe der Angewiesenen untereinander. Und so können wir nicht nur sagen, dass wir Menschen von der Gnade Gottes leben, er ist auch auf unsere Gnade angewiesen. Gott will geliebt werden, das sagen wir zwar in unseren Theologien, aber wir sprechen ihm gern die Liebesbedürftigkeit ab, indem wir uns immer nur seiner Erhabenheit, Souveränität und Unbedürftigkeit erinnern.

Lebendig sein heißt in Beziehungen stehen. Beziehungslosigkeit ist der Tod des Menschen, und eine der möglichen Beziehungen zu anderen und zur Welt ist, dass man nötig ist, dass man uns braucht und gebraucht. Mit dieser Kunst, sich brauchen zu lassen, hängt eine andere zusammen: die Kunst, jemanden zu brauchen. Ich halte sie für die viel schwerere Kunst. Es gibt Menschen, die jederzeit für andere da und bereit sind; die selbstlos jedem Hilferuf folgen, die sich aber viel schwerer damit tun, selber andere zu bitten und andere in Anspruch zu nehmen. Sie lassen sich brauchen, wagen oder wollen aber nicht andere brauchen. Vielleicht glauben sie, dass sie es nicht verdienen, andere zu brauchen. Vielleicht können sie nicht auf ihre kärgliche Unabhängigkeit verzichten. Wenn ich jemanden brauche, gebe ich zu, dass es nicht genug ist, mein eigener Souverän zu sein. Ich gebe in Demut zu, dass ich angewiesen bin und mit mir allein nicht auskomme. Die Angewiesenheit auf andere ist keine Schwäche, es ist Schönheit. Die eigentliche Größe des Menschen ist, diese Verwiesenheit zu bejahen und sich ihrer nicht zu schämen. Je geistiger ein Wesen ist, um so mehr ist es angewiesen und abhängig, und es schämt sich nicht dieser Abhängigkeit. Erst von einem Wesen, das seine eigene Hilfsbedürftigkeit nicht verleugnet, kann man sich helfen lassen, ohne dass diese Hilfe beschämt.

Das eine Unglück der Menschen ist, von niemanden gebraucht zu werden. Das andere Unglück besteht darin, nur als Instrument gebraucht zu werden. Benutzt werden heißt entwürdigt werden. Man ist ein Ding, man ist ein Instrument. Man ist sich nicht mehr Selbstzweck, man wird von anderen zu Zwecken benutzt. Es kommt dabei nicht auf die Person eines Menschen an, sondern auf die Funktion, die er ausübt. Wenn man zu diesen Zwecken nicht mehr taugt, ist man ein überflüssiger Fresser und kann eliminiert werden. Das ist das andere Unglück, nur für die Zwecke anderer zu existieren. Jedes den Menschen nicht schändende Gebrauchtwerden hat etwas mit Liebe zu tun: gebraucht werden als eine Möglichkeit, die anderen zum Leben verhilft, ob man nun gebraucht wird für Menschen, für eine Idee oder ein Ziel, das menschenwürdig und menschenfördernd ist. Ein humanes Gebrauchtwerden heißt, dass das Herz gebraucht wird, nicht nur die Hände. Wo dies nicht der Fall ist, ist man entwürdigt und nur noch Mittel zum Zweck. Es gibt Wörter in unserer Sprache, die diese Art von Benutzung anzeigen, etwa das Wort Menschenmaterial der Nazis oder das gebräuchliche Wort Humankapital. Auch das Wort Arbeitskräfte kommt in die gefährliche Nähe eines solchen Begriffs. Hier ist nur noch an die Verwendungsmöglichkeiten des Menschen gedacht.

Manchmal geht man Wege, die einen an den eigenen Ausgangspunkt zurückführen, ohne dass man sie vergeblich gemacht hätte. »Vom Glück, gebraucht zu werden« könnte ein Thema sein, das man vor 40 oder 50 Jahren in einem religiösen Journal für Barmherzige Schwestern finden konnte. Es war damals ein erwartbarer Titel in einer Zeit, in der Selbstlosigkeit alles war und in der die Entfernung von sich selbst und dem eigenen Glück Ziel in sich war. Wir haben uns dann langsam von den glücksfeindlichen Diktaten entfernt. Wir lernten Ich zu sagen und das Glück des eigenen Gedankens, der eigenen Erfüllung und der eigenen Sexualität zu verlangen. Wir lernten, uns selber zu beabsichtigen. Dann stellten wir fest, wie sehr man sich in der Selbstbeabsichtigung erschöpfen kann. Wir lernten, dass sie ein ebenso gefährliches Ziel ist wie die pure Selbstlosigkeit. Wir haben eine alte Wahrheit neu gelernt: wer seine Seele sucht, wird sie verlieren. Wer nichts anderes im Auge hat als sich selber, verheert sich und seine Welt. Nun sind wir wieder am alten Ausgangspunkt, ohne dass der Weg überflüssig war. Wir fragen nach dem Glück, das darin liegt, gebraucht zu werden. Aber wir fragen dies als solche, die sich nun selbst gelernt haben und die das eigene Glück nicht mehr scheuen. Wir lernen den Satz, der das Thema des letzten Vortrags von Dorothee Sölle war: »Wer nur das Glück sucht, sucht nicht Gott.« Weniger kann man eigentlich nicht suchen wollen.

Er herzte sie
und legte ihnen die Hände auf
MARKUS 10,13-16

Die Bibel ist unser Brief aus einem fernen Land und aus ferner Zeit. Wer einen solchen Brief aus der Ferne hat, der ist nicht nur ein Heutiger und ein Hiesiger. Wir sind auch Gestrige mit einer alten Erinnerung, wir sind auch Morgige mit einem Versprechen. Die Gegenwart, die nur sich selber kennt, ist das pure Gefängnis. Aus diesem Gefängnis soll uns der alte Brief führen, den wir heute morgen lesen, jener Abschnitt über die Segnung der Kinder, der uns daran erinnern soll, wer sie sind und wie Christus sich unseren Umgang mit ihnen gedacht hat.

V. 13: *Und sie brachten Kinder zu ihm, damit er sie an-*
      rühre.

Wer werden diese Menschen, deren Namen nicht genannt sind, gewesen sein, die ihre Kinder zu Jesus brachten? Wahrscheinlich ihre Mütter, die wussten, wie bedroht das Leben und die Existenz der Kinder in jener Gesellschaft waren. Kind sein in jener Gesellschaft hieß niedrig, klein und rechtlos sein. Zwar nicht im jüdischen Volk, aber in der römischen Umwelt waren Abtreibung, Aussetzung, Tötung von Neugeborenen und Kastration von Kindern selbstverständliche Mittel der Familienplanung. Das Aussetzen und die Tötung besonders von Mädchen, schwächeren und behinderten Kindern aus ökonomischen Gründen wurden als normal hingenommen. Besonders in Kriegszeiten und in den Zeiten politischer Umbrüche war das Leid der Kinder, ist bis heute das Leid der Kinder unermesslich. Darum standen die Kinder in der jüdischen Tradition unter dem besonderen

Schutz Gottes, der der Anwalt der Rechtlosen ist. Jesus setzt die Kinder in die Mitte seiner Beachtung, und damit führt er die Tradition der parteilichen Liebe Gottes fort. Denken wir also, wenn wir die Szene betrachten, in der Jesus die Kinder berührte, nicht an unsere eigenen gut genährten und gekleideten Kinder und Enkelkinder! Es sind die Kinder der Nacht, die die Mütter zu Jesus bringen, dass er sie berühre und segne.

V. 15: *Wahrlich, ich sage euch: wer das Reich Gottes nicht empfängt wie ein Kind, der wird nicht hineinkommen.*

Man kann diesen Vers auf zwei Weisen lesen, die eine Lesart: wer das Reich Gottes nicht empfängt, wie ein Kind etwas empfängt, der wird nicht hineinkommen. Die andere Lesart: wer das Reich Gottes nicht empfängt, wie man ein Kind empfängt, der wird nicht hineinkommen. In der ersten Lesart ist also die besondere Weise des Empfangens gemeint. Wie empfängt ein Kind etwas? Was ist damit gemeint: das Reich Gottes empfangen, erwarten, wie ein Kind etwas empfängt und erwartet? Ein Kind ist schwach, schutzlos, gefährdet und lebensunsicher. Es ist noch nicht fähig, sich das Leben selber zu erobern. Nicht nur im Augenblick seiner Geburt wird ihm das Leben geschenkt; noch lange Zeit ist es darauf angewiesen, dass man ihm das Leben schenkt; dass man es ernährt; dass man es kleidet; dass man es einführt in die Bilder des Lebens, die es sich nicht selber machen kann. Erst später wird es groß und stark und kann für sich selber sorgen.

Das Reich Gottes empfangen, wie ein Kind etwas empfängt, könnte also ein Plädoyer sein für ein Grundgesetz des Lebens, das nicht nur für Kinder gilt. Es lautet so: Du gebierst dich nicht selber, dir wird das Leben geschenkt, nicht nur in der ersten Stunde deines Lebens, sondern ein Leben lang. Das Grundgesetz lautet so: das Beste des Lebens ist nicht Produkt deiner eigenen Hände, es wird dir geschenkt, und du musst es empfangen. Du kannst die Liebe nicht machen, sie wird dir geschenkt. Du kannst Freundschaft nicht machen (wenn du sie auch pflegen kannst), sie wird dir geschenkt. Du kannst Vergebung nicht machen, sie wird dir geschenkt. In zwei Augenblicken sind wir am allerwenigsten Meister unserer selbst, in der Stunde unserer Geburt und in der Stunde unseres Todes. Vielleicht sind wir da am dichtesten bei Gott, weil wir am wenigsten bei uns sind und mit uns selber auskommen. Vielleicht sind diese beiden Stunden die eigentlichen Stunden der Gnade, weil wir uns da am wenigsten in den eigenen Händen bergen können.

Ich möchte an dieser Stelle und von dem Gedanken der Gnade aus etwas zur Kindertaufe sagen. Manchmal zieht man die Stelle bei Markus, die wir heute behandeln, zum Beleg der Kindertaufe heran. Nein, sie ist kein Beleg, zumindest nicht im direkten Sinn. Trotzdem erklärt mir die Stelle den Sinn der Taufe: das Reich Gottes empfangen, wie ein Kind etwas empfängt; einen Namen empfangen, ehe man sich namhaft gemacht hat. Wo das Christentum verblasst ist, kennt man noch das Fest der Namensgebung eines Kindes. Ja, so könnte man die Taufe nennen: das Fest der Namensgebung! Es gibt zwei Arten von Namen, den Indianernamen und den Taufnamen. Den Indianernamen bekomme ich, wenn ich mich namhaft gemacht habe. Wenn ich also scharf spähen gelernt habe, nennt man mich Adlerauge. Wenn ich schnell laufen gelernt habe, nennt man mich springender Hirsch. Der Indianername ist ein schöner Name, weil er die Stärken des Menschen ehrt. Aber wehe, wenn es nur ihn gibt! Wehe, wenn man nur erkannt wird, wenn man sich selber kenntlich gemacht hat! Wehe, wenn man nur angesehen wird, wenn man sich selber ansehnlich gemacht hat! In einer solchen Gesellschaft könnte man nicht Kind sein, nicht alter Mensch, nicht Kranker, nicht Behinderter und nicht Sterbender. Das Schönste, was uns das Christentum lehrt, ist die Überzeugung, dass wir nicht sind, weil wir uns verdient haben. Wir sind, weil wir schon vor aller eigenen Liebenswürdigkeit geliebt sind. Unser Name ist schon in die Hand Gottes geschrieben, ehe wir uns namhaft gemacht haben. Die Taufe ist der wundervolle Tanz und die heitere Inszenierung dieser Grundüberzeugung des Christentums: Ehe wir schön sind, findet uns jemand schön. Ehe wir uns den Indianernamen verdient haben, sind wir mit dem Namen der Liebe gerufen. Wer wollte die Taufe, wer wollte dieses Liebesspiel einem Kind vorenthalten? Wer wollte so stufflig-rationalistisch argumentieren: erst muss ein Kind entscheidungsfähig sein, ehe wir es taufen. Nein, wir werden geliebt, ehe wir entscheidungsfähig für diese Liebe sind. Wir taufen unsere Kinder nicht in Zwangssysteme von Kirche und Glauben. Wir taufen sie in die große Freiheit der Güte, von der aus sie erst fähig werden, ihre Wege zu gehen.

V. 15 – noch einmal: *Wer das Reich Gottes nicht empfängt wie ein Kind, der wird nicht hineinkommen.*

Ich versuche nun die zweite Lesart dieses Verses: Wer das Reich Gottes nicht annimmt, wie man ein Kind annimmt, der wird nicht hineinkommen. Das Reich Gottes selber wird in dieser Interpretation mit dem Kind verglichen: Es kommt daher schwach und gewaltlos. Man muss es schützen, annehmen, aufnehmen und beherbergen. Ich zitiere einen Vers aus dem Kapitel vor unserem Markustext. Die Jünger hatten gerade darüber gestritten, wer unter ihnen der größte sei, ein kindischer Streit, aber erheiternd und ermutigend, wenn man bedenkt, dass die kirchlichen Probleme damals nicht sehr viel anders waren als heute. Wer also ist der Größte? Und hier die jesuanische Verdrehung des Status: Wenn jemand der Erste sein will, der soll der Letzte sein und aller Diener. Dann nimmt er ein Kind, stellt es vor sie, herzt es und sagt: »Wer ein solches Kind in meinem Namen aufnimmt, der nimmt mich auf; und wer mich aufnimmt, der nimmt nicht nur mich auf; er nimmt den auf, der mich gesandt hat.« (9,37) Man muss dieses Kind hegen, bergen, nähren, beherbergen, es wärmen und schützen. In ihm schützen und bergen wir Christus: wer ein solches Kind in meinem Namen aufnimmt, der nimmt mich auf. In Christus hegen wir Gott, der sich in dem Kind vermummt hat: Und wer mich aufnimmt, der nimmt den auf, der mich gesandt hat. Das Reich Gottes muss man schützen, man muss ihm auf die Beine helfen, es ist gefährdet ohne unseren Schutz. Das ist die zweite Würde des Menschen. Seine erste Würde ist ihm beigelegt; es ist die im Taufnamen verliehene Würde. Die Gnade hat uns liebenswürdig gefunden, ehe wir es waren. Jeder Mensch, auch der, der alles verspielt hat, trägt diesen unverlierbaren Blick Gottes in sich. Die zweite Würde: das Reich Gottes ist uns anvertraut. Wir sollen es aufnehmen, wir sollen uns ihm zuneigen, wie man sich einem Kind zuneigt. Die Gnade dispensiert also nicht die menschliche Stärke. Wir sind nicht die nackten Spatzenjungen, die hilflos in ihrem Nest sitzen und nur auf die göttliche Gnadenfütterung warten. Die Gnade macht uns stark, zu Mitarbeitern des Reiches, zu Vätern und Müttern unseres schutzbedürftigen und liebesbedürftigen Gottes.

Markus hat es mit den Kindern in dem 9. und 10. Kapitel seines Evangeliums. Ich zitiere einen anderen Vers, der den Schutz der Kleinen fordert, aus dem 9. Kapitel (42): *»Wer einen dieser Kleinen, die an mich glauben, zum Abfall verführt, für den wäre es besser, dass ihm ein Mühlstein an den Hals gehängt und er ins Meer gewor-*

fen würde.« Dies ist einer der überscharfen Sätze Jesu, die einem manchmal auf die Nerven gehen. Aber damit entkommen wir ihrem Ernst nicht. Gott wird die Seele unserer Kinder aus unserer Hand fordern. Sorgen wir für die Seelen unserer Kinder? »Wenn dein Kind dich morgen fragt...« ist die Losung des Kirchentags. Sie ist der großen Mose-Rede aus dem Deuteronomium entnommen. »Wenn dich dein Kind morgen fragen wird: Was sind das für Ermahnungen, Gebote und Rechte, die euch der Herr, unser Gott geboten hat?« Und woran sollen die Gefragten ihre Kinder erinnern? Zunächst nicht an Aufgaben und Moralen, sondern an eine große Freiheitsgeschichte: »So sollst du deinem Kind sagen: ›Wir waren Knechte des Pharao in Ägypten, und der Herr führte uns aus Ägypten mit starker Hand.‹« Wir sind unseren Kindern die Geschichten der Freiheit und der Rettung des Lebens schuldig. Lassen Sie uns darüber reden, wie wir die Hoffnung an unsere Kinder und Jugendlichen weitergeben können, von der wir selber leben!

Wer sind wir, die Pfarrer und Lehrerinnen, die Väter und Mütter, die Großeltern, die die Geschichten von der Würde und der Bergung des Lebens weitertragen sollen? Wir sind die, aus deren Händen Gott die Seelen unserer Kinder fordern wird. Es genügt nicht, unsere Kinder mit Pisa-Effizienz auszustatten. Sie müssen etwas vom Grund unserer Hoffnung erfahren.

Wie aber lehren wir die Sprache der großen Wünsche, der Träume und des Rechts, wenn der Glaube von uns Älteren und Alten selber seine Risse bekommen hat. Wir leben nicht mehr in den Zeiten der alten Sicherheiten und des unbezweifelten Wissens. Wir leben nicht mehr in Zeiten, in denen allen selbstverständlich war, was zu wissen und was zu überliefern ist. Wir leben nicht mehr in Zeiten, in denen es einen selbstverständlichen und allen geläufigen Kanon gab. Das aber gibt uns kein Recht zu schweigen. Vielleicht ermutigt uns diese kleine Anekdote: Ich habe vor einiger Zeit eine ehemalige Theologiestudentin getroffen, die kurz vor ihrem Examen ihr Studium abgebrochen hat und aus der Kirche ausgetreten ist. Provokativ hat sie vor dem Seminar ihre theologischen Bücher verkauft mit der höhnischen Bemerkung, sie würde sicher keinen Blick mehr hineinwerfen. Nun traf ich sie, sie erzählte dies und das, und fast beschämt sagte sie, sie würde mit ihren Kindern beten und ihnen biblische Geschichten erzählen. »Meine Kinder brauchen mehr als Kleidung und Nahrung«, sagte sie. »Ich weiß nicht, ob ich selber glaube, aber ich lehre sie beten.« Ich bewundere die Demut dieser Frau, die ihre eigene Glaubenskargheit nicht zum Maßstab für das machte, was sie ihren Kindern erzählt. Der Hunger der Kinder öffnet ihr den Mund für das, was sie selber kaum sagen kann. Der Hunger der Kinder baut an ihrer Sprachfähigkeit. Sie lernt den Glauben, indem sie vom Glauben erzählt. Was soll daran falsch sein? Sie lässt ihre Kinder nicht an dem mageren Arm ihrer eigenen Redlichkeit verhungern. So wünsche ich mir Eltern, Pfarrerinnen und Lehrer: sie sollen weiter springen, als sie können. Man kann etwas lehren und erzählen, weil man es kann und liebt. Man kann etwas lehren und erzählen, weil man etwas vermisst und daran leidet, dass man es vermisst. Erst wer nichts mehr vermisst, kann nichts mehr lehren. Den großen Bruch mit den Traditionen haben wir Alten vollzogen und erlitten. Aber wir leben noch von den Bildern, der Lebensauffassung jener Überlieferungen. Unsere Kinder werden sie nicht mehr kennen, wenn wir stumm bleiben und uns bescheiden in der eigenen Sprachlosigkeit. Unsere Kinder brauchen Lehrer und Lehrerinnen, an unwissenden Meistern können sie sich nicht bilden.

Es ist nicht leicht, Lehrer und Lehrerin der eigenen Kinder zu sein, wenn die Lehre selber undeutlich geworden ist. Die Schwierigkeit der Lehrer in einer spätmodernen Gesellschaft ist die Abwesenheit eines Kanons der Lehre. Man spürt es, wenn man die pädagogischen Moden der letzten Jahrzehnte überblickt. Wir waren umgeben von kurzatmigen Wichtigkeiten. Unter solchen Umständen ist es nicht leicht, eine »Lehre« zu haben. Junge Menschen, die »unwissende Meister« als Lehrer und Lehrerinnen, Pfarrer, Väter und Mütter haben, spüren, dass ihnen die Welt unkenntlich wird, wo ihnen nicht Erwachsene gegenübertreten mit erkennbaren Gesichtszügen und mit erkennbarer Andersheit. Man lernt das meiste an der Andersheit der anderen. Unsere Kinder brauchen uns als Erwachsene, sie brauchen uns als andere. Sie brauchen uns als Menschen, die etwas vertreten, an etwas glauben und etwas wollen. Sie brauchen unser Gesicht, sonst können sie sich selber an uns nicht erkennen, nicht abarbeiten, nicht ihren eigenen Lebensentwurf am fremden probieren. Es hilft ihnen im Leben nicht weiter, wenn sie in ihren Lehrern und Lehrerinnen, in den Vätern und Müttern nur sich selbst und die eigene Hilflosigkeit wiederfinden; wenn jedes Gespräch mit ihnen zum Selbstgespräch wird. Man kann einen Dialog nur führen, wenn man ein eigenes Gesicht und eine eigene Sprache hat. Lehrersein heißt zeigen, was man liebt und was einem wichtig ist.

Die Frage ist, ob unsere Kinder den religiösen Überlieferungen trauen können, wenn die Welten unreligiös geworden sind. Die Menschen waren in traditionalen Zeiten wohl nicht religiöser, als sie es heute sind. Aber die Welten waren religiös. Menschen waren von Religion umgeben, ob sie es wollten oder nicht. Die Zeiten waren religiös pointiert. Es gab die für alle verbindliche Adventszeit, in der man nicht tanzen ging und in der man nicht heiraten sollte. Es gab die Fastenzeit, die sich mit ihrer größeren Kargheit von anderen Zeiten unterschied. Die Häuser hatten oft religiöse Signaturen. Man hat das Datum der Erbauung eingemeißelt und den Psalmspruch: »Wenn der Herr das Haus nicht erbaut, bauen die Bauleute vergebens.« Auf dem Feuerwehrhaus stand geschrieben: »Gott zur Ehr – dem Nächsten zur Wehr!« Es gab das Angelusläuten und den Brauch, zu jenem Läuten zu beten. Es gab Personen, deren religiöse Zugehörigkeit von weitem sichtbar war – den Pfarrer mit seinem Kolar und die Religionslehrerin am Dutt, dem Gebetsknopf, wie wir diese Frisur nannten. Religion war nicht nur im Herzen verankert, sie lag auch draußen – in den heiligen Zeiten, Personen, Orten und Bräuchen. Diese christlichen Formenwelten verblassen, übrigens weniger die nicht-christlichen religiösen Welten. Diese christlichen Welten sind nicht mehr Mode. Das ist für unsere Kinder und Jugendlichen Erschwerung und Befreiung zugleich. Befreiung: die Tradition liegt nicht mehr über ihnen wie ein Bann, dem man sich beugen muss. Erschwerung: sie lernen Religion nicht mehr als eine selbstverständliche Form des Lebens. Normalerweise hört man die fatalistische These: wo Traditionen verloren sind, sind sie nicht mehr herstellbar. Traditionsbruch ist Abbruch! Ich möchte eine Gegenthese wagen: Traditionsbruch macht neugierig auf Traditionen. Der Bruch ist ja nicht nur Abbruch heiler religiöser Welten, es ist auch der Abbruch von allerlei religiöser Fragwürdigkeit. Wir sehen plötzlich, wie junge Menschen sich Traditionen zuwenden, die nie in ihrem Horizont lagen. Man könnte beinahe sagen: je fremder sie sind, um so mehr Interesse wecken sie. So singen junge Menschen Taizé-Lieder, und Paul Gerhardt verschweigen sie. Protestanten reden viel von der Beichte, die meisten Katholiken schütteln sich immer noch davor. Bei Projekttagen in den Schulen sind Hamburger Jugendliche leicht in katholische Klöster zu kriegen, die doch weißgott nicht in ihrer Tradition lagen. Ich erinnere mich an einen Besuch in einer Hamburger Schule, wo ich die Bemerkung eines Schülers hörte: »Jetzt ist mal Schluss mit dem Sexualitätszeugs im Religionsunterricht, wir wollen was von der

Bibel hören.« Natürlich kann man sagen: so reagieren nicht alle! Aber haben denn früher alle Kinder und Jugendliche positiv auf jene Tradition reagiert? Ich erinnere mich daran, wie langweilig wir den Religionsunterricht und die Schulandachten gefunden haben. Vielleicht ist der Glaube wirklich noch zu schwer für Jugendliche. Vielleicht braucht man dazu doch mehr Lebensniederlagen und Lebensglück. Könnte es sein, dass die These, Religion sei nicht gefragt nach den Zeiten der großen Brüche, eine Schutzbehauptung von uns Erwachsenen ist, die uns erlaubt, in der eigenen bequemen Undeutlichkeit zu verharren?

Es könnte sein, dass unsere Jugendlichen lange Umwege über die Esoterik, über Buddhismus oder über die verschiedenen Gurus machen. Lasst sie gehen! Sie müssen nicht an unserem Wesen genesen, und das Recht auf Umwege können wir ihnen nicht nehmen, nicht einmal das Recht auf Irrwege. Je deutlicher wir als Eltern, Lehrerinnen und Pfarrer sind, um so mehr Urteil gewinnen sie und um so ungefährlicher werden ihre anderen Wege. Sie wachsen an dem Widerstand, den wir ihnen bieten. Sie erkennen sich an unserer eigenen Andersheit.

V. 16: *Und er herzte sie, legte ihnen die Hände auf und segnete sie.*

Was heißt gesegnet werden? Ein Freund von mir erlitt vor kurzem einen Herzinfarkt. Einer der Krankenpfleger, die ihn versorgten, ein junger Mann von erfrischender Respektlosigkeit sagte zu dem Kranken: »Alter Graukopf, du machst jetzt garnichts. Du denkst nicht, du bewegst dich nicht, du sorgst dich nicht.« Der Freund sagte später: »Die Aufforderung des Pflegers empfand ich in diesem Moment der Gefahr wie einen großen Segen.« Warum hat der Kranke die Bemerkung des jungen Mannes wie einen Segen empfunden? Ich vermute, weil der

Freund im Augenblick der Gefahr aufgefordert wurde, sich völlig aus der Hand zu geben. Er fühlte die Hände seiner Betreuer, er sah, wie sie an ihm handelten. Er aber sollte nur eines tun: sich loslassen in diese Hände; ihnen nicht widerstehen; auch nicht dadurch, daß er um sich selbst besorgt ist. Das ist übrigens leichter gesagt als getan. Wenn ich etwas heidnisch in uns nenne, dann den Wunsch, sich selber zu besorgen; sein eigener Herr und Lebensmeister zu sein. Es ist schwer, sich trösten zu lassen. Es ist schwer, darauf zu verzichten, Macher und Besorger des eigenen Heils zu sein.

Was hat dies mit dem Segen zu tun? Der Segen ist der Ort höchster Passivität. Es ist der Ort, an dem wir werden, weil wir angesehen werden vom Blick der Güte. Die Schönheit, die Kraft, die Lebensstärke und die Ganzheit garantieren wir uns nicht selbst. Wir haben sie im Blick, der auf uns ruht. Es leuchtet ein anderes Antlitz über uns als das eigene. Es ist ein anderer Friede da als der mit Waffen erkämpfte und eroberte. Der Ausgang und der Eingang sind nicht von eigenen Truppen bewacht, sie sind von Gott behütet. Welche Erwachsenheit, wieviel Aggressionslosigkeit und wieviel Mut gehören dazu, nicht auf sich selber zu bestehen und auf alle Panzer des Selbstschutzes zu verzichten. Sich der Güte des fremden Blicks zu verdanken, sich segnen zu lassen ist eine hohe Kunst.

Der Segen ist der schönste Tanz der Hoffnung und des Glaubens, indem zwei Menschen von sich selber absehen, der Segnende und der Gesegnete. Der Gesegnete erlaubt sich den Sturz in das Versprechen der Geste und des Wortes. Er fragt nicht nach seinen eigenen Voraussetzungen für den Segen. Einmal will er nicht zweifeln, einmal will er nicht fragen, wo das Versprechen seinen Ort der Erfüllung hat. Wenigstens an dieser Stelle will er nicht bestehen auf den eigenen Widersprüchen, auf den eigenen Halbheiten; auf dem Leben, das durch ihn selber nicht gerechtfertigt ist. Der Segen ist die dichteste und die dramatischste Stelle des Glaubens. Dort nämlich wird inszeniert, was Gnade ist: nicht erringen müssen, wovon man wirklich lebt; sich nicht bannen lassen durch die eigenen Zweifel und durch die Zersplitterung des eigenen Lebens. Der Gesegnete muss nicht nur er selber sein. Er stürzt in den Abgrund des Schoßes Gottes.

Ebenso sieht der Segnende von sich ab. Denn er steht nicht für das Versprechen, das er gibt. Er spielt ein Spiel, dessen Regeln und dessen Ausgang er nicht garantiert. Das ist die Demut des Segnenden: er spendet etwas, was er nicht hat, und seine eigene Blöße hält ihn nicht ab, aufs Ganze zu gehen und Gott als Versprechen zu geben. Der Segnende ist ein schlechter Buchhalter. Er bilanziert nicht, und er gibt nicht nur aus, was er hat. Er sagt nicht nur, was er verantworten kann; und er verspricht nicht nur, was er halten kann. Fallen lässt sich also nicht nur der Gesegnete, fallen lässt sich auch der Segnende in die Sprache und in die Geste, die größer ist als ihr Herz.

Im Segen nennen wir Gott. Wer Gott nennt, braucht nicht selber Gott zu sein. Wer an den Grund des Lebens glaubt, braucht den Grund des Lebens nicht zu fabrizieren. Er muss nicht Autor der Welt und ihrer Zusammenhänge sein. Das entwichtigt niemanden, und es dispensiert niemanden davon, das Leben zu wärmen. Aber die Segnenden sind nicht die Garanten des Lebens, und sie tragen es nicht auf den eigenen Schultern. Sie müssen nicht immer stark, gesund und unanfechtbar sein.

Wenn wir segnen oder gesegnet werden, bergen wir uns in uralte Formeln. Es gibt sehr schöne neue Segensgebete, ich will die alten nicht gegen die neuen ausspielen. Aber heute plädiere ich einmal für die alten Formeln, z. B. für den wundervollen aaronitischen Segen mit seinen kräftigen Bildern: Der Herr segne und behüte dich, er lasse sein Antlitz über dir leuchten, er hebe sein Antlitz über dich und gebe dir Frieden. Die alte Formel erinnert mich daran, dass ich selber nicht die Voraussetzung dieser Handlung bin. Die alten Formeln haben viele vor uns gesprochen. Mit Formeln kommt man aus einem fernen Land der Wünsche und Hoffnungen. Eine Formel ist darum besser, als sie ist, weil die Toten sie mit ihren Tränen und mit ihren Wünschen gewaschen haben. In den Segensgesten, in der Handauflegung, im Kreuzzeichen ist die Zärtlichkeit aller gesammelt, die sie vor uns benutzt haben. Unsere Toten und unsere Geschwister tragen unseren Glauben. Selbst wenn der Glaube der Segnenden und der Gesegneten zu schwach ist, so können sie ihn doch spielen in den Masken der Formeln, die uns die Toten hinterlassen haben. Jede Formel sagt mir: du bist nicht allein, du fängst nicht an, du musst dich nicht mit dir selber begnügen. Das ist die Fähigkeit, Anleihen bei dem Glauben und bei der Hoffnung der Toten und der lebenden Geschwister zu machen. So ist Gnade nicht nur die Grundwirklichkeit zwischen Gott und den Menschen. Wir selber spielen untereinander das große Spiel weiter und essen von dem Brot, das die anderen gebacken haben.

Es gibt eine andere Kraft der Formel: sie dämpft die Bewusstheit. Die Bewusstheit ist die Signatur des freien Subjekts. Aber es gibt Situationen, wo das Subjekt sich und seine Welt in der gläsernen Selbstbewusstheit verlieren kann. Es muss Situationen geben, in denen man sich selber nicht zuschaut. In allen Situationen personaler Vereinigung ist man am eigentlichsten, wenn man sich vergisst. Ich darf nicht zuschauen, wenn ich jemanden umarme oder mit jemanden schlafe. Ich darf mir nicht zuschauen, wenn ich bete. Es gibt Situationen, in denen die Selbstbewusstheit nicht intensiviert, sondern zerstört. Die Formel nimmt mir die Überbewusstheit. Sie wiegt mich ein in den Geist der Sache. Wenn der Pfarrer jeden Sonntag mit einer frischen Segensformel kommt; wenn er die Formel durch seine eigene elaborierte Sprache ersetzt, dann kommt jene produktive Bewusstlosigkeit nicht zustande. Dann muss ich zu gespannt, zu aufmerksam und zu aktiv sein. Ich kann mich nicht fallen lassen. Der Segen ist die tiefste Stelle der Passivität. Man will nichts, als kommen lassen, was kommen will. Man will nichts erjagen, erzwingen, erfassen. Man ist frei von jeder Beabsichtigung.

Protestanten haben manchmal eine Höllenangst vor möglichen magischen Vorstellungen, die mit dem Segen verbunden sind. Vor der Magie habe ich, der ich nicht mit protestantischer Muttermilch aufgewachsen bin, wenig Angst. Auf jeden Fall enthält sie mehr Wahrheit als die pure Aufgeklärtheit und die reine Gestenlosigkeit und Stummheit. Der Segen hatte auch immer mit den großen Wünschen der Menschen an das Leben zu tun, im Katholizismus mehr als im Protestantismus. Er war verbunden mit Geburt und Tod, mit Heirat, Schuld, Krankheit, Ernte und immer wieder mit Begrüßung und Abschied: Schalom, Selem, Heil, Adios, Adieu, Tschüs. Es sind Situationen, in denen für die Menschen viel auf dem Spiel steht.

Vielleicht spricht Gott in jedem Segen zu uns und sprechen wir untereinander, wenn wir segnen, wie jener Pfleger zu meinem zusammengebrochenen Freund gesagt hat: »Alter Graukopf, du machst jetzt gar nichts! Du denkst nicht, du bewegst dich nicht, du sorgst dich nicht!«

V. 16: *Er herzte sie, legte die Hände auf sie und segnete sie.*

Ich erinnere mich an eine tägliche Szene aus meiner Kindheit. Wenn wir Kinder morgens zur Schule gingen, machte uns unsere Mutter ein Kreuzzeichen auf die Stirn, sie segnete uns. Sie tat es keineswegs in existentieller Ergriffenheit. Mit der linken Hand rührte sie im Kochtopf, mit der rechten segnete sie. Sie tat es mit so viel Intensität, wie sie uns das Butterbrot für die Schule mitgab, nicht besonders ergriffen, eher alltäglich und beiläufig. Aber ganz beiläufig gibt eine Mutter ihren Kindern das Brot nie.

Ich lobe zuerst die Schönheit der Geste: unsere Mutter hat in der Segensgeste einen kleinen Tanz der Wünsche für uns gefunden. Sie hat sie nicht stumm und in ihrer Seele eingekerkert gelassen. In der kleinen Segensgeste wurden ihre Wünsche deutlich und zärtlich. Wir wurden berührt, an der Stirn und in der Seele. Sie war nicht unberührt, und wir blieben nicht unberührt. Man kann fragen: war diese Geste, täglich versucht und mit halbem Herzen getan, nicht recht oberflächlich? Fordert der Segen nicht die Ganzheit des Menschen, sein ganzes Herz und seine ganze Ergriffenheit? Ich glaube, damit wäre das Herz überfordert. Was man regelmäßig und oft tut, das tut man meist mit halbem Herzen, nicht halbherzig, sondern eben nur mit der Kraft des halben Herzens. Auch unsere Herzen sind endlich wie alles an uns. Wenn aber eines von uns Kindern aus dem Haus ging oder krank war und meine Mutter segnete es, dann war sie eine Künstlerin, und ihr ganzes Herz lag in ihrer Geste. Das aber war nur möglich, weil sie lange das halbe Herz ausgehalten hat. Man kann seine Sprache, seine Gesten und das Verhalten nicht erst erfinden, wenn man sie wirklich braucht. Die tägliche Geste meiner Mutter war die Übung für den Ernstfall. Aber es war nicht nur Übung, es war die Kraft des halben Herzens. Dankbarkeit für das halbe Herz, wenn das ganze noch nicht zur Verfügung steht!

V. 16: *Und er herzte sie, legte die Hände auf sie und segnete sie.*

»Dies Kind soll unverletzt sein!«, singen wir abends am Bett unserer Kinder – hoffentlich! Unverletzt soll nicht nur ihre Seele sein, unverletzt soll ihre Welt sein. Unverletzt soll die Luft sein, die sie einmal atmen. Unverletzt soll das Wasser sein, das sie einmal trinken. Unverletzt soll das Klima sein, dem sie einmal ausgesetzt sind. Wie kommt es, dass wir unsere Kinder lieben, ihnen Gottes Segen wünschen und sie herzen und gleichzeitig übersehen, was mit ihrer Atemluft in 10 oder 20 Jahren sein wird? Wie kommt es, dass unsere Liebe so kurzsichtig ist? Jesus segnete die Kinder. Segen ist in jener Tradition nie nur etwas Innerliches und Geistiges. Es ist auch der Zuspruch des Reichtums der Schöpfung. Dieser Segen hat etwas zu tun mit den alltäglichen Dingen des Lebens, mit Brot und Wasser und Atemluft. Ich will auf etwas hinweisen, was wir anrichten und was unsere Kinder und Enkel einmal ausbaden müssen, das ist die Gefährdung des Klimas. Die globale Klimaerwärmung hat sich weltweit als die größte Bedrohung für das Überleben der Natur und das Wohlergehen der Menschheit entpuppt. Kein anderes Problem hat einen so weitreichenden Einfluss auf die Zukunft unserer Kinder und ihrer Welt. »Der Klimawandel ist keine Prognose, er ist eine Realität, die Leid und wirtschaftliche Not verursacht, schon heute.« (Klaus Töpfer, Exekutiv-Direktor des UN-Umweltprogrammes) Wir versündigen uns an denen, die nach uns kommen, wir verweigern unseren Kindern den Segen. Es ist unfassbar, dass wir Alten, wir Großväter und Großmütter, nicht aufstehen gegen den selbstverständlich gewordenen Schwachsinn, in dem wir die Zukunft unserer Enkel aufs Spiel setzen. Wir erzählen doch immer so gern, wie herrlich sie sind. Wir fahren doch so gerne mit ihnen in Ferien und warten darauf, dass sie uns besuchen, und lassen zugleich zu, dass ihnen das Glück des Lebens genommen wird. Wie herrlich wäre es, wenn wir uns in den Altenkreisen in unseren Gemeinden nicht nur behandeln ließen, als wären wir auf einem Kindergeburtstag; wenn 100 Altenkreise der Kirchengemeinden sich zusammenschlössen und einen Protestmarsch zum Hamburger Flughafen machten gegen die klimazerstörenden Billigflüge. Wie herrlich wäre ein solcher Aufstand des heiteren und humpelnden Gewissens. Wir hätten alle Öffentlichkeit, die wir brauchten. Von unserer Hand wird Gott die Zukunft unserer Kinder fordern. Es geht mir nicht darum, dass wir jetzt alle als Einzelne ein schlechtes Gewissen haben. Wohl aber geht es mir um unser aller Wachheit. Wie aufmerksam sind Parteien und gesellschaftliche Gruppen auf das Problem der Klimaveränderung? Welche Produkte tragen dazu bei? Welche Firmen müssen wir wegen dieser Produkte boykottieren? Der Boykott kann eine Weise sein, das zu tun, was Christus getan hat, unsere Kinder zu segnen. Als Jesus sah, dass seine Jünger die Frauen wegdrängen wollten, die mit ihren Kindern zu Jesus kamen, wurde er unwillig. Wo bleibt unser Unwille, wenn wir sehen, wie das Leben der Kinder bedroht ist? Christus wurde zornig, wo bleibt unser Zorn? Leidenschaftliche Herzen bleiben nicht gleichmütig, wenn sie das Leben bedroht sehen, sie werden zornig. Zorn ist die Eigenschaft eines gebildeten Herzens, das nicht alles erträgt und hinnimmt. Jesus wurde unwillig. Auch darin sollen wir ihm nachfolgen.

Eine kleine Hoffnungsgeschichte: Eine Gruppe von Bürgern hat sich in Hamburg zu einem Verein Klimamarsch zusammengeschlossen. Sie bereiten in Hamburg Klimatage vor. Es werden dort nicht nur wissenschaftliche Ergebnisse vorgestellt. Es gibt den Klimamarsch zu einem Festplatz, es gibt eine Kinderwagenkarawane und ein großes Klimafest. Wer mitarbeiten will, kann mich gerne ansprechen oder anschreiben. Auch das heißt, die Kinder herzen, wie Christus es getan hat, für ihre Atemluft auf die Straße gehen.

Vergegenwärtigen wir uns am Ende noch einmal die Bilder unserer Geschichte! Die Frauen, die ihre Kinder bringen; die Jünger, die wie so oft nichts verstehen und die Frauen vertreiben wollen; Jesus, der die Jünger anfährt; Christus, der den Kleinen das Reich verspricht; Christus, der sie in den Arm nimmt und sie segnet. Wenn wir unsere Kinder lieben, enthalten wir ihnen nicht den Segen vor. Wir enthalten ihn auch nicht die Geschichten vom Segen Gottes vor wie diese, die wir betrachtet haben. Was geschieht mit unseren Kindern, wenn sie die Hoffnungsgeschichten nicht mehr kennen? Was geschieht mit den Seelen unserer Kinder, wenn sie keine Fragen mehr stellen nach dem Grund unserer Hoffnung? Was geschieht, wenn wir ihre Fragen nicht mehr beantworten? Dann lassen wir ihre Seelen verkommen, wenn wir ihren Leib auch noch so gut versorgen.

Gebet:
Den Namen unserer Kinder, Gott, kennst du besser,
als wir ihn kennen;
denn er ist in deine Hand geschrieben.
Wir wissen den Weg nicht, den sie gehen werden.
Aber das wissen wir schon:
Dass du sie auffängst in deinem Schoß –
ihr Lachen und ihr Weinen,
ihre Schuld und ihr Glück.
Du kennst sie besser,
als sie sich je selber kennen werden.
Wir loben dich an ihrem Leben,
denn du hast es wunderbar bereitet.
Wir loben dich, weil jeder seinen Namen haben wird,
seine Schönheit und seine Heimat,
auch wir, deine wartenden Söhne und Töchter. Amen

Einige Wünsche
für die Schule meiner Enkel

Ich habe vier Enkelkinder im Alter zwischen sechs und 17 Jahren. Sie gehen alle zur Schule, und ich vergleiche zunächst die Welt ihrer Schulen mit der Lernzeit meiner eigenen Kindheit.

Was ist die Signatur der neuen Welt, in der unsere Kinder leben und lernen?

Meine alte Kinderwelt war eine imitative Welt. Die Leute haben gedacht, gefühlt, geglaubt, gehandelt, wie ihre Vorfahren geglaubt und gehandelt haben. In der Welt meiner Enkel ist die Stimme der Toten leise geworden. Die Tradition ist verblasst, und unsere Kinder werden ihren Glauben und ihre Lebensoptionen neu aushandeln müssen. Das verwirrt sie und lässt sie zugleich zu Subjekten ihres Gewissens und ihres Handelns werden.

Unsere Welten waren voll von kanonischem Wissen, von Lehren und Lehrern. Unser Problem war, dass wir Texte hatten, die sich die Wirklichkeit unterwarfen. Das Problem unserer Enkel könnte sein, dass sie keine Texte haben, die ihnen die Welt aufschließen.

In meiner Kinderwelt kannten wir nur einen Lebensentwurf, unseren eigenen. Meine Enkel stoßen auf eine vielstimmige Welt, in der sich ihnen die verschiedensten Glaubens- und Lebensweisen anbieten. Das irritiert sie und befreit sie von der Diktatur der Einzigartigkeit.

In meiner Kinderwelt waren wir nie ohne Zugehörigkeit. Wir gehörten naturhaft zu einer Großfamilie, einem Dorf (auch in der Stadt!), zu einer Kirche. Wir wurden gesehen und waren nie allein. Meine Enkel leben in hochindividualisierten Welten. Sie sind frei vom Bann der Gruppen, und sind einsamer, als wir es waren.

Wir lebten in einer Welt voller Formen, Aufführungen, Bräuche, Rituale, Lebensinszenierungen, die uns die Optionen unserer Welt deutlich und glaubhaft machten. Unsere Enkel leben in Welten mit einem schwachen Pathos. Sie sind frei von Konventionen, aber ihre Lebenswünsche haben wenig Figuren, in denen sie eingeübt und befestigt werden.

Die Institutionen meiner Kinderwelt – die Schulen, die Kirchen, das Elternhaus – waren überstark und überstreng. Geist wurde nicht selten mit Strenge verwechselt. Die Bildungswelten unserer Enkel sind meistens von schwacher Liberalität. Sie sind oft konsequenzenfrei, weil niemand genau weiß, wessen Geistes Kind sie sind und sein sollen.

In unserer alten Welt gab es eine Kargheitsautonomie, die die Menschen gezwungen hat, Autoren ihrer eigenen Welt zu sein: sie wussten, wie man mit den geringen Mitteln lebt und überlebt. Es gab keinen Überfluss. Die Welt meiner Enkel ist (noch) eine Welt des Überflusses. Die alte Arbeit an den Dingen wird abgelöst durch das Kaufen der Dinge. Die Welt wird handhabbarer und fremder.

Und ein letzter entscheidender Unterschied: Unsere Enkelkinder kennen Auschwitz, wir kannten es nicht.

Bevor ich meine Wünsche für die Bildungswelt unserer Enkel nenne, möchte ich gestehen, dass ich an einigen Dogmen und Geläufigkeiten des Zeitgeistes zweifle. Einmal glaube ich nicht, dass Traditionen, nachdem sie einmal gebrochen sind, sich nicht wieder finden und einführen lassen. Es ist nicht nur erstaunlich, was wir in kurzen Jahren verloren haben. Erstaunlich ist auch, was junge Menschen entdecken und neu einrichten können. Fast hat man den Eindruck, je fremder eine Einrichtung, ein Glaube, eine Erzählung ist, um so leichter wird sie angenommen. So hat das tibetanische Totenbuch in der Gegenwart mehr Chancen als das Markus-evangelium.

Ich glaube auch nicht, dass junge Menschen in dieser Gesellschaft dazu verdammt sind, mit gestückelten, ge-liehenen, zusammengeflickten Identitäten auszukom-men, die jeder Mode ausgeliefert sind und in der sie nie sie selber sind. Menschen sind robust, sie müssen sich nicht von jedem Wind wegtragen lassen. Sie können ihre Lebensorte finden, jedenfalls nicht weniger als früher.

Ich glaube nicht, dass der Durst nach dem wahren und guten Leben, der Durst nach Schönheit und nach Gott völlig vergehen kann. Ich leihe mir für diese schwe-re Behauptung die Stimme von Heinrich Böll: »Der Mensch ist ja ein Gottesbeweis... Die Tatsache, dass wir alle eigentlich wissen – auch wenn wir es nicht zugeben –, dass wir hier auf der Erde nicht zu Hause sind, nicht ganz zu Hause sind. Dass wir also noch woanders hin-gehören und von woanders herkommen. Ich kann mir keinen Menschen vorstellen, der sich nicht – jedenfalls zeitweise, stundenweise, tageweise oder auch nur au-genblicksweise – klar darüber wird, dass er nicht ganz auf diese Erde gehört.« (K.-J. Kuschel, 1986, S. 65)

Welche Bildungslandschaft, welche Schulen und welche Lehrer und Lehrerinnen wünsche ich mir für meine Enkelkinder?

Ich wünsche mir zunächst als Bildungslandschaft für unsere Kinder eine gerechte Gesellschaft. In der politi-schen Rhetorik und im öffentlichen Diskurs haben die Begriffe Werte, Menschenbilder, Sinn, Orientierung, Tra-ditionen, Normen, Wertmaßstäbe und schließlich auch Bildung Hochkonjunktur. Oft gehen falsche Erwartun-gen an diese Begriffe von hoher Idealität. Man spricht von fehlender Innerlichkeit und Orientierungslosigkeit, wo man eigentlich über Arbeitslosigkeit und soziale Käl-te reden sollte. Wo eine Gesellschaft kalt, ungerecht in ihrer sozialen Konstruktion und in ihren politischen Absichten ist, da wird man sie nicht heilen können mit importiertem Sinn. Der Sinn einer Gesellschaft liegt nicht hauptsächlich in den normativen Aussagen über sich selber; nicht in den Traditionen, in denen sich die Gesellschaft erklärt. Die Einsichtigkeit einer Gesellschaft besteht in erster Linie darin, dass sie gerecht ist. Das Unrecht stürzt sie in Orientierungslosigkeit und in das Gefühl zynischer Sinnlosigkeit. Unsere Kinder lernen Normen und Orientierungen nicht zuerst aus Texten und Überlieferungen. Dass sie in einem »bewohnbaren Land mit einer bewohnbaren Sprache« (Böll) leben, sagt ihnen die Konstruktion der Gesellschaft. Jede Gesellschaft ist eine Bildungslandschaft. Sie bildet den Geist oder den Ungeist unserer Kinder.

Es ist aber nicht selbstverständlich, dass man Recht von Unrecht unterscheiden und dass man das Recht wünschen kann. Darum wünsche ich, dass unsere Kinder die Traditionen, die Erzählungen und die Lieder des Rechts kennen lernen. Sie bilden ihre Seele. Ich will es an einem Beispiel sagen. Auf meinem Schreibtisch steht seit langem ein kleines Photo von Hans Litten. Er war ein Anwalt, der arme Leute vor Gericht verteidigte. Einmal ist es ihm gelungen, Hitler gegen dessen Willen zu Aussagen zu zwingen. Litten kam 1933 in ein KZ. Ein Auge wurde ihm blind geschlagen, ein Bein hat man ihm zerschlagen. An einem Tag hatten die Gefangenen ein Fest auszurichten, zu dem auch er etwas beitragen musste. Er sagte als Gedicht das Lied der Jugendbewegung auf »Die Gedanken sind frei« und darin die dritte Strophe:

Und sperrt man mich ein
in finsteren Kerker,
das alles sind rein
vergebliche Werke;
denn meine Gedanken

zerreißen die Schranken
und Mauern entzwei:
die Gedanken sind frei.

Dieses Bild eines Menschen, den ich nicht gekannt
habe, dessen Geschichte ich aber kenne, bildet mein
Gewissen und meine Wünsche. Wenn ich dieses Bild
anschaue, bezeichne ich mich mit seiner Geschichte, wie
Katholiken sich mit dem Kreuz bezeichnen. Das Gedächtnis seines Leidens erinnert mich daran, was Menschen nicht angetan werden soll. Das Gedächtnis seiner
Würde, der am Ort der Finsternis das Lied der Freiheit
sang, weckt meinen eigenen Durst nach Würde und
nach Lebensschönheit. Eine Tradition haben heißt, an
die Stelle der Toten zu treten, einmal um ihre Lebens-
arbeit fortzusetzen, dann aber auch um an ihrem Mut
und an ihren Lebensvisionen teilzuhaben. Wer eine Erinnerung hat, muss nicht für alles stehen. Die Geschichten der Toten bilden sein Gewissen und seine Visionen.
Die Toten lassen uns nicht allein, wenn wir sie nicht aus
unserem Gedächtnis verbannen. Ich wünsche meinen
Enkeln eine Schule, die ein Haus ist voll von großen
Freiheitserzählungen, voll von Geschichten der Würde
der Menschen. Sie soll auch ein Haus sein, in dem an
die Schuld des eigenen Volkes erinnert wird. Tradition
– das ist die Erinnerung an das Leiden, die Erinnerung
an die Würde und die Erinnerung an die Schuld. Die
Geschichten der Toten ist die eigentliche Heimatkunde.
Wir beklagen zu Recht die Zerstörung der äußeren Landschaften. Ebenso schlimm ist die Verödung der inneren
Landschaft, wo die Erinnerung an die Toten vergessen
oder verschwiegen wird.

Es liegt nahe, hier vom Religionsunterricht zu reden, den
ich mir für meine Kinder wünsche. Wie meine Enkel
sich einmal zum Christentum und zur Religion verhalten

werden, weiß ich nicht. Wir leben nicht mehr in Zeiten, in denen die späteren Generationen automatisch die Welten ihrer Vorfahren fortsetzen. Von früher Kindheit an haben wir ihnen die Geschichten von der Bergung des Lebens erzählt, die das Christentum überliefert. Wir haben ihnen den Namen Gottes als das Geheimnis des Lebens genannt. Wir haben so erzählt, dass sie nicht gebannt sind und dass sie die Wege wählen können, zu denen sie sich entscheiden. Wir wissen, das es andere Dialekte der Hoffnung gibt neben unseren christlichen. Wir wollen aber, dass sie die große Sprache kennen, die von der Gnade und der Gerechtigkeit erzählt. Erst wenn sie sie kennen, werden sie sich entscheiden können, zu bleiben oder sich zu verabschieden.

Ich wünsche mir einen Religionsunterricht, der unsere Kinder gewaltfrei und deutlich einführt in die Sprache der Hoffnung, des Trostes, der Gerechtigkeit, des Lobes und des Aufruhrs. In jener Sprache sollen junge Menschen auf die Grundfragen stoßen, die wir an das Leben haben: Woher kommen wir? Was sollen wir? Wohin gehen wir? Was ist Recht? Warum leiden wir? Eine Schule hat ihren Sinn als Bildungseinrichtung verloren, wenn sie nur noch beantwortbare Fragen stellt und behandelt. Ohne diese Grundfragen an das Leben und ohne die Kenntnis alter Modelle ihrer Beantwortung verlieren und verstricken sich Menschen in ihren eigenen richtungslosen Informationen und in ihrer reinen Heutigkeit. Unsere Gefahr ist, dass wir uns zufrieden geben mit allem, woran man herumbasteln kann, und dass das Basteln Orientierung, Deutung und Ethos ersetzt. Was wird aus der Gewissheit und aus dem Gewissen der Menschen, wenn die großen Erzählungen verstummen? Wir sind in einer aktuellen Situation der Entscheidung nicht nur vor unserem Gewissen verantwortlich. Wir sind lange vorher für unser Gewissen verantwortlich. Gewissen hat man nicht naturhaft. Man muss es lernen, sonst wird man in moralischer Blindheit in jede Falle stolpern. Was wird aus der Hoffnung? Die Hoffnung und die Lebensgewissheit kommen nicht mit Argumenten aus. Sie ernähren sich von den Geschichten und Liedern vom guten Ausgang der Dinge.

Dieser Religionsunterricht sollte nicht fragen, woher die jungen Menschen kommen. Er soll angeboten werden für alle – als Brot für die Fremden, die noch nie oder kaum von dieser Sprache gehört haben, und als Vergewisserung für die, denen sie schon Heimat ist. Die Absicht dieses Religionsunterrichts wäre nicht, die Fremden zu missionieren. Aber sie sollen einen Lebensentwurf kennenlernen, den ernsthafte Menschen ernsthaft vertreten und den sie lieben. Erst wenn junge Menschen auf deutliche Optionen stoßen, können sie selber deutlich werden. Sie bilden sich an den deutlichen Gesichtszügen, die sie sehen. Sie bilden sich an der Andersheit der anderen. Sie sollten im Religionsunterricht der Schule also nicht zu Christen gemacht werden. Aber sie sollten verstehen lernen, warum Menschen einen solchen Lebensentwurf schön finden und lieben.

Religion teilt übrigens mit Musik, Kunst, Literatur eine wundervolle Eigenschaft: sie ist nicht unmittelbar verwertbar. Schon darum sind diese Fächer mir lieb in einer funktionalistischen Gesellschaft, die Effizienz und Beherrschung des Lebens zu ihrem einzigen Gott macht. Ich hoffe, dass die Siegeszwänge, denen die Gesellschaft sich ausgeliefert hat, nicht auch die Schulen völlig befallen. Das Behandlungswissen ist ins Immense gestiegen. Wir wissen, wie wir Bäume, Landschaften, Tiere, Wasser und Luft behandeln können. Das Wasser, der Wald, die Nacht, die Tiere verlieren ihre Stimme und haben keinen Trost mehr für den Menschen, der ihnen nur noch in der Rolle des Züchters und des Beherrschers gegenübertritt. Vielleicht werden wir doch einmal unsere »Siege in Leben verwandeln« (Christa Wolf).

Ich habe einen Wunsch für die Lehrer und Lehrerinnen unserer Enkel: sie sollen nicht aus ihrer Rolle fliehen. Spätestens am Ende der 60er Jahre brachen die alten harten Autoritäten zusammen. Die zukünftigen Lehrer kämpften gegen die Autoritäten und gegen ihre eigene Autorität. Es kamen für einige Zeit Väter, Mütter, Pfarrerinnen, Lehrer, die alles sein wollten, nur nicht Autorität. Viele erschöpften sich darin, nicht Autorität zu sein. Schön ist der Gewaltverzicht, den diese Generation sich vorgenommen hatte. Aber die alte Autorität kann nicht ersetzt werden durch ihr Gegenteil, durch die dauernde Selbsterledigung der Lehrer als Lehrer.

Die andere Schwierigkeit der Lehrer in einer spätmodernen Gesellschaft ist die Abwesenheit eines Kanons der Lehre. Man spürt es, wenn man die erziehungswissenschaftlichen Moden der letzten Jahrzehnte überblickt. Wir waren umgeben von kurzatmigen Wichtigkeiten. Unter solchen Umständen ist es nicht leicht, eine »Lehre« zu haben. Junge Menschen, die »unwissende Meister« als Lehrer und Lehrerinnen, Pfarrer, Väter und Mütter haben, spüren, dass ihnen die Welt unkenntlich wird, wo ihnen nicht Erwachsene gegenübertreten mit erkennbaren Gesichtszügen und mit erkennbarer Andersheit. Man lernt das meiste an der Andersheit der anderen. Unsere Kinder brauchen uns als Erwachsene, sie brauchen uns als andere. Sie brauchen uns als Menschen, die etwas vertreten, an etwas glauben und etwas wollen. Sie brauchen unser Gesicht, sonst können sie sich selber an uns nicht erkennen, nicht abarbeiten, nicht ihren eigenen Lebensentwurf am fremden probieren. Es hilft ihnen im Leben nicht weiter, wenn sie in ihren Lehrern und Lehrerinnen, in den Vätern und Müttern nur sich selbst und die eigene Hilflosigkeit wiederfinden; wenn jedes Gespräch mit ihnen zum Selbstgespräch wird. Die neue Diskussion über die Autorität ist schwierig. Denn einerseits darf die gewonnene Freiheit nicht verraten werden, und Erziehung darf niemals wieder Dressur werden, sie muss ein respektvoller Dialog bleiben. Andererseits kann man diesen Dialog nur führen, wenn man ein eigenes Gesicht und eine eigene Sprache hat. Lehrersein heißt zeigen, was man liebt und was einem wichtig ist.

Einen letzten, vielleicht naiven Wunsch habe ich für die Schulgebäude unserer Enkelkinder: sie sollen schön sein. Alte Schulgebäude hatten ein hohes Pathos, gelegentlich wirkten sie komisch in ihrer staubigen Gravität. Aber sie haben den Kindern etwas erzählt von der Würde des Lernens. Räume sprechen, Räume bilden Menschen, ihre Erwartungen und ihre Lebenssichten. Man könnte von den Schulgebäuden unserer Kinder erwarten dürfen, dass sie nicht weniger erzählen, nicht weniger Aussagekraft haben als die Banken und die Bahnhöfe. Rein funktionalistische Gebäude und Einrichtungen lehren funktionieren, mehr nicht. Wie wertvoll Lernen ist und welchen Charme es bedeuten kann zu lernen, das sollten schon die Gebäude erzählen. Je mehr die Gebäude und Räume eloquent sind, um so weniger müssen wir es sein; um so weniger müssen die Lehrer und Lehrerinnen betonen, wie wichtig das Lernen ist. Die Schönheit unserer Schulen verlocken zum Leben in ihr und zu ihrem Geist. Und umgekehrt: in hässlichen Schulen lebt und lernt man widerwillig. Es geht nicht nur um die Schönheit der Gebäude. Die Freiheit des Geistes überlebt nur in einer Schulkultur, die ihm nicht widerspricht; in einer Kultur, in der das Gespräch wichtiger ist als das Diktat; in einer Kultur, in der die Höflichkeit nicht nur von unten nach oben verlangt wird; in einer Kultur, in der Weltwissen erworben wird und nicht nur Sachwissen.

Letzte Lieben
GROSSELTERN UND IHRE ENKEL

In dem Brief einer Freundin schildert sie den Besuch ihres Enkels. Sie selber hat zwei Töchter und dieses ist ihr einziges Enkelkind. Sie schreibt:

»Ehrlich, ich finde unseren Enkel hinreißend, wenn seine Eltern weit weg sind. Als ich einmal das Glück hatte, mit Paul ein paar Stunden allein zu sein, waren das wirkliche Sternstunden. Ich durfte mit ihm auf seiner riesigen Matratze Mittagsschlaf halten. Ich tat, als ob ich schlief. Mit seinem Betttuchzipfel spielte er in meinem Gesicht, zarter als zart, es kitzelte. Dann spürte ich plötzlich ein feuchtes kühles Küsschen auf meinem Mund. Da bleib mal ruhig! Und überhaupt, alles klappt prima. Wenn er sagt: bei Mama darf ich die Puschen nicht anziehen und dabei verschmitzt lacht, lache ich noch mehr, und er zieht die Puschen an.«

Wenn dies keine Liebesgeschichte ist: die Sternstunden, das Spiel und das feuchte Küsschen! Welch eine unmoralische Großmutter, und wie herrlich sich die beiden verbünden über die Generation der Eltern hinweg! Was man liebt, das verschweigt man nicht. Jeder Großvater, jede Großmutter kennt die Lust, Geschichten von den Enkeln zu erzählen, und sie kennen die Ungeduld, wenn andere Großeltern von ihren Enkeln erzählen, wo man doch viel Interessanteres von den eigenen erzählen könnte. Großeltern sind Angeber und Übertreiber, und das ist das beste Zeichen ihrer Liebe. Bei meiner Frau und mir gibt es eine Art certamen caritatis, einen Wettstreit der Liebe. Wenn sie eine Geschichte erzählt, sage ich manchmal: das ist meine Geschichte, und ich habe das mit den Kindern erlebt! Und ihr geht es genauso. Und manchmal wissen wir wirklich nicht mehr genau, wer was erlebt hat, so oft haben wir es erzählt und so sehr hat die Geschichte ihr Eigenleben bekommen und triumphiert über die Banalität der historischen Richtigkeit.

Als ich über das Verhältnis von Großeltern und Enkeln nachzudenken begann, hatte ich angenommen, dass die Zeit der Großeltern vorbei sei; dass der Bruch der Traditionen auch den Bruch in der Generationenkette zur Folge hätte. Ich hatte angenommen, dass in der Welt der Klein- und Zweigenerationenfamilie die Großeltern unsichtbar würden. Dann schaute ich ins Internet, und es war atemberaubend, was mir an Großeltern-Enkel-Themen und Angeboten entgegenpurzelte: Ratgeberbücher, Handbücher für Großeltern, Tagungen für Großeltern, Ferienangebote für Großeltern und ihre Enkel, Diskussion der Rechte der Großeltern. Es gibt Bildungsurlaub für Großeltern und Enkelkinder, Kinderakademien mit Großeltern. Ich fand Überschriften zu Artikeln wie folgende: »Leistungen von Großeltern werden zu wenig anerkannt«, »Kinder brauchen Großeltern«, »Kinder lieben Großeltern«, »Selbstvertrauen dank Großeltern«, »Bei Opa und Oma ist es am schönsten«. Mit boshaftem Vergnügen habe ich die besten dieser Überschriften gesammelt und sie an unsere Kinder geschickt. Hat die Zeit der Großeltern erst angefangen? Warum werden sie plötzlich entdeckt? Und was war früher anders?

Ein verblüffendes Beispiel für die alte Zeit: Mein eigener Großvater, den ich nicht mehr erlebt habe, ist 1845 geboren, meine Großmutter 1846, sie hatten 13 Kinder, 10 davon sind erwachsen geworden und hatten selber Kinder. Diese Großeltern hatten 59 Enkelkinder, 59! Keine Matratze war groß genug, sie alle aufzunehmen. Und die Großeltern waren wohl schon zufrieden, wenn sie sich mühsam an die Namen dieser kaninchenhaften Nachkommenschaft erinnerten. Vielleicht gab es da einen Lieblingsenkel oder eine Lieblingsenkelin. Aber ein persönliches Verhältnis haben diese Großeltern zu ihrer

Nachkommenschaft sicher nicht haben können. Es war ja schon eine Aufgabe, die Kinder auseinanderzuhalten. Ich kann mich aus meiner Kindheit erinnern, dass die Alten häufig die Namen ihrer eigenen Kinder verwechselten. Manche hatten eine merkwürdige Art, ihre Kinder zu rufen. Sie fingen mit dem Namen des ältesten Kindes an und zählten sie ab, bis sie den richtigen Namen hatten: Hans, Jakob, Peter, Paul, Franz! Nein, mit Matratze und Mittagsschlaf und Küsschen war da nicht viel. Außerdem kam dazu, dass die Leute damals unendlich viel gearbeitet haben. Weder für ihre Kinder noch für die Enkel blieb viel Zeit der Zuwendung. Die Wärme der Geborgenheit spürte man nicht so sehr in der Zuwendung des Einzelnen zu einem Einzelnen. Geborgen war man in der Wärme des Rudels, dazu gehörten die Geschwister fast mehr als die Eltern und Großeltern. Aber auch in der bürgerlichen Gesellschaft, in der man mehr Zeit und mehr Raum hatte und wo die unmittelbaren Lebensnotwendigkeiten nicht die Beziehungen dürftig werden ließen, hat man wenig von Großeltern gesprochen. Sie kommen – jedenfalls bis zur Mitte des 19. Jahrhunderts – wenig vor. Allein schon durch das hohe Heiratsalter der zurückliegenden Jahrhunderte wurden Frauen meist erst zwischen dem 50. und 55. Jahr, Männer zwischen dem 55. und 60. Lebensjahr Großeltern. Allerdings erreichten in vorindustriellen Zeiten nur etwa 10% der Gesamtbevölkerung dieses Alter. Heute erleben viele Großeltern ihre Enkel 20 oder gar 30 Jahre, also fast ein Drittel ihrer eigenen Lebenszeit sind sie Großeltern.

Enkelkinder machen ihre Großeltern jünger, alberner und verliebter. Sie machen sie jünger. Ich erinnere mich: ich war vielleicht 55 Jahre und kam von einer Reise zurück. Bei der Kontrolle im Zug sagte die Schaffnerin leutselig und unverschämt: »Opa, sie haben sicher eine Seniorenkarte.« Es gab mir einen Stoß. Am nächsten Tag ging ich mit meinem dreijährigen Enkel spazieren, und wir alberten herum. Eine Dame fragte: »Sagen Sie, wie alt ist Ihr Sohn eigentlich?« Mein Gleichgewicht war wieder hergestellt. Die junge Schaffnerin hatte mich älter gemacht, als ich war. Der Enkel hatte mich verjüngt. Die Enkel bescheinigen einem oft liebenswürdig eine Art von Unerwachsenheit, beinahe von Unzurechnungsfähigkeit. Ich war mit dieser Sendung gerade an einem toten Punkt angelangt, und mir fiel nichts Rechtes ein. So ging ich in die Küche, wo unsere 5jährige Enkelin spielte. Ich wollte mich von ihr anregen lassen und fragte sie: »Charlotte, was meinst Du, wozu braucht man überhaupt Großeltern?« – »Um sie lieb zu haben!«, antwortete sie desinteressiert. Ich: »Wie sollen Großeltern eigentlich sein?« Sie sagte: »So wie du! Und jetzt lass die albernen Fragen und spiel mit mir Mensch-ärger-dich-nicht!« Was ich natürlich getan habe! Sie behandelte mich wie ihresgleichen, und ich ließ mich so behandeln.

Es ist einerseits schön, dass die Rollen so durchbrochen sind. Ich frage mich allerdings manchmal, ob ich meinen Enkeln nicht mein Alter schuldig bin. Ich frage mich, ob wir Alten uns über die Generation der Kinder hinweg den Enkeln anbiedern mit einer Anbiederung, von der sie nichts lernen können. Wir sollen nicht nur die Spielkameraden unserer Enkel sein, sondern auch ihre Lehrer und Lehrerinnen. Ich höre einen Satz von Saint-Exupéry: »Der Mensch entdeckt sich, wenn er sich an Widerständen misst.« Was, wenn wir unseren Enkeln nur willfährig und ergeben sind? Was können sie lernen? Und wiederum eine Enkelgeschichte: Ich hatte im vergangenen Sommer eine Freundin unserer Familie zu trauen, wozu auch die Enkel eingeladen waren. Während des Gottesdienstes sah ich, dass unser 15-jähriger Enkel Miguel in einem Buch las. Ich fragte ihn später, was er da gelesen habe. »Einen Krimi!«, sagte er unbekümmert. Ich lächelte gequält, liberal und ergeben, und ich schwieg. Später fragte ich mich: Was tue ich eigentlich dem jungen Mann an, wenn ich ihm meine Meinung vorenthalte. Ich sprach mit ihm und sagte: »Migu, ich finde es feige und respektlos, wenn du während des Gottesdienstes einen Krimi liest. Respektlos: Du respektierst nicht, was anderen wichtig ist. Feige: Du wagst es nicht wegzubleiben, wenn dir dieser Gottesdienst nichts bedeutet.« Er sagte begütigend, er habe ja nicht während meiner Predigt gelesen. Das fand ich einen geringen Trost. An einem Abend kam er und sagte: »Opa, ich muss mit dir reden. Du hast mich feige und respektlos genannt. Es hat mich sehr getroffen, und du hast recht.« Dieses Gespräch – es dauerte länger, und am Ende hat er mir seine Wünsche für den nächsten Geburtstag gesagt – hat uns einander sehr nahegebracht. Was hätte ich ihm vorenthalten, wenn ich geschwiegen hätte! Wir sind unsern Enkeln unser Gesicht schuldig. Es genügt nicht, dass wir in schwächlichem Harmoniebedürfnis jeden Konflikt ersticken. Vielleicht steckt ein Stück Todesangst darin, dass wir immer und unter allen Umständen von den Enkeln geliebt werden wollen.

Enkel machen uns jung, und sie zeigen uns unbekümmert, dass wir alt sind. Mit einer Enkeltochter habe ich mir ausgemalt, sie war vier, was sein wird, wenn sie zehn ist. Wir haben dies und das ersponnen, dann sagte sie liebenswürdig und unbekümmert: »Und du bist ja dann schon tot.« Die eigenen Kinder denken es, die Enkel sagen es. Meine Schwiegermutter wurde 87, sie war zuletzt hinfällig und wollte sterben. Zu ihrem letzten Geburtstag hat ihr eine Enkelin geschrieben: »Liebe Großmutter, ich wünsche Dir nicht, dass Du noch einen nächsten Geburtstag feierst!« Die Kinder haben es gedacht, die Enkeltochter hat es gesagt. In den Enkeln verlieben wir uns neu ins Leben, und sie sagen uns durch ihre Kindheit und Jugend, durch ihr Aufblühen, dass unsere Frist kurz ist. Darin sind sie unsere besten Lehrer.

Man hat den Enkeln gegenüber eine merkwürdige Unbekümmertheit. Habe ich als Vater darauf geachtet, dass die Kinder zeitig ins Bett kamen, so bin ich großzügiger mit den Enkeln. Habe ich darauf geachtet, dass sie außerhalb der Mahlzeiten nicht zuviel essen, so schleiche ich mit ihnen manchmal weg an die Elbe, und wir essen Kuchen. Man kann als Großeltern die Kinder sozusagen kostenlos verderben, d. h. man muss nicht einstehen für das, was man anrichtet. Aber es ist nicht nur Verantwortungslosigkeit, die uns großzügiger sein lässt. Es ist auch das Zutrauen in die Unverwüstlichkeit des Lebens, das man erst langsam lernt. Unsere Kinder leiden ja nicht nur, wenn man sie vernachlässigt. Besonders die ersten, die man sozusagen nach Kochbuch erziehen will, leiden auch an der Überpädagogik und an der ängstlich-starren Konsequenz der Eltern. Sie leiden daran, dass man die Erziehung nicht mit der linken Hand erledigt und dass sie immer Programm ist. Nur selten wollen Großeltern ja die Enkel erziehen. Sie wollen einfach mit ihnen sein, mit ihnen spielen, ihnen etwas erzählen und sich an ihnen erfreuen. Eltern, Pfarrerinnen, Lehrer müssen natürlich von den Kindern etwas wollen. Aber unerlässlich ist für Kinder auch der Umgang mit Menschen, die nichts von ihnen wollen und keine Absichten für sie hegen. Vielleicht ist das die Stelle, an der Kinder zum ersten Mal Gewaltfreiheit erfahren, wo Menschen ihnen in großer Absichtslosigkeit begegnen.

Die Absichten der Eltern und die Unbekümmertheit der Großeltern ist übrigens oft genug der Grund für Konflikte zwischen Eltern und Großeltern. In dem Brief der Freundin am Anfang dieser Sendung ist ein solcher Konflikt angedeutet: Bei der Mutter darf das Kind keine Pantoffeln während des Mittagsschlafes tragen, der Großmutter ist es gleich und Enkel und Großmutter lächeln anarchistisch-listig über die Übertretung des Verbots. Solche Konflikte sind für das Kind unerlässlich. Es lernt, dass es nicht nur eine Welt gibt; dass es eine Gegenwelt zu der der Eltern gibt. Es lernt, dass die Eltern nicht allmächtig und allweise sind. Einstimmige Welten sind für Kinder gefährlich, und wenn sie noch so pädagogisch sind. Es gibt die Komik der Kinder, die den Umgang der eigenen Eltern mit den Enkeln misstrauisch beäugen und vom Stuhl fallen, wenn gegen ihr Programm verstoßen wird. Die eigenen Erziehungsfehler sieht man übrigens am besten daran, wie unsere Kinder mit ihrem Nachwuchs umgehen. Zur Ehre unserer eigenen Kinder muss ich sagen, dass sie keine pädagogischen Programmatiker sind. Sie stoßen ihre Brut gerne und bedenkenlos bei uns ab und sagen: macht mit ihnen, was ihr wollt! Es gibt natürlich auch die Komik der Großeltern, die immer alles besser wissen und sich selber zum Maßstab der Erziehung der Enkel machen und die über das »Zu meiner Zeit« nie hinauskommen.

Großeltern haben immer erzählt, und das Urbild einer Großmutter – es mag romantisch sein – ist die alte Frau, die in ihrem Lehnstuhl sitzt und Märchen erzählt. Vielleicht ist das Gegenbild dazu das des Kindes, das allein in seinem Zimmer sitzt und fernsieht. Erzählen heißt Zusammenhänge herstellen. Erzählen heißt, aus den treibenden Bruchstücken des Lebens einen Fluss der Zeit und des Sinns zu machen. Wenn wir unseren Kindern erzählen, erschließen wir unseren Kindern Welten. Sie bleiben nicht in der stummen Gegenwart eingekerkert. Sie lernen, woher sie kommen und wohin sie gehen. In jedem Märchen, das wir erzählen; in der biblischen Geschichte, die wir unseren Kindern vorlesen; in den Geschichten unseres eigenen Lebens, die wir den Kindern nicht verschweigen, flüstern wir unseren Kindern zu: das Leben geht, es ist gut, und du kannst es loben. Du kannst dem Unglück entrinnen, wie Hänsel und Gretel der Hexe entkommen sind und wie Jona aus dem Walfisch gerettet wurde. Dass das Leben gut ist, lernt man nicht aus Argumenten, man lernt es aus Geschichten und Bildern. Wenn wir erzählen, sind die Geschichten mit einer Stimme verbunden. Sie sind nicht nur aus einem Buch gelesen, nicht nur von einer Kassette abgehört. Der Inhalt der Geschichte und die Wärme der Stimme trösten, ermuntern und überzeugen unsere Kinder, wenn sie gelernt haben, auf sie zu hören, und wenn sie nicht nur mit mechanischen Stimmen abgespeist werden.

Wenn Großeltern von ihrem eigenen Schicksal und aus ihrem Leben erzählen, hören Enkel meistens lieber zu, als wenn ihre Eltern erzählen. (Ich hoffe, dies ist nicht ein narzissstischer Irrtum eines zu selbstbewussten Großvaters.) Vielleicht liegt es daran, dass sie die Geschichten der Eltern lange kennen und nur noch die Augen verdrehen, wenn sie sie wieder hören. Die Geschichten der Großeltern kommen aus einer so fremden und vergangenen Welt, dass sie schon wieder interessant sind. Sie erfahren eine Welt weit vor ihrer Welt.

Unsere Kinder brauchen die Beredung des Lebens, die Geschichten von seinem guten Ausgang und der Rettung, weil das Leben für sie genau so unselbstverständlich ist wie für uns. Einmal war einer unserer Enkel krank und lag mit Schmerzen im Bett. Plötzlich stürmte er in die Küche, wo wir saßen, und schrie: »Der Scheißgott! Ich habe zu ihm gebetet, dass er meine Schmerzen wegnimmt, und er hat es nicht getan. Jetzt gehe ich in den Garten und opfere den Götzen!« Das Kind hat früh und am eigenen Leib erfahren, dass das Leben nicht selbstverständlich ist, und es hat eine der Grundfragen der Psalmen gelernt: Wo bist du, Gott? Warum schweigst du? Und es wusste darauf ebenso wenig eine Antwort wie die Psalmen und wie seine Großeltern. Im Erzählen bergen wir uns wie unsere Kinder in die fremden alten Erfahrungen der Rettung gegen unsere Stunden der Verlorenheit und des Zweifels. Die Kinder brauchen dies wie das tägliche Brot.

Wir lehren unsere Enkelkinder, was Vergangenheit ist. Wir lehren sie auch, was Vergänglichkeit ist. Wenn wir als Großeltern gebrechlich werden, und wir werden es früher, als wir es uns eingestehen, dann lernen die Kinder, dass das Leben endlich ist. Sie sehen, wie unser Gehör und unsere Augen schlechter werden; wie wir dieses und jenes nicht mehr essen dürfen; dass wir vergesslich werden (diese große Unverschämtheit, die uns angetan wird!); dass wir unseren ersten Schlaganfall haben und, schließlich, dass wir sterben. Welche illusorische Welt wäre es, wenn unsere Enkel nur die Welt der Jungen, Starken, Berufstätigen, Lebenstüchtigen und Schönen erlebten. Unsere Hinfälligkeit ist die letzte Lehre, die wir den Enkeln geben. Es ist keine leichte Lehre, wie den Tod zu lernen keine leichte Lehre ist. Ich erinnere mich an das Sterben meiner Großmutter. Einige Stunden vor ihrem Tod hat man ihr etwas zu trinken gegeben. Die Tasse, aus der sie getrunken hat, habe ich lange gemieden. Es war meine frühe Auseinandersetzung mit dem Tod. Es wäre für unsere Enkel schön, wenn wir selber uns die Illusion der Unendlichkeit und der ewigen Jugend aus dem Kopf schlagen könnten und es wagten, unserer eigenen Sterblichkeit ins Auge zu sehen. Ich erinnere mich an den Tod meiner Schwiegermutter. Sie wusste, dass sie starb, und sie wollte es. Am Tag vorher hat sie sich mit einer großen Geste von einem Enkel, unserer jüngsten Tochter, verabschiedet. »Es ist schön, dass du gekommen bist. Ich werde jetzt sterben«, sagte sie zu dem Kind. »Ich wünsche dir ein gutes Leben.« Die Sterbende umarmte und küsste das Kind mit schwacher Kraft. Welch ein Erbe für diesen jungen Menschen! Welch ein Erbe für unsere Enkel, wenn wir selber mit einem Segen und in Würde abdanken können.

Ein Brief an die Enkelkinder

Lieber Miguel und liebe Johanna,
lieber Samuel und liebe Charlotte,
wenn ich mit Euch spreche, dann verbinden sich Zeiten,
die weit auseinander liegen. Ich bin 53 Jahre älter als der
Älteste von Euch, Miguel. Ich bin 63 Jahre älter als die
Jüngste von Euch, Charlotte. Ich staune und bin dankbar,
dass wir aus solchen Fernen uns so gut verstehen. Die
Jahre allein sagen noch nicht alles. Es sind andere Zeiten,
in denen Ihr Kinder seid. Es sind andere Zeiten, in denen
ich Kind war oder gar in denen meine Eltern und meine
Großeltern Kinder waren. Lasst uns über diese Zeiten
reden! Lasst uns unsere Zeiten vergleichen! Ihr drei Ältesten lebt in Bolivien und kommt wenigstens einmal im
Jahr, meistens allein, nach Deutschland. Als ich in Deinem Alter war, Samuel, also fünf, lief ich auf die Straße,
wenn wir ein Auto vorbeifahren hörten. Ein Flugzeug
hatten wir kaum gesehen. Kurze Zeit darauf haben wir sie
dann jede Nacht gehört, die Bombenflugzeuge nämlich.

Wir lebten in einer anderen Welt von Geräuschen und
Klängen. Die Nächte in unserem Dorf waren fast völlig
still. Man hörte gelegentlich einen Hund anschlagen und
die Ketten der Kühe oder Ziegen im Stall klirren, sonst
nichts. Die ersten Geräusche des Tages war der Schrei
der Hähne und waren die Vögel, die zu singen anfingen;
war das Knarren der Wagenräder, das man von weitem
hörte und das langsam verschwand.

Ihr werdet in Hamburg oder in La Paz auch nachts die
tönende Glocke der Großstadt nicht los. Die ersten Geräusche Eures Tages sind die der Autos oder der Bahn.
Es ist der Tageslärm. In unserem Dorf machten die Dinge keinen Lärm. Gelegentlich lärmten die Menschen,
wenn sie miteinander stritten oder wenn sie betrunken
waren. Die Dinge lärmten nicht. Vielleicht aber stört

Euch dieser Lärm kaum noch, und Ihr habt so viel Angst vor der Stille wie wir Alten vor dem Lärm.

Verschieden von Eurer Zeit war auch unsere Erfahrung von Licht und Dunkel. Ihr lebt in einer Welt, ob in Hamburg oder in La Paz, in der es nie ganz dunkel ist. Sobald es dämmert, machen wir das Licht an, und in der Großstadt muss man nachts die Vorhänge zuziehen, damit einen die Straßenlaternen nicht am Schlafen hindern. Ihr Bolivianer macht gelegentlich in Okola, dem Dorf Eures Vaters am Titicacasee, die Erfahrung, die ich aus meiner Kindheit kenne, dass man im buchstäblichen Sinn in der Dunkelheit der Nacht die Hand nicht vor den Augen sieht. Vielleicht habt Ihr weniger Angst, als wir als Kinder hatten, weil Ihr solche Dunkelheit kaum noch kennt. Dunkelheit ängstigt einen bis tief in die Seele. Darum ist der Wunsch nach Licht in den Psalmen ein Grundwunsch an das Leben. Licht ist eines der häufigsten Symbole Gottes: »Dein Licht sei meines Fußes Leuchte!«, heißt es. Oder: »In deinem Licht sehen wir das Licht.« Oder: »Lass leuchten über uns dein Angesicht!«

Wir haben von Euren und meinen Ohren geredet, die andere Geräusche kennen. Wir haben von den Augen geredet, die eine andere Dunkelheit kennen. Man könnte spaßeshalber auch von den Nasen reden, die verschiedenen Gerüchen ausgesetzt waren. Bei uns lebten die Menschen mit den Tieren unter einem Dach, mit den Ziegen, Schweinen oder Kühen. Es muss damals sehr gestunken haben. Die Sauberkeit war wichtig für die Menschen, weil die Gefahr von Krankheiten groß war. So hielt man viel von ihr, und mit Euren dreckigen Hälsen wäret ihr damals nicht durchgekommen.

Vielleicht ist der größte Unterschied zwischen Eurer Kindheit und meiner die Erfahrung von Zeit. Stellt Euch die Langsamkeit eines von Kühen gezogenen Wagens vor! Stellt Euch vor, wie er durch das Dorf zieht und über die Feldwege. Das war das Symbol jener Welt. Die

Leute brauchten lange Zeiten für ihre Wege, und kaum etwas ließ sich rasch erledigen. Für alles brauchten die Menschen Geduld, es war vielleicht die wichtigste Tugend. Nicht nur das Leben war langsam. Die Leute sprachen auch langsam. Ihr sprecht viel rascher, viel geschickter. Ihr sucht viel weniger nach Worten. Sie stehen euch rascher zur Verfügung, wie Euch überhaupt das Leben schneller zur Verfügung steht. Die Wochentage gingen zwar schnell vorüber, weil die Leute von morgens bis abends gearbeitet haben. Langsam aber verrann die Zeit der Sonntage und der Festtage. Die Leute hatten nichts anderes gelernt, als zu arbeiten. So wussten sie mit der freien Zeit nichts anzufangen. Manchmal wurden sie böse vor Langeweile, und sie haben ihre Kinder geschlagen. Die Leute haben lange Wegstrecken zu Fuß zurückgelegt. Es gab weder Bahn noch Busse in jenem Dorf. Gelegentlich haben sie dabei den Rosenkranz gebetet. Sie waren vielleicht frommer, als wir es sind; aber es war auch eine Art Zeitvertreib.

Man kann sich das andere Verhältnis zur Zeit und zur Geschwindigkeit an Folgendem deutlich machen: einer meiner Großväter ist 1845 geboren. Als größte Geschwindigkeit konnte er sich die eines Reitpferdes und später die Geschwindigkeit der ersten, noch langsamen Züge vorstellen, das mögen 60 km die Stunde gewesen sein. Als mein Vater 1896 geboren wurde, gab es immerhin schon Autos, aber noch keine Flugzeuge. Charlotte ist erst drei Jahre alt. Aber sie ist und Ihr alle seid schon geflogen, und Ihr kennt es, mit mehr als tausend Kilometern Geschwindigkeit durch die Lüfte zu rasen. Ihr lebt also in Welten, die ich mir als Kind niemals hätte vorstellen können, geschweige denn mein Vater oder mein Großvater.

Auch in anderer Hinsicht ist Eure Welt von unserer verschieden. Johanna, Du bist neun Jahre, und Deine große Leidenschaft ist das Tanzen. Ich sehe Dir gerne zu, wenn Du springst und Dich drehst. Migu, Du spielst Schlagzeug und bist 13. Für uns war mit 9 oder mit 13 Jahren die Kindheit ziemlich vorüber. Wir gingen zwar noch zur Schule in diesem Alter, aber wir hatten nach der Schule oder auch vorher harte Pflichten. Wir mussten ins Heu, Kartoffeln hacken, die Ziegen hüten und die Kühe beim Pflügen führen. Und manchmal waren wir schon vor der Schule zwei Stunden auf dem Feld. Es gab in dieser Kindheit wenig Spiel, und wir waren früh erwachsen, weil wir früh die Sorgen und die Arbeiten der Erwachsenen teilen mussten. Das Leben hatte für alle wenig Spielräume, nicht für die Erwachsenen und nicht für die Kinder.

Wenig Spiel gab es auch zwischen den Erwachsenen und den Kindern. Ich hatte gute Eltern und Großeltern. Aber wir hätten nie mit ihnen umgehen können, wie Ihr mit mir umgeht. Charlotte und Samuel erklären mir, ich müsse ihnen Geschichten erzählen, und sie werden ärgerlich, wenn ich ihre Befehle nicht sofort ausführe. Johanna sagt gelegentlich zu mir, ich sei ein altes Kamel, ich allerdings auch zu ihr. Das mag nicht die freundlichste Anrede für einen Großvater und für ein Enkelkind sein. Aber es zeigt die Freiheit, in der wir miteinander umgehen. Auch dies war in meiner Kindheit undenkbar.

Eines will ich noch erwähnen, was die Welt meiner Kindheit von der Euren unterscheidet: Meine Welt war religiös. Ich frage jetzt nicht, ob die Menschen darin religiös waren oder nicht. Die Welt war es. Wir lebten in religiösen Landschaften: die Orte hatten ihre religiösen Zeichen: auf dem Berg stand die Kapelle. An wichtigen Stellen, etwa wo jemand zu Tode gekommen war, stand ein Kreuz. Psalmsprüche waren manchmal auf den Wänden der Häuser geschrieben. Die Zeiten waren bezeichnet: wir haben morgens, abends und zu den Mahlzeiten gebetet. Die Anfänge der Jahreszeiten wurden religiös begangen. Die Häuser wurden gesegnet, das Vieh und der frische Wein. Wir lebten in einer Landschaft aus religiösen Zeichen. Eure Landschaften dagegen sind neutral und unkenntlich geworden. Was Euch zum Glauben verhelfen soll, müsst Ihr selber setzen und erfinden. Die Welt, in der Ihr lebt, lehrt Euch kaum noch den Glauben.

Kann man in Eurer Welt besser leben als in der meiner Kindheit? Seid Ihr als Kinder glücklicher, als wir es waren? Natürlich neige ich dazu zu sagen, dass meine Welt die heilere war. Das tun alle alten Leute. Aber um ehrlich zu sein: ich weiß es nicht. Ihr seid freier, Ihr könnt reisen, und Ihr seid nicht nur an eine Welt gebunden. Ihr habt andere Möglichkeiten, in Eurer Welt zu spielen, und Ihr seid nicht in die bitteren Notwendigkeiten gezwungen, die eine Überlebenswelt mit sich bringt. Ihr seid unabhängiger vom natürlichen Gang der Dinge. Ihr seid weniger vom Wetter abhängig, weniger von großen Entfernungen, weniger von den Jahreszeiten und weniger von Tag und Nacht.

Vielleicht waren wir heimischer in unserer Welt, gerade weil diese enge Grenzen hatte. Wir mussten ständig an der Welt arbeiten, in der wir lebten: am Boden, dass er Frucht brachte; an den Werkzeugen, die wir gebrauchten; an der Konservierung der Nahrung und an der Pflege der Tiere. Heimisch wird man erst in einer Welt, die man sich erarbeitet. In einer solchen Welt sind einem die Dinge fast so nahe und vertraut wie die Menschen. Wir kannten darum noch eine alte Krankheit, die fast ganz ausgestorben ist: das Heimweh.

Könnte es sein, dass der Preis Eurer Freiheit und Unabhängigkeit von der Welt, in der Ihr lebt, die Heimatlosigkeit ist? Könnte es sein, dass die Welt Euch darum weniger nah und vertraut ist, weil Ihr weniger an ihr arbeiten müsst? Ich will Euch meine alte Welt nicht zurückwünschen. Sie war nicht nur das Haus, das uns geborgen hat. Sie war auch das Gefängnis, das keinen entließ.

Ich möchte Euch drei Wünsche mitgeben. Der erste: dass Ihr in einer Welt lebt, in der das Brot für alle selbstverständlich ist. Die Menschen werden böse, wenn ihnen die einfachen Dinge nicht sicher sind: das Brot, das Dach über dem Kopf und der Frieden. Ich wünsche Euch eine Welt, in der Ihr nicht alle Eure Kräfte zum Überleben aufwenden müsst. Ich wünsche Euch eine Welt, in der der Bücherwurm Migu lesen kann, Johanna tanzen, Samuel seine phantastischen Geschichten erfinden und Charlotte ihre Märchen hören kann. Hoffentlich hinterlassen wir Euch nicht eine Welt, in der Eure Freiheit noch in einem ganz anderen Maße eingeschränkt ist, als es unsere war! Einige Dinge waren bei uns selbstverständlich: die Luft zum Atmen, die Reinheit des Wassers und die Unverdorbenheit des Bodens.

Mein zweiter Wunsch ist, dass Ihr in einer Welt mit Grenzen zu leben vermögt und dass Ihr an ihr arbeiten könnt. Von der Generation Eurer Urgroßeltern bis zu der Eurer Eltern war man dabei, Grenzen zu sprengen, und sah man das Glück in der Grenzenlosigkeit des Lebens. Mehr, höher, schneller sollte alles sein und gehen. Ein Allmachtsrausch erfasste die Seelen Eurer Vorfahren, nachdem sie sich aus der äußeren Enge des Lebens herausgearbeitet hatten. Sie glaubten, alles stünde zu ihrer eigenen Verfügung: die Tiere, die Zeiten, die Pflanzen. Sie konnten sich selber nur denken als die Herrscher und die Sieger über das andere Leben. Je mehr uns Gott abhanden kam, um so mehr wollten wir selber unendlich sein. So konnten wir nicht mehr geschwisterlich mit dem Leben umgehen. Nur ein Wesen, das weiß, dass es endlich ist, ist ein geschwisterliches Wesen. Ihr werdet lernen müssen, die zerstörerische Grenzenlosigkeit aufzugeben. Wie wir »höher, schneller und mehr« gesagt haben, so werdet Ihr die Tugend der Bescheidenheit schätzen lernen. Ich meine damit nicht nur, dass Ihr Euch einschränken müsst, weil in unseren Welten so viel verschwendet wurde. Ihr werdet lernen, dass die größere Lebensintensität und Lebenssüße nicht in der Omnipotenz der Welt gegenüber liegt, sondern in der Geschwisterlichkeit mit ihr. Eure Grenzen werden enger, und darum werdet Ihr vielleicht mehr von der Welt erfahren als alle, die alles von ihr erfahren und benutzen wollten. »Überflüssige Dinge machen das Leben überflüssig«, sagt Pasolini, der große Filmemacher. Man kann den Satz umdrehen: die Einfachheit des Lebens macht es einleuchtend.

Mein letzter Wunsch für Euer Leben: dass Ihr Christen werdet und bleibt; dass Ihr eine Sprache für Eure Hoffnungen und Wünsche behaltet. Selbst wenn Ihr Euch einmal verabschiedet von dieser Sprache – man weiß es nie! – so wünsche ich, dass Ihr die Geschichten dieser Tradition gelernt habt, die von der Freiheit und der Würde der Menschen sprechen und vom Geheimnis, dessen Name Gott ist. Ich wünsche, dass Ihr die Schöpfungsgeschichte kennt, die erzählt, dass der Anfang des Lebens gut war; dass Ihr den Propheten Jesaja kennt, der von einem Land singt, in dem die Blinden sehen, die Lahmen tanzen und die Stummgemachten ihre Sprache wiedergefunden haben. Ihr solltet die Psalmen kennen, die Lieder des Lobes und die großen Schreie nach Trost und Gerechtigkeit. Der Gedanke des Rechts stirbt, wo keine Lieder vom Recht gesungen und keine Geschichten vom Sieg der Gerechtigkeit erzählt werden. Die Freiheit stirbt, wo keiner davon erzählt, dass Menschen aus Sklavenhäusern entronnen sind. Du, Migu, hast Dir zur Konfirmation den Spruch aus der Bergpredigt gewählt: »Selig sind, die hungern und dürsten nach der Gerechtigkeit; denn sie sollen satt werden.« Mit diesem Spruch hast Du Dir selbst ein Gesicht gegeben und Deine Wünsche gekennzeichnet. Du berufst Dich damit auf eine alte Sprache, die schon viele vor Dir gesprochen haben und mit der sich schon viele das Leben herbeigewünscht haben. Man kann leichter sprechen, man kann leichter hoffen und glauben, wenn man in den Fluss dieser alten Sprache steigt, der schon viele getragen hat. Was ist, wenn diese Sprache verloren geht? Dann haben wir nicht mehr als uns selbst und als unsere eigene Stimme. Man macht sich langfristig mit dieser Sprache, denn man hat mit ihr die Träume und die Wünsche der Toten im Hinterkopf. Wenn es Euch schwer fällt, sie zu sprechen und ihre Hoffnungen zu teilen, dann denkt daran, dass es die Sprache Eurer Eltern ist, Eurer Großeltern, deren Eltern und Großeltern und all der Toten, die vor ihnen waren. Wir kommen mit dieser Sprache von weit her, aus einem fernen Land der Wünsche, Hoffnungen und Träume. Und so seid Ihr nicht allein. Ich schließe diesen Brief mit einem Text, den Heinrich Böll kurz vor seinem Tod für seine Enkeltochter Samay geschrieben hat.

Wir kommen weit her
liebes Kind
und müssen weit gehen
keine Angst
alle sind bei Dir
die vor Dir waren
Deine Mutter, Dein Vater
und alle, die vor ihnen waren
Weit weit zurück
alle sind bei Dir
keine Angst
wir kommen weit her
und müssen weit gehen
liebes Kind

Nachtgedanken eines alten Menschen

1. Die Gesellschaft und ihre Alten
Wozu braucht eine Gesellschaft ihre Alten? Hätte man diese Frage vor 200 Jahren gestellt, wäre sie leicht zu beantworten gewesen. Die Alten waren die Klügeren, weil sie länger gelebt haben. Sie haben am längsten das Wetter beobachtet, gepflügt, gesät und Tiere gezüchtet. In der alten, sich kaum verändernden Welt hatten sie die meiste Erfahrung und konnten somit am besten die Regeln formulieren, nach denen zu leben war. Weil die Welt sich kaum veränderte, war das Leben und das Verhalten der Alten der Grundplan, der auch für das Leben der Jungen galt. Die Vergangenheit der Alten sollte die Zukunft der Jüngeren sein. Wie sie sollte man sich verhalten, denken, die Kinder erziehen, die Saat bestellen, die Tiere versorgen. Man sollte sich räuspern und spucken, wie sie sich geräuspert und gespuckt haben. Die Alten waren also in jener Zeit physischer und geistiger Immobilität und Unveränderlichkeit unerlässlich für den Lebensplan der Jungen. Das war nicht nur geistloser Traditionalismus, sondern die Traditionen bargen die Klugheit von Jahrhunderten.

Dazu kommt, dass die Alten jener unbeweglichen Welt nicht sehr alt waren. Die Lebenserwartung der Menschen war gering, und alt war man früh und noch lebensstark. Bei den Römern wurde man ab dem 45. Jahr Senior genannt. Als Kant 50 wurde, hat der Festredner ihn begrüßt mit der Anrede »Ehrwürdiger Greis«. Von jenen kräftigen Alten war also viel zu lernen in den unbeweglichen Welten. Leicht konnte man also sagen, warum man die Alten in jener Welt brauchte.

Wir leben in anderen Welten. Junge Alte werden heute die genannt, die noch vor 100 Jahren als Uralte gegolten haben. Aber nicht nur die Lebenserwartung hat sich geändert, sondern die Lebenswelt selber. Lebensklugheit kann nicht mehr einfach am Alter abgelesen werden. Unsere Welt wandelt sich so rasch, dass die Erfahrung und das Wissen von gestern nur noch bedingt für heute taugen. Wir haben eine für alte Verhältnisse unvorstellbare Situation: wir lernen von unseren Kindern und Enkeln. Was wir Alten gestern gelernt haben, hat in der Gegenwart nur beschränkte Gültigkeit. Meine Enkelkinder helfen mir mitleidig, wenn ich am Computer verzweifle. Meine Kinder sprechen besser Englisch als ich. In meiner alten Welt hatte Latein und Griechisch Vorrang. So stoße ich in der neuen Welt ständig auf Grenzen, die meine Kinder und Enkel längst übersprungen haben. So stellt sich in Schärfe die Frage, was die gegenwärtige Gesellschaft von den Alten lernen kann. Ein großer Schmerz von uns alten Menschen ist ja, mehr und mehr zu spüren, dass wir nicht gebraucht werden. Gerade in einer Zeit, die alles durch Effizienz und Gebrauchswert bestimmt, können sich die nur schwer rechtfertigen, die nicht mehr von unmittelbarem Nutzen sind.

Warum eine Gesellschaft die Alten *nicht* braucht, ist also leicht zu sagen; schwerer, warum sie sie braucht. Dazu möchte ich mit einem Bild beginnen. Ich war in diesen Tagen im Elsass in einem alten, breitgefügten Bauernhaus. Es stand in einem großen Garten, umgeben von Nussbäumen. Ich habe das Haus gerne angesehen. Ich habe darüber nachgedacht, wieviel Kinder in diesem Haus geboren und wieviel Tote aus ihm getragen wurden. Wie es dastand mit seinen Jahren, vermittelte es das Gefühl von Kontinuität und Dauer. So ist es mit alten Leuten. Sie kommen von weit her, haben viel gesehen und erfahren. Sie sind vielleicht nicht weiser geworden mit ihren Erfahrungen, aber sie haben sie gemacht und standgehalten. Sie sind geschüttelt worden wie die Nussbäume vor dem Haus im Elsass, und sie sind nicht untergegangen. Alte Leute geben das Gefühl von langer beständiger Zeit. Zur Lebensgewissheit gehört das Gefühl von Kontinuität und Dauerhaftigkeit. Sie kann nur erfahren werden, wo mindestens drei Generationen sichtbar sind und miteinander leben. Menschen werden von ängstlicher Zufälligkeit geschüttelt, wo sie nur sich selber und die eigene Zeit erleben, höchstens noch die der nächsten Generation. Das wohl macht die Geborgenheit aus, die Kinder bei ihren Großeltern erleben. Alte Leute bauen Brücken über die Zeiten. Sie tun es mit ihrer puren Existenz. Sie tun es, indem sie erzählen. Das Erzählen ist die Kunst der Alten, und man erwartet diese Kunst bei den Alten. Sie haben mehr Zeit, und sie haben länger gelebt. Erzählen heißt Zusammenhänge herstellen. Die Erzählung macht aus den treibenden Bruchstücken des Lebens einen Strom aus Zeit und Sinn. Wenn wir unseren Enkeln erzählen, bleiben sie nicht in der stummen Gegenwart eingekerkert. Sie lernen, woher sie kommen und wohin sie gehen. In jedem Märchen, das wir erzählen, in den biblischen Geschichten und in den Geschichten unseres eigenen Lebens flüstern wir unseren Kindern zu: das Leben geht. Du kannst dem Unglück entrinnen, wie wir Alten entronnen sind; wie Hänsel und Gretel der Hexe entronnen sind und Jona aus dem Bauch des Walfischs gerettet wurde.

Es gibt andere Gründe für die notwendige Sichtbarkeit des Alters. Die Szene wäre illusionär, wenn auf ihr nur Junge, Starke und Gesunde sichtbar wären. Das Gefühl für die Endlichkeit des Lebens entsteht erst, wo wir endliches Leben wahrnehmen; wo wir Menschen dahinwelken und sterben sehen. Mit jedem Blick, den ich auf alte Leute werfe, lerne ich den Satz: Mensch, du musst sterben! Ich lerne ihn nicht in Panik, sondern in alltäglicher Gelassenheit. Das ist das Problem unserer Großstädte, in denen das Alter und der Tod in unsichtbare Winkel verbannt sind. Sie geben das illusionäre Gefühl, das Normale sei nur das Leben in seiner Stärke. Aber zur

Normalität gehören Leben und Tod, Blühen und Vergehen. In dem Dorf, in dem ich groß geworden bin, sah
man täglich alte Leute; man sah sie hinfälliger werden.
Dann schließlich wurde ihr Sarg für alle sichtbar aus den
Häusern und zum Friedhof getragen. Man ging oft auf
den Friedhof und behielt lange das Datum ihres Todes
im Gedächtnis. Zur Ars moriendi, zur Sterbekunst, gehörten die sichtbare Hinfälligkeit und das Sterben der
Menschen. Wie kann man ohne falsche Dramatik wissen, dass man sterblich ist, wenn man alte Menschen nur
noch im Zoo der Altersheime – der Seniorenheime
sagen wir verschleiernd – wahrnimmt!

Alte Menschen sind immer weniger zu etwas tauglich
und verwendbar. Wenn sie nicht zu alt sind, können sie
noch auf die Kinder aufpassen oder Kartoffeln schälen.
Aber weniger und weniger können sie sich durch sich
selbst rechtfertigen. Immer weniger können sie sich
durch ihre Arbeit, durch ihre Intelligenz und ihren Witz
rechtfertigen. Sie sind, weil sie sind. Sie sind nicht, weil
sie etwas leisten. Kinder sind zunächst ebenfalls nicht
durch ihre Funktion für die Gesellschaft gerechtfertigt.
Aber sie sind immerhin eine »Investition für die Zukunft«,
wie Zyniker sagen. Aber da gibt es Menschen, deren
Existenz sich nicht durch ihren Leistungs- und Ertrags-
wert ausweisen lässt: Behinderte, dauerhaft Erkrankte,
Alte. Sie lehren uns, dass der Mensch nicht für Zwecke
da ist. Wenn wir sie dulden und sichtbar sein lassen,
lehren sie uns, was Gnade ist – dass der Mensch unge-
rechtfertigt da sein darf; nicht gerechtfertigt durch die
Größe seiner Taten, seiner Stärken; nicht ausgewiesen
durch seine Verwendbarkeit. Es ist etwas wundervoll
Widerborstiges und Anarchistisches in einer Gesellschaft, die Alte, Kranke, Behinderte sichtbar sein lässt.
Eine solche Gesellschaft weiß, dass das Ziel des Menschen nicht seine Verwendbarkeit ist. Dies aber ist ein
Grundwissen der Humanität, dass kein Mensch eines

Zweckes wegen da ist. Vielleicht hat man am stärksten zweckhaft vom Menschen in der Nazizeit gedacht. In sich selber galt er nichts, wie der zynische Satz »Du bist nichts, dein Volk ist alles« es lehrte. Der Einzelne war immer vom Ganzen her definiert, vom Volk, vom Vaterland, vom Führer. Es ist nur konsequent, dass die nutzlosen Esser ausgerottet wurden, die Kranken und Behinderten. Ganz sicher wären auf Dauer auch die ganz Alten drangekommen.

Es erhebt sich aber eine Frage an uns Alte. Wenn die Gesellschaft die Sichtbarkeit unseres Alters braucht, dann sollten wir selbst es nicht verbergen; dann sollten wir zu unserer eigenen Endlichkeit und Sterblichkeit stehen. Wir Alten sollten uns von niemanden einreden lassen, wir seien eigentlich noch nicht alt. Wir sollten es uns auch selber nicht einreden. Wir sollten uns nicht verschämt Senioren nennen und nennen lassen, wenn wir nichts als alt und gebrechlich sind. Wir sind es der eigenen Würde und der Gesellschaft schuldig, nicht zu protzen mit dem wenigen, was wir noch haben – mit dem bisschen Gesundheit, mit dem geistigen und physischen Vermögen. Es ist lächerlich und abstoßend, wenn wir uns als Siebzigjährige wie Fünfzigjährige benehmen, die Haare färben, kleiden. Wir sollten allmählich die große Lebenskunst gelernt haben, uns nicht mehr durch uns selber zu rechtfertigen. Das wäre auch unsere eigene Vorbereitung auf den Tod. Denn am Ende des Lebens ist man durch gar nichts mehr gerechtfertigt außer durch den Blick der Güte, der uns schöner findet, als wir sind und je waren.

2. Die Einsamkeit des Alters

Ich bin alt, aber ich war nicht einsam, solange meine Frau noch gelebt hat. Sie war täglich um mich, und ich war täglich um sie. Ich hörte sie, wenn sie auf ihrer Schreibmaschine schrieb; wenn sie in die Küche ging, um sich einen Kaffee zu machen. Einsam bin ich, nachdem sie nicht mehr da ist. Das Haus ist anders – zu groß. Die Stille, die ich sonst liebe, wird zur toten Lautlosigkeit. Ich kann mich schlechter auf meine Arbeit konzentrieren, und ich entwerfe Strategien, mir selber zu entkommen.

Wenn ich allein bin, vernachlässige ich die Rituale, die den Tag gliedern. Ich esse, wann ich Lust habe. Ich gehe zu Bett und stehe auf, wann ich Lust habe. Ich bin in inhaltsloser Freiheit immer bei mir, bei meiner Lust oder meiner Unlust. Ich werde nicht von mir selber befreit durch Gespräche, die ich habe, und durch Regeln, an die man sich hält, wenn man zu zweit oder mit mehreren lebt. Einsam wäre ich, wenn kein Mensch mich von mir selbst befreite.

Ich bin nicht einsam, weil ich arbeite. Ich arbeite vermutlich mehr, als ich zur Zeit meiner Berufstätigkeit gearbeitet habe. Ich lese, ich schreibe, ich halte Vorträge. Ich liebe meine Arbeit. Solange ich sie tue, vergesse ich die bisher noch leichten Beschwerden des Alters. »Arbeit macht frei!« war der zynische Spruch über dem Eingang von Auschwitz – zynisch, weil er am Ort der Barbarei stand. Sonst aber stimmt er. Arbeit befreit mich davon, unerträglicher Gast meiner selbst zu sein. Ich kann mich vergessen, ich kann mich über etwas anderes empören als über mich selbst. Ich kann etwas anderes lieben als mich selbst. Nicht auf sich selber gebannt zu sein, ist vielleicht das stärkste Zeichen seelischer Gesundheit. Die Arbeit ist besonders für meine Generation wichtig, die sich so sehr über Arbeit definiert hat. Wir kommen noch aus kargen Zeiten, in denen die Menschen viel arbeiten mussten. So wurde die Arbeit selbst zum Lebensinhalt. Das ist in vieler Hinsicht problematisch, aber so war es eben in jenen Zeiten, in denen das Leben wenig Spiel hatte. Einsam wäre ich, wenn ich nicht mehr arbeiten könnte, zumindest einsamer, als ich es jetzt bin.

Ich bin nicht einsam, weil ich Kinder und Enkelkinder habe und Freunde und Freundinnen. Ich sehe sie, ich telefoniere mit ihnen, wir schicken uns Mails, ich koche für sie. Ich lebe also in Zusammenhängen. »Er spricht zusammenhanglos«, sagen wir, wenn jemand verwirrt spricht. Dieser Verwirrung bin ich bisher entkommen, weil ich den Zusammenhang der Generationen sehe und den Zusammenhang der Welten, die mir durch meine Freunde vermittelt werden. Und doch hat sich einiges verändert: ich wachse heraus aus diesen Zusammenhängen, weil die Kinder mich nicht mehr lebensnotwendig brauchen. Wenn ich jetzt stürbe, wären sie traurig. Aber es brächen für sie keine Welten mehr zusammen, wie es der Fall ist, wenn eine Mutter oder ein Vater in jungen Jahren stirbt. Ich werde nur noch begrenzt benötigt. Das ist der Anfang der Einsamkeit.

Ich bin nicht einsam, weil ich mit der Welt, in der ich lebe, umgehen kann. Ich ängstige mich nicht, wenn ein Radfahrer auf meinem Gehweg kommt. Ich bin noch beweglich genug, ihm rasch auszuweichen. Ich kann einkaufen, die Steuererklärung ausfüllen (jedenfalls nicht schlechter, als ich es immer gekonnt habe). Ich kann mich in der Stadt orientieren, ich bin nicht unsicher, wenn ich Zug fahre oder in ein Flugzeug steige. Ich bin noch selbständig meiner Umgebung und meiner Welt gegenüber. Einsam werde ich sein, wenn mir diese äußere Welt nicht mehr vertraut ist; wenn kleine Verrichtungen zu großen Angelegenheiten werden und wenn ich die einfachen Lebenstechniken nicht mehr beherrsche.

Ich bin nicht einsam, weil ich nicht ernsthaft krank bin. Ich bin mit den Menschen, mit denen ich lebe, auf einer Ebene. Einsam werde ich als alter Mensch, wenn ich diese gemeinsame Ebene verliere; wenn ich zum Beispiel als alter und kranker Mensch liegen muss, während die anderen stehen. Einsam werde ich, wenn die

Menschen eher über mich sprechen als mit mir; wenn sie sich über meine Krankheit unterhalten und besorgt sind. Einsam bin ich, wenn die Angst über meine Zukunft mich packt. Dann komme ich nicht mehr von mir los und klebe ständig an mir selber. Wenn ich in mir selber eingekerkert bin, gerate ich in eine Wahnwelt. Alle Gefahren werden größer, als sie sind. Alles wird spukhaft in der Eingeschlossenheit in sich selber. Ich gerate in die Gefahr, mich in eine Wahnwelt zu steigern; in die Gefahr, mich zwanghaft zu wiederholen; in die Gefahr, mich selber ins Nichts zu steigern.

Der Deutungszwang gehört zu dieser Wahnsituation: Der Arzt sagt etwas zu meinen Kindern. Ich habe es nicht verstanden. Sollte ich es nicht verstehen? Mein Misstrauen wächst. Hat er ihnen von der Verschlechterung meiner Krankheit erzählt? Warum sind plötzlich drei meiner Kinder auf einmal da? Zufall, oder hat man sie benachrichtigt? Ich bin in der Gefahr, jedem Vorgang, jedem Mienenspiel, jedem Wort eine zweite Bedeutung zuzuschieben. Nichts mehr ist, was es ist, und nichts sagt mehr nur das, was es sagt. Nichts mehr ist Zufall, alles ist omen, aufgeladen mit Bedeutung. Nein, ich bin nicht einsam. Denn noch kann ich die Welt einschätzen, wie sie ist, und ich stehe nicht unter dem Zwang, allem Bedeutung zu verleihen.

Ich merke, dass in meinem Text ein Wörtchen reichlich Junge geworfen hat: das Wort *noch*. Noch lebe ich mit anderen zusammen, noch gehe ich wie ein Gesunder, noch ist das äußere Leben geläufig. Mit dem Wort *noch* stehe ich zumindest an der Schwelle zur Einsamkeit, weil ich genau weiß, dass die Zeit der Stärke und der Selbstverständlichkeit nur noch Frist ist. Ich bin 70 Jahre, aber nicht diese biologische Tatsache macht hauptsächlich mein Alter aus. Dass ich alt bin und dass ich in der Nähe des Todes bin, das weiß ich genauer noch durch eine andere Tatsache: meine Frau ist gestorben, drei meiner Geschwister sind schon gestorben, Freunde sind gestorben, Kollegen gleichen Alters und jüngere sind gestorben. So lerne ich, dass ich sterblich bin. Das ist die letzte Lehre, die uns die Toten geben: wir werden bald sterben. Man sagt, man könne, solange man lebt, die eigene Sterblichkeit nicht begreifen. Ich glaube das nicht. Es gibt zu viele Lehrer dieser Sterblichkeit. Gerade hat es mich meine sechsjährige Enkeltochter gelehrt. Wir sprachen darüber, was sich in 15 Jahren alles verändert haben könnte. Ich sagte zu ihr: »Vielleicht hast du selber dann schon Kinder!« Sie antwortete bekümmert und realistisch: »Aber die Oma und du werdet dann schon tot sein und sie nicht mehr sehen.«

Das Sterben ist die Einsamkeit, die allen misslingt und mit der niemand fertig wird. Es ist die Stelle, an der alle Souveränität verlorengeht. Der Tod ist die letzte große Unverschämtheit des Lebens. Ihm kann ich nichts mehr entgegensetzen – keine Stärke, keine Tugend, keinen Gleichmut. Ich selber werde mir mit nichts mehr helfen können. Ich werde wehrlos sein und ich muss mich ergeben. Es ist die Stelle meiner letzten und absoluten Bedürftigkeit. Könnte es sein, dass ich dort am meisten bei Gott bin, weil ich am wenigsten bei mir bin? Vielleicht bleibt als letzte Lebensaufgabe, einsamer zu werden; loszulassen, was uns ausmacht, und auf uns selber zu verzichten. Das Alter ist nicht schön (wohl wird es oft genug schöngeredet). Aber eine Schönheit könnte noch gelingen: dass man es aufgibt, sich durch sich selber zu rechtfertigen.

3. Die letzten Aufbrüche und Anfänge
Wenn man das Leben der einzelnen betrachtet, gibt es verschiedene Zeiten und Arten von Aufbrüchen. Es gibt die Aufbrüche der Jugend: man verlässt irgendwann Vater und Mutter, das Haus und die Lebenswelt, die einen bisher geborgen und gewärmt haben. Man verbindet

sich mit anderen Menschen als den eigenen Verwandten, man wählt einen Beruf, man baut ein Haus. Das sind Abschiede, die aus Anfängen geboren sind. Die neue Idee, die man hat; die neue Welt, die man sich erschließt, und die neuen Menschen, mit denen man sich verbindet, machen einem den Abschied leicht und man vergisst ihn bald. Das Vergessen der alten Welt ist wahrscheinlich notwendig, um in einer neuen Welt anzukommen. Es sind radikale Abschiede. Ich denke an meine eigenen Abschiede und Neuanfänge der Jugend. Ich habe mit 21 Jahren in einem sehr buchstäblichen Sinn die alte Welt verlassen, ich bin in ein Kloster eingetreten und war dort 13 Jahre. Eine große Idee hat den Abschied und den Anfang leicht gemacht. Wir wollten einfach leben, wir wollten ein erkennbares Ziel in unserem Leben, und so haben wir leichten Herzens einen großen Bruch gewagt und nicht mehr zurückgeschaut. Nach diesen Jahren habe ich das Kloster verlassen und ein anderes Leben gewählt, ich war damals 34 Jahre. Das war ein Aufbruch in der Lebensmitte, und er hatte andere Qualitäten als der Aufbruch der Jugend. Es war ein Neuanfang nach einer Niederlage. Die Hoffnung, die ich in den Schritt der Jugend gesetzt hatte, wurde nicht eingelöst. Dieser Austritt aus dem Kloster hatte sicher die Dramatik einer Ehescheidung. Unsere Neuanfänge in den Lebensmitten sind oft Anfänge nach Lebensniederlagen. Die Anfänge der Jugend sind oft unbekümmert und tollkühn, eine Idee treibt uns aus den alten Gehäusen, und wir merken die Abschiede kaum. Die Anfänge in der Lebensmitte sind realistischer. Man erwartet viel vom neuen Leben, aber nicht mehr alles. Man lernt den gelungenen Alltag schätzen, man schätzt nicht mehr nur die orgiastischen Stunden des Lebens. Es gibt ein Unglück, das durch zu große Erwartungen zustandekommt. In den Anfängen nach Niederlagen schätzt man die gelungene Halbheit des Lebens, man schätzt das halbe

Glück und die halbe Erfüllung. Man weiß, dass ein durchschnittliches Glück ein großes Glück ist. Man lernt die Dankbarkeit für das halbe Gelingen. Dies hört sich nun wie die pure Illusionslosigkeit und wie Pessimismus an. Es ist es nicht. Es ist die Dankbarkeit für das kleine Gelingen. Ich habe vor kurzem eine Frau begleitet, deren Mann gestorben war. Sie sagte: »Was ich mir vorwerfe, ist, dass wir in unserer Ehe die kleinen Dinge zu wenig geschätzt haben – dass wir zusammen Musik gehört haben; dass wir zusammen gespült haben; dass wir zusammen ein Buch gelesen oder eingekauft haben.«

Ich bin inzwischen alt. Und ich stelle mit Erstaunen fest, wie viele Aufbrüche mir im Alter zugemutet werden. Ich habe meinen Beruf verlassen, und ich musste neu lernen, mit mir und mit meiner Zeit umzugehen, um nicht zu verkommen. Ich werde bald aus dem Haus ausziehen, in dem wir viele Jahre gewohnt haben. Ich werde mich verkleinern, und die Welt wird kleiner. Ich bin dabei, meine Bücher abzugeben. Die Abschiede der Jugend waren aus Anfängen geboren. Meine heutigen Anfänge sind aus Abschieden und Verlusten geboren. Ich lerne mit jedem Tag die Endlichkeit des Lebens. Ich lerne mit jedem Tag, dass das Leben Frist ist. Natürlich ist für jeden das Leben befristet, auch für junge Menschen. Aber das weiß ich mit meiner ganzen Existenz erst als alter Mensch. Und trotzdem ist mir nicht erlaubt und meiner nicht würdig, nur dazusitzen und das Ende der Frist abzuwarten. Der Reichtum des Lebens ist geringer geworden, und er ist intensiver geworden. Ich kann ein Buch lesen, und wenn ich nicht mehr lesen kann, kann ich zuhören, wie einer liest. Ich kann einen Sonnenuntergang sehen. Ich habe Freunde, ich habe Erinnerungen, vor allem: ich habe Enkelkinder – welch ein Reichtum! Ein Grund einer neuen Lebensheiterkeit bei allen Verlusten ist, dass ich nicht mehr stark und überlegen sein muss. Ich habe eine Kunst gelernt, die ich schon lange können sollte: Ich muss mein Leben nicht rechtfertigen durch die gute Arbeit, die ich mache; nicht mehr durch meine Schönheit, Intelligenz, Frömmigkeit, Erfolge. Ich kann ein heiterer Nichtsnutz sein. Auf diesen neuen Wegen, auf die wir Alten verwiesen sind, hat man wenig Gepäck. Es sind Aufbrüche in die Armut, Aufbrüche in die Einfachheit.

4. Die Hoffnung auf die unüberholbaren Anfänge

Ich höre auf eine mutige Tradition, die den Tod als den Anfang des eigentlichen Lebens beschreibt. Wem das Leben nicht eingelöst hat, was versprochen war, der träumt von einer Heimat, in der er noch nicht war. In den Briefen, die der nach Amerika ausgewanderte mecklenburgische Tagelöhnerssohn Jörnjakob Swehn an seinen Lehrer schickt, beschreibt er das Sterben seiner alten Mutter:

»Ich überdachte ihr Leben, als es zu Ende ging, und fand nichts als Mühe und Not... Der (Tod) hat sie bei der Hand genommen, und da ist ihre Seele ganz leise mitgegangen, richtig so, als wenn man von einer Stube in die andere geht. So ist sie nach Hause gegangen, als wenn ein müdes Kind abends nach Hause geht. Und nun ist sie nicht mehr in einem fremden Land.«

Das Glück des Lebens, das die Armut dieser Frau vorenthalten hat, hat sie zur Hoffnung auf einen anderen Anfang in Fülle geführt, der ihr nicht mehr verdorben werden kann. In der alten Sprache der Religion bewahren diese vom Leben gebeutelte Frau und ihr Sohn das Menschenrecht der Hoffnung. Sie geben ihren Hunger auf das Glück nicht auf. »Einmal wird es anders sein!«, sagen sie und lassen sich aus der Zuversicht nicht vertreiben.

Aber nicht nur das Unglück und die Niederlagen des Lebens lassen den Menschen Ausschau halten nach einem Land, aus dem die Seufzer geflohen sind. Auch das

Glück macht hungrig. In dem wundervollen Loblied von Paul Gerhardt »Geh aus, mein Herz, und suche Freud« heißt eine Strophe:

»Ach, denk ich, bist du hier so schön
und lässt du's uns so lieblich gehn
auf dieser armen Erden:
was will doch wohl nach dieser Welt
dort in dem reichen Himmelszelt
und güldnen Schlosse werden.«

Der Tod ist nach diesem Lied und nach der Tradition, aus der es gesungen ist, nicht das Ende des Lebens, sondern sein eigentlicher Anfang. Das zukünftige »reiche Himmelszelt« ist keine Abwertung des irdischen Lebens. Am Glück des irdischen Lebens entsteht vielmehr die Sehnsucht nach den neuen Anfängen, die nicht mehr überholt werden können. Der Sänger sieht die Pracht der Blumen, die schöner sind als »Salomonis Seide«, er hört entzückt das Lied der Lerche, er genießt »des süßen Weinstocks starke Kraft«. Diese Schönheit stillt seinen Lebensdurst nicht, sie macht ihn größer. Sie weckt in ihm das Heimweh nach einem Land, in dem keine Anfänge mehr verraten und verkauft werden.

Unsere Hoffnung auf das Glücken der Anfänge nährt sich aus der Erinnerung von großen und guten Anfängen. Das beste Beispiel dafür ist die Erzählung von der Erschaffung der Welt. Menschen wollen in dieser Geschichte keine naturwissenschaftliche Erklärung der Weltentstehung geben. Sie haben ein Lied vom guten Anfang der Dinge gesungen. Sie haben sich gesagt, dass die Welt und das Leben nicht eisigen Zufällen entsprungen sind, sondern aus der Hand der Güte kommen. Und so haben sie erzählt, wie Gott die Lebensmöglichkeit der Erde geschaffen hat, das Land und das Meer, das Licht und die Nacht, die Pflanzen, die Tiere und den Menschen. Der Anfang war gut, haben sie sich gesagt, und so werden auch die Anfänge, die sie zu bestehen haben, gut werden. Eine unserer Enkelinnen hat, als sie klein war, die Frage nach ihrem eigenen Anfang gestellt: »Wo war ich, als ich noch nicht geboren war?«, hat sie meine Frau gefragt. Diese hat beiläufig geantwortet: »Du warst noch nicht da.« Die Enkelin hat auf ihrer Frage bestanden und sich schließlich selbst die Antwort gegeben: »Ich war noch in Gott versteckt!« Sie hat sich ihre eigene Schöpfungsgeschichte erzählt und sich selber gesungen: Mein Anfang war gut! oder in ihren Worten: »Ich war in Gott versteckt!«

Die Hoffnung singt das Lied der alten Anfänge: Es war einmal! Einmal hat es den guten Anfang des Lebens in der Schöpfung gegeben. Einmal hat es einen neuen Anfang nach dem Weltuntergang der Sintflut gegeben. Einmal hat es den neuen Anfang nach der Sklaverei in Ägypten gegeben. Einmal hat Gott das Volk befreit aus der Gefangenschaft in Babylon und hat es geführt in das versprochene Land. Es sind nicht nur diese religiösen Anfangsgeschichten, die unsere Hoffnung nähren. Wenn Familien zusammen sind und sich ihre eigenen alten Geschichten erzählen, sind es meistens Geschichten des Entrinnens und der neuen Anfänge. Das Leben geht, sagt man sich, denn damals ist es gegangen.

Die Hoffnung singt ein zweites Lied, es ist das Lied von den zukünftigen Anfängen: Einmal wird es sein! Um es mit dem Propheten Jesaja zu sagen: Einmal wird es sein, dass die Blinden sehen, die Lahmen tanzen und die Verstummten ihre Lieder gefunden haben. Die Hoffnung geht aufs Ganze.

5. Die Kunst des Abdankens

Wenn wir als Großeltern über unser Verhältnis zu den Enkeln nachdenken und wenn wir von ihnen erzählen, dann schönen wir oft. Wir beschreiben uns als rüstig und noch stark. Wir können noch mit den Enkeln spielen und schwimmen, wir können ihnen erzählen und mit ihnen spazieren gehen. Wir erzählen von den Enkeln als kleinen Kindern, die drollig, neugierig, aufgeschlossen und liebevoll sind. Aber es kommen andere Zeiten, kalte Zeiten, wenn wir sehr alt und unsere Enkel schon erwachsen sind. Vielleicht werden wir mit Schmerz feststellen, dass unsere Welt, in der wir gelebt, geliebt und geweint haben, schon untergegangen ist und dass unsere Kinder und Enkel in ganz anderen Welten leben. Wir verstehen die Musik nicht mehr, die sie lieben. Wir verstehen die Bücher nicht mehr, die sie lesen und die ihnen wichtig sind. Sie sprechen eine andere Sprache als wir Alten. Sie kennen die Psalmen und die Lieder nicht, die uns ein Leben lang getröstet haben. Sie schätzen nicht mehr, was uns selber wichtig ist. Es ist die Zeit der Einsamkeit und des enttäuschten Wartens. Wir sterben aus der Welt unserer Kinder und Enkel weg, lange bevor wir tot sind. Wir sterben nicht erst am Ende unserer Tage. Wir fangen an zu sterben, wenn unsere Kinder uns nicht mehr wirklich brauchen; wenn sie unsere Welt nicht mehr verstehen und wir die ihrige nicht.

Es ist die Zeit der Abschiede. Sie fängt an, wenn man auf dem Friedhof mehr Bekannte hat als unter den Lebenden. Es ist die Zeit der letzten und vielleicht schwersten Lebensaufgabe: die anderen anders sein zu lassen. Es ist die Zeit, da wir die Endlichkeit lernen, nicht nur weil wir wissen, dass unsere Zeit befristet und kurz ist. Wir Alten müssen auch lernen, dass unser Lebenskonzept, unsere Lebensweise, sogar die Weise unseres Glaubens endlich sind; sie müssen nicht die Konzepte und Weisen unserer Kinder und Enkel sein. Wir müssen unsere Nachkommen gehen lassen. Wir müssen abdanken. Abdanken ist ein schönes altes Wort. Es heißt, sich mit Dank verabschieden; sich selber und die eigene Weise den anderen nicht als Diktat hinterlassen; nicht erwarten, dass sie uns ähnlich sind. Abdanken – das heißt, sich nicht in Bitterkeit und Resignation abwenden, sondern mit Schmerz und in Heiterkeit zugeben, dass unsere Kinder und Kindeskinder ihre eigenen Wege gehen, so wie wir sie früher gegangen sind. Unsere Kinder sind nicht dazu da, uns selber fortzusetzen. Abdanken zu können ist ein Stück Gewaltlosigkeit, die uns Alte schöner macht und die bewirkt, dass unsere Nachkommen mit Güte und Zärtlichkeit an uns denken können.

Was hinterlassen wir unseren Nachkommen, wenn wir sterben? Ich frage nicht nach materiellen Gütern, sondern nach dem Geist und den Lebenskräften, die wir überliefern. Ich stelle die Frage nicht ohne Angst. Wenn ich bei meinen Kindern und Enkeln einen Gesichtsausdruck, eine Reaktion, eine Geste erkenne, die meinen eigenen ähnlich sind, erschrecke ich. Was habe ich ihnen vermacht? In ihr Leben ist alles eingewoben, was mir selber nicht gelungen ist, was ich versäumt habe, was meine Fehler sind. Und so frage ich mich manchmal, was ich meinen Nachkommen an Lebensmöglichkeiten verwehrt habe. Wir sind auch immer auf die Vergebung unserer Nachkommen angewiesen. Aber, so sage ich mir, wir sind nicht unendlich, auch nicht unendlich in dem, was wir anrichten. Man kann in demütiger Heiterkeit zugeben, dass die Unverwüstlichkeit des Lebens stärker ist als die Verwüstungen, die wir anrichten – besser so gesagt: dass Gott größer ist als unsere Schuld. Wir sind nicht allmächtig, auch nicht in unserer Schuld und in dem, was wir falsch gemacht haben. Gottseidank – wir sind endlich!

Nein, wir hinterlassen unseren Nachkommen nicht nur unsere Lebensschulden. In demütigem Stolz können wir auch sehen, dass die, die nach uns kommen, von den Lebensbroten leben, die wir für sie gebacken haben. Sie sind die Erben unseres kleinen Gelingens, nicht nur unserer Schulden. Sie stehen auf unseren Schultern mit ihrem eigenen Leben, wie wir unser ganzes Leben lang auf den Schultern von anderen gestanden haben. So war unser Leben nicht umsonst. Ich wünsche mir eine Zeit, in der die Eltern und die Großeltern Sorge tragen für die Welt, die Atemluft und die Lebensträume ihrer Kinder; eine Zeit also, in der Menschen nicht in verblendeter Heutigkeit nur an sich selber denken. Ich wünsche mir eine Zeit, in der die Enkel die Namen ihrer Großeltern wissen, auch wenn sie schon lange gestorben sind. Sorge und Gedächtnis machen die Welt menschlicher und verbinden die Generationen.

6. Auf halber Treppe

Thomas Mann nennt in seinem Josefsroman den alten Jakob »schwer von Geschichten«. Von welcher Schwere sind die Geschichten von uns Alten? Der Dank gegen Gott und der Stolz auf uns selbst erlauben es, uns zunächst an die Geschichten des Gelingens zu erinnern. Wir hatten eine Kindheit. Obwohl in schrecklichen Zeiten, bestand sie nicht nur aus Schrecken. Wir hatten eine Jugend, in der wir mehr gehofft haben, als unsere Jugendlichen hoffen. Wir hatten Ruhe zum Lernen und zur Ausbildung. Wir hatten Ideen und haben einiges dafür gearbeitet. Wir haben geliebt und wurden geliebt. Und wir hatten Tränen, über die zerbrochenen Lieben zu weinen.

Mit all dem sind wir nicht bis ins Land der Träume gekommen. Vieles ist zerbrochen von dem, was wir hatten. Vieles haben wir nur halb gehabt und gemacht. Aber wir hatten wenigstens die Hälfte. Wer sagt denn, dass die Süße nur in der Ganzheit liegt! Wir sind »schwer von Geschichten«. Von keinem protestantischen Vollkommenheitsterrorismus lasse ich mir das Halbe und Nicht-zu-Ende-Gebrachte entwerten. Es gibt ein englisches Kinderlied, das uns beschreibt:

Half way up the stairs
is the stair, where I sit!
There isn't any other stair
quite like it.
It isn't at the bottom.
It isn't at the top.
Half way up the stairs
is the stair
where I always stop.

Auf halber Treppe sitzen wir,
es ist nicht oben, nicht unten.
Auf halber Treppe sitzen wir.

Dankbarkeit also für die Hälfte der Treppe, auf die wir
kommen durften! Aber nun zu der anderen Hälfte der
Treppe, die wir nicht geschafft haben; zu den anderen
»schweren Geschichten«! Es sind die Geschichten unserer
Niederlagen. Wenn wir jungen Menschen etwas voraus
haben; wenn es so etwas wie die Weisheit des Alters
gibt, dann ist es die größere Anzahl der Niederlagen –
der persönlichen und politischen. Vielleicht sind einige
davon gelungen. Vielleicht haben uns einige nicht bitte-
rer, resignierter und zynischer gemacht. Vielleicht haben
uns einige von falschen Hoffnungen befreit. Vielleicht
hat uns unsere Schwäche humanisiert – wenigstens hie
und da.

Schwerer ist es, mit den anderen Geschichten umzugehen: Mit den Geschichten unserer Schuld. Zerstörun-
gen haben wir nicht nur erfahren, wir haben sie auch
angerichtet, und wir haben Leben beschädigt. Wir sitzen
auf halber Treppe und können sie nicht neu hinaufge-
hen. Wir müssen damit leben, dass bestimmte Dinge
unseres Lebens nicht wiedergutgemacht werden können; dass sie unwiederbringlich sind und dass keine
Chancen auf Heilung bestehen – zumindest nicht durch

uns. Was soll man sagen? Und kann man etwas sagen, ohne sich voreilig zu trösten? Vielleicht dies: dass wir nicht die Garanten und Retter der Welt sind. Vielleicht muss man an Gott glauben, um nicht grandios zu ersticken in dem, was wir versäumt haben. Die Sünde nicht zu vergessen – und nicht so eitel sein zu glauben, sie diktiere die Zukunft – das wäre eine Form der Weisheit, eine geglückte Niederlage.

Was bleibt auf halber Treppe? Zunächst die halbe Treppe, die wir gestiegen sind: all das, was wir gesehen und gehört haben; was wir gearbeitet und gelitten haben; alle Liebe, die sich eingekerbt hat in die Züge unserer Seele. Es bleibt aber auch noch ein Stück Arbeit: sich einzuüben in die sanften Tugenden der Geduld, der Langsamkeit und des Verzichts. Resignation – nicht als verbitterte Zukunftslosigkeit, sondern als Abdanken – ich habe davon gesprochen.

Es bleibt vielleicht noch etwas Anderes – vielleicht bis zum letzten Atemzug: die Lebenszugewandtheit und die Lebensneugier, die wir mit Leiden und Lieben gelernt haben. Dann können uns die Jüngeren sagen:

So sollst Du, munt'rer Greis,
Dich nicht betrüben!
Sind gleich die Haare weiß,
doch wirst du lieben.

Am Ende steht der Name Gottes, am Ende unserer Arbeit und am Ende unseres Lebens. Wir wissen nicht genau, was wir sagen, wenn wir ihn nennen. Alt werden heißt erkennen, dass wir nicht genug sind. Wir sind nicht genug, die Welt zu retten und das Leben zu wärmen. Wir einzelnen und wir alle zusammen sind nicht genug, die Stadt zu bauen, in der der Tod entmachtet ist. Der Name Gottes ist unsere große Erleichterung: wir müssen nicht genug sein. Die Last der Welt liegt nicht auf unseren

Schultern. Wir können in Heiterkeit Fragment sein. Das gibt unserem Leben Spiel, dass wir selber nicht alles sein müssen. Der Gedanke, dass wir an Gott genesen und dass niemand an unserem Wesen genesen muss, macht uns erträglich für uns selber und macht uns erträglich für die anderen. Wir können die Arbeit aus den Händen legen, nachdem wir unseren Teil getan haben, gut oder schlecht – wir müssen darüber nicht urteilen. Vielleicht ist das die letzte große Kunst, die wir zu lernen haben, dass wir das Urteil über uns selbst nicht fällen. Wir sind, die wir sind am Ende unseres Lebens. Mehr brauchen wir nicht. Wir brauchen uns nicht zu loben, wir brauchen uns nicht zu verdammen. Wir sind vor den Augen der Güte, die wir sind.

Es ist wahr: Wir Alten haben nur noch eine Frist, ablaufende Zeit. Bis dahin aber werden wir weiter träumen. Und wir werden das wundervolle Altersprivileg genießen, dass niemand mehr uns ganz für voll nimmt, nicht einmal wir uns selber. Lasst uns in Heiterkeit diese Narrenfreiheit genießen!

Bitte beachten Sie auch die folgenden Seiten

Lieferbare Radius-Bücher. Eine Auswahl

Ursula Baltz-Otto (Hg.): Jeder Tag ein Gedicht. 366 Texte
Martin Bauschke: Abraham und Aschenputtel
  Brückenschlag zwischen Bibel und Märchen
Gerhard Begrich: Das Buch Jeschajahu
  Der Prophet Jesaja neu übersetzt und erläutert
Gerhard Begrich: Das Buch Jirmejahu
  Der Prophet Jeremia neu übersetzt und erläutert
Gerhard Begrich: Engel und Engelgeschichten in der Bibel
Gerhard Begrich: Das Hohelied Salomos
  Neu übersetzt und erläutert
Gerhard Begrich: Namen und Namengeschichten in der Bibel
Gerhard Begrich: Die Torah. Die fünf Bücher Mose
  Neu übersetzt und erläutert *(Bände auch einzeln erhältlich)*
Peter Bichsel: Im Hafen von Bern im Frühling
DENKSKIZZEN zu den sechs Perikopenreihen
  Sechs Bände; verschiedene Herausgeber
Wolfgang Erk (Hg.): Literarische Auslese
  Texte für jeden Tag des Jahres
Wolfgang Erk (Hg.): Für diesen Tag und für alle Tage
  Deines Lebens. Ein Brevier
Wolfgang Erk (Hg.): Viele gute Wünsche
  Literarische Annäherungen
Wolfgang Erk/Martin Scharpe (Hg.): Es glänzen einzig die Wörter
  Vom Schreiben und Lesen in Wort und Bild
Marcell Feldberg (Hg.): Tod und Abschied
  Texte zur Trauer und darüber hinaus
Traugott Giesen: Rufbereitschaft. Texte zum Leben
Peter Härtling: 80 – Versuch einer Summe
Peter Härtling: Versuchte Ewigkeit. Gedichte 2008–2016
Gotthold Hasenhüttl: Christen gegen Christen
  Der Streit um das gemeinsame Abendmahl
Gisela u. Ulrich Häussermann (Hg.): Frauengedichte der Welt
Martin Hein: Interventionen
  Predigten im Spannungsfeld von Kultur und Kirche
Hartmut von Hentig: Annäherung an das Gute Leben
  Eine Essay-Trilogie
Klaus-Peter Hertzsch: Chancen des Alters. Sieben Thesen
Klaus-Peter Hertzsch: Der ganze Fisch war voll Gesang
Klaus-Peter Hertzsch: Sag meinen Kindern,
  dass sie weiterziehn. Erinnerungen
Reinhard Höppner: Chancen der doppelten Erfahrung
  Texte der letzten Jahre

Walter Jens: Das A und das O. Die Offenbarung
Walter Jens: Der Römerbrief
Walter Jens: Die vier Evangelien
Walter Jens: Der Teufel lebt nicht mehr, mein Herr!
   Erdachte Monologe – Imaginäre Gespräche
Klaus-Peter Jörns: Glaubwürdig von Gott reden
Eberhard Jüngel: Anfänger
   Herkunft und Zukunft christlicher Existenz
Eberhard Jüngel: Beziehungsreich. Perspektiven des Glaubens
Eberhard Jüngel: Erfahrungen mit der Erfahrung
Eberhard Jüngel: Predigten 1–7 *(Bände auch einzeln erhältlich)*
Eberhard Jüngel: Unterwegs im Kirchenjahr. Festtagspredigten
Otto Kaiser: Die Weisheit Salomos
   Neuübersetzung und Einführung
Reiner Kunze: Bleibt nur die eigne Stirn. Ausgewählte Reden
Reiner Kunze/Mireille Gansel: Die Chausseen der Dichter
   Ein Zwiegespräch über Peter Huchel und die Poesie
Annette Kurschus: Zutrauen ins Unglaubliche. Zwanzig Predigten
Christoph Levin: Aus heiterem Himmel. Zwanzig Predigten
Christoph Levin: Bin ich's? Zwanzig Predigten
Christoph Levin: Premierenfieber. Zwanzig Predigten
Christoph Levin: Das verlorene Paradies.
   und weitere sieben Vorträge zum Alten Testament
Gerd Lüdemann/Martina Janßen: Bibel der Häretiker
   Nag Hammadi
Henning Luther: Frech achtet die Liebe das Kleine. Predigten
Henning Luther: Leben als Fragment. Zwei Bände
   (auch einzeln erhältlich)
Henning Luther: Religion und Alltag
   Bausteine zu einer Praktischen Theologie
Kurt Marti: DU. Eine Rühmun
   Und 19 Gebete in Gedichtform sowie ein Essay
Kurt Marti: Fromme Geschichten
Kurt Marti: geduld und revolte. die gedichte am rand
Kurt Marti: Die gesellige Gottheit. Ein Diskurs
Kurt Marti: Heilige Vergänglichkeit. Spätsätze
Kurt Marti: Prediger Salomo. Weisheit inmitten der Globalisierung
Kurt Marti: Die Psalmen. Annäherungen
Kurt Marti: Schöpfungsglaube. Die Ökologie Gottes
Kurt Marti: Versuche zu verstehen
   Von der Weltleidenschaft Gottes und Gott im Diesseits
Elisabeth Moltmann-Wendel: Der auf der Erde tanzt
   Spuren der Jesusgeschichte
Niklaus Peter: Ein Hemdlein fürs nackte Evangelium
   Gedanken zu biblischen Worten

Niklaus Peter: Himmelsleiter und Prophetenmantel
  Kleine Denkstücke in Religion und Literatur
Niklaus Peter: Maulwürfe und Sündenböcke
  Aufbrüche aus der Welt des Alltäglichen
Niklaus Peter: Schachfigur – oder Schachspieler. Denkmodelle
  und Spielzüge auf den Feldern des Lebens und der Religion
Klaus Pfitzner: Freispiel. Abenteuer Altsein
Klaus Pfitzner: Der Himmel lacht mich an
  Stille Wanderung durch das hohe Alter
Klaus Pfitzner: Jenseits der Wüste. Miniaturen zum hohen Alter
Klaus Pfitzner: ...und Goliath lächelte
  Marginalien zum Leben im Alter
Karl-Heinz Ronecker: Mit Literatur predigen
Eleonore von Rotenhan: Paradies im Niemandsland
  Alzheimer. Eine literarische Annäherung
Martin Scharpe (Hg.): Erdichtet und erzählt I und II
  Das Alte / Das Neue Testament in der Literatur
Martin Scharpe (Hg.): Das literarische Geburtstagsbuch
Asta Scheib (Hg.): Atem der Erde. Lyrik zu den vier Jahreszeiten
Wieland Schmied: Bilder zur Bibel
  Maler aus sieben Jahrhunderten erzählen das Leben Jesu
Wieland Schmied: Von der Schöpfung zur Apokalypse
  Bilder zum Alten Testament und zur Offenbarung
Friedrich Schorlemmer: Die schöne Kraft des Glockenseils
  Gespräche mit Hans-Dieter Schütt
Friedrich Schorlemmer: Die Weite des Denkens und die Nähe zu
  den Verlorenen. Einlassungen auf Texte des Evangelisten Lukas
Friedrich Schorlemmer: Wortmacht und Machtworte
  Eine Eloge auf die Leselust
Friedrich Schorlemmer (Hg.): Das soll Dir bleiben
  Texte für morgens und abends
Friedrich Schorlemmer (Hg.): Dezembernacht
  Gedichte und Geschichten zur Advents- und Weihnachtszeit
Rudolf Smend: Wohltuendes Durcheinander. Biblische Predigten
Fulbert Steffensky: *siehe Seite 4*
Hans Stickelberger: Störenfriede und Friedensstifter
  Predigten und Aufsätze. Ausgewählt von Niklaus Peter
Manos Tsangaris: das wort buch. 108 einträge
Hanna Wolff: Jesus der Mann
  Die Gestalt Jesu in tiefenpsychologischer Sicht
Eva Zeller: Das unverschämte Glück. Neue Gedichte

Radius-Verlag · Alexanderstraße 162 · 70180 Stuttgart
Fon 0711.607 66 66   Fax 0711.607 55 55
www.Radius-Verlag.de   e-Mail: info@radius-verlag.de